KB050453

제2판

역사 속의 세금이야기

원윤희

박영사

조세는 한 사회가 필요로 하는 재원을 구성원들에게 배분하는 과정이다. 대표적인 재분배정책으로서 조세정책의 변화는 반드시 이익을 보거나 손해를 보는 계층을 만들어내고 따라서 그에 대한 논의는 뜨거운 토론을 불러일으킨다. 따라서 조세개혁의 논의에서는 광범위한 여론수렴과 정책효과에 대한 심도 있는 분석과 함께 이를 통해 서로 충돌하는 다양한 가치들과 이해관계를 절충하는 과정은 매우 필요한 것이다.

본 개정판에서는 이러한 측면에 초점을 두고 작업을 진행하였다. 조용조를 중심으로 하는 조선시대 조세제도가 특히 조선 후기 들어 어떻게 개편되어 왔는지를 살펴보고자 했다. 초판에 있던 전세와 군역 제도 개편을 보다 상세하게 서술하였고, 공납제도의 개혁인 대동법 도입과정을 추가하였다. 또한 마지막 장에서 미국의 소득세 역사상 가장 큰 개혁이라고 하는 레이건의 1986년 조세개혁을 추가하였다. 보수와 진보의 공화당과 민주당이 서로의 큰 차이를 극복하고 '넓은 세원, 낮은 세율'이라는 방향에서 어떻게 합의를 이루어냈는지를 살펴보았다.

역사적으로 볼 때 우리나라 조세개혁의 전통은 시간이 걸리더라도 광범위하게 민의를 수렴하는 과정을 거쳐 왔다. 세종시대 전세개혁을 추진하면서 중앙의 관리들은 물론 각 도의 양반과 농민을 포함하여 17만 명에 이르는 사람들을 대상으로 여론조사를 시행하였으며 16년에 이르는 오랜 논의과정을 통해서 제도의 수정과 시범실시 등을 거쳤다. 공납제도를 개혁한 대동법은 광해군 때 경기에서 시작하여 숙종 때 황해도에 시행될 때까지 100년이 소요되었다. 군역제도를 개혁한 균역법은, 고치지 않으면 반드시 조선이 망한다고까지 하면서 영조가 강력하게 추진하였는데 왕이 직접 궐문밖에 나가 유생들을 만나는 등 많은 의견수렴 등이 이루어지면서 최종 시행까지는 20여 년이 소요되었던 것이다.

물론 오늘날 우리나라의 정책환경은 조선시대나 미국 등 외국과는 큰 차이가 있는 것이지만 역사에서 살펴보는 세제개혁의 경험들은 오늘날 우리에게도 많은 시사점을 제시하는 것이다.

본 개정판에서는 편집 측면에서 많은 변화를 시도하였다. 그림을 없애고 각주를 미주로 바꾸어서 편하게 읽을 수 있도록 하였다. 이번 작업에서 연락과 편집을 담당한 박영사의 손준호 대리와 전채린 과장께 감사의 마음을 전한다.

2019. 2
저자

머리말

　조세의 역사를 살펴보는 방식은 여러 가지가 있다. 시대별로 그 사회나 국가 또는 왕실의 운영에 필요한 재원이 어떻게 조달되고 변화되었는지, 그리고 그 원인과 결과는 무엇인지를 살펴볼 수 있을 것이다. 또는 각 세목이나 과세형태별로 그 기원부터 발달과정을 서술할 수도 있을 것이다. 이 책에서는 조세와 관련되는 개별 사건을 중심으로 그 배경과 전개과정, 그리고 현대적인 의미를 중심으로 조세의 역사를 살펴보고자 노력했다.

　'민주주의의 역사는 조세저항의 역사'이다. 1215년 영국의 대헌장을 출발점으로 해서 1628년의 권리청원과 1689년의 권리장전, 1776년의 미국의 독립선언, 그리고 1789년 프랑스 대혁명 등 민주주의 발달 역사의 이정표적인 여러 사건들 이면에는 하나 같이 조세문제가 가장 핵심 요인의 하나로 작용하였던 것이다. 초기에는 왕의 자의적이고 과도한 과세에 저항하며 납세자들의 동의를 요구하던 수동적인 관점에서 출발하였으나, 점차 주권은 국민들로부터 나오고 국민들은 국가의 주인으로서 그 대표를 통하여 과세의 내용을 결정한다는 적극적인 의미로 전환되었다. 주권재민의 원칙이 실천적으로 구현되는 가장 대표적인 분야가 바로 조세문제이다.

나라살림에 필요한 부담수준을 결정하고 또 그것을 구성원들에게 어떻게 배분하고 조달할 것인가를 주인으로서 스스로 결정하는 것이다.

국민들의 대표를 누가 어떻게 선출할 것인가의 문제도 큰 쟁점 중의 하나였다. 모든 국민들이 투표권을 가지는 보통선거제도로의 발전은 민주주의 역사의 큰 흐름이었지만, 이 과정에서 투표권과 여러 조건들을 연계시키려는 시도는 상당한 사회적 쟁점으로 부각되었던 것이며, 조세납부도 그 중의 하나였던 것이다.

조선시대 조세개혁에서는 애민 사상을 발견할 수 있다. 농사의 풍흉을 평가하고 조세부담을 결정하는 과정에서 관리들의 전횡과 부패는 농민들에 큰 부담을 야기하였고 이를 개혁하려는 세종의 의지는 오랜 시간에 걸쳐 광범위한 조사와 연구를 진행하도록 하였다. 부역의 부담을 양반들은 피해가고 대신 양민들이 모두 짊어지는 현실은 영조로 하여금 "몇 십만의 백성이 바야흐로 못살겠다고 아우성인데 그 임금이 되어 구제해 주지 못하고 있으니, 이 어찌 백성의 부모된 도리라 하겠는가?"라고 애통해 하면서 "위로 삼공(三公)에서부터 아래로 사서인(士庶人)에 이르기까지 부역은 고르게 해야 하는 것이다. 또 백성은 나의 동포이니 백성과 함께 해야 한다"고 역설하게 하였던 것이다.

조세문제의 핵심은 국가나 사회가 필요로 하는 재원부담을 그 구성원간에 어떻게 나눌 것인가의 문제이다. 특정계층이 불합리하게 무거운 부담을 진다면 그에 대한 불만은 점차 확대되고 이를 합리적으로 해결하지 못하는 경우 사회의 불안요인으로 작용하였다. 이러한 조세문제가 발생하는 상황은 동서양을 막론하고 놀라울 만큼 유사하였다. 프랑스 대혁명 이전 루이 16세와 재상들은 국가의 어려운 재정상황을 타개하기 위하여 귀족들도 조세를 부담하도록 하는 등의 개혁을 추진했으나 그들의 저항으로 성공하지 못했고 국가는 혁명의 소용돌이 속으로 빨려 들어갔다. 비슷한 시기 조선의 영조도 못살겠다고 아우성인 양인들의 부담을 줄여주기 위하여 양반들에게도 일정한 부담을 요구하였으나 그들의 저항으로 뜻을 이루지 못했고 조선은 쇠락의 길로 접어들었던 것이다.

이 책을 집필하는 과정에서 많은 책을 참조하였지만 특히 위키피디아의 도움이 매우 컸다는 점을 밝혀둔다. 각 주제와 관련되는 수많은 역사적인 사건들과 관련된 많은 자료들을 잘 정리하고 있어 연구의 훌륭한 출발점이 되었다. 또한 자유롭게 사용할 수 있도록 허락한 각종 사진들은 독자들의 이해를 돕는 데 큰 도움이 될 것이다. 또한 조선의 수취제도를 살펴보는 데 있어 조선왕조실록이라는 우리의 자랑스러운 기록과 그 번역 데이터베이스는 관련 연구를 가능하게 하는 훌륭한 자료였다.

이 책의 기획과 편집을 맡은 박영사의 박광서 대리와 전채린 대리에게 감사하며, 교정을 봐준 김수란 조교에게도 감사를 전한다.

2014. 4
저자

v

차례

영국의 대헌장
- 왕의 자의적 과세 금지

영국의 대헌장은 민주주의 발전역사에서 가장 대표적인 사건의 하나로 평가되고 있다. 비록 당시에는 왕의 자의적인 권력사용으로부터 귀족들의 권리를 보호하기 위한 것이었지만, 조세를 부담하는 귀족들의 동의 없이는 왕이 자의적으로 과세하지 못하도록 함으로써 '대표 없이 과세 없다'는 조세법률주의와 현대 민주주의의 대원칙이 정립되는 출발점이 되었다.

영국 왕들과 대륙영토

정복왕 윌리엄과 그 후손들

노르망디 공작이던 윌리엄 1세가 1066년에 잉글랜드를 점령하여 노르만 왕조를 설립한 이후 영국 왕들은 결혼과 전쟁을 통해서 대륙에 많은 영토를 보유하여 왔다. 그런데 이 영토들을 둘러싸고 영국 내의 내부 갈등은 물론 프랑스와의 지속적인 다툼으로 많은 전쟁을 치르게 된다. 대륙에 보유한 영토와 관련해서 영국 왕들은 프랑스 왕의 영주로서의 신분을 가지고 있었기 때문에 해당 영토와 관련한 상속이나 재판 등 여러 측면에서 프랑스 왕에게 복종해야 하는 봉건적 의무를 지니고 있었던 것이다. 예를 들어, 마그나

1

카르타에는 존 왕의 직함으로 영국 왕(King of England)과 아일랜드 공(Lord of Ireland) 이외에도 노르망디 공작(Duke of Normandy), 아키텐 공작(Duke of Aquitaine), 그리고 앙주 백작(Count of Anjou) 등 프랑스 영주로서의 신분들이 열거되고 있다.

정복왕 윌리엄 1세(William the Conqueror)가 잉글랜드를 점령한 이후 시행했던 가장 큰 일 중의 하나는 바로 전국적인 호구조사를 실시하는 것이었다. 1085년에 윌리엄 I세는 잉글랜드와 웨일즈 일부의 모든 지역(shire)[1]에 관리를 파견하여 각 지역별로 얼마만큼의 토지가 있고, 왕의 토지는 어느 규모인지, 토지 소유주별로 해당지역에 소유하고 있는 토지의 면적과 작물의 내용, 가축 수, 그리고 가치 등을 자세하게 조사하도록 하였다. 1086년에 완성된 보고서를 소위 둠스데이 북(Domesday Book)[2]이라고 하는데, 이러한 조사는 기본적으로 과세 등 왕의 재정적 권리를 조사하고 기록하기 위한 것이었다.

윌리엄 1세가 1087년 사망하자 잉글랜드는 둘째 아들인 윌리엄 2세(William Rufus)가, 그리고 노르망디 공국은 첫째 아들인 로버트(Robert Curthose)가 물려받았다. 그러나 이들 사이에는 곧 상속을 둘러싼 분쟁이 발생하였고 그 와중에서 윌리엄 2세가 사냥터에서 의문의 죽음을 당하게 된다. 그러자 막내 아들인 헨리가 재빨리 잉글랜드 왕의 지위를 계승하였는데 그가 헨리 1세이다. 헨리는 왕의 아들이 왕위계승에 있어 우선권을 가진다는 논리를 내세웠는데, 두 형들은 윌리엄 1세가 영국 왕이 되기 이전에 태어났지만 자기만이 왕의 아들로 태어났다는 것이었다. 큰 아들인 로버트는 자신의 왕위계승권을 주장하면서 잉글랜드를 공격하였으나 궁극적으로 동생에게 패배하여 포로가 되고 1106년 헨리 1세는 잉글랜드와 노르망디의 통치자가 된다.

헨리 1세는 1100년에 영국 왕으로 등극하면서 자유헌장(Charter of Liberties, Coronation Charter)을 발표하였다. 이것은 지지기반이 취약했던 헨리 I세가 교회와 귀족의 지지를 얻기 위한 것으로서, 교회와 귀족들의 재산을 함부로 처분하지 못하게 하는 등 그 권리를 인정하는 내용들을 담고 있었다. 이 자유헌장은 이후 약 100년 뒤에 귀족들이 존 왕에게 대헌장을 받아들일 것을 요구하는 근거로 사용되었다.

헨리 1세는 1120년 아들이 사고로 죽자 신성로마제국 황제의 미망인이던 딸 마틸다(Matilda)를 후계자로 지정한다. 그러나 프랑스나 귀족들로부터 딸의 보호막이 필요했는데, 그것이 앙주 백작인 지오프리 플랜태저넷(Geoffrey Plantagenet)과의 결혼이다. 헨리 1세 사후 노르망디 공국은 지오프리와 마틸다의 통치하에 넘어왔지만 잉글랜드의 통치권을 둘러싸고 역시 상속권을 주장하는 윌리엄 1세의 외손자이자 마틸다의 외사촌인 스테판(Stephen of Blois)과 오랜 분쟁에 휩싸이게 된다. 잉글랜드의 통치권을 둘러싼 오랜 다툼 끝에 협상을 통해서 스테판 왕의 통치권을 인정하되 그 사후에는 잉글랜드를 지오프리와 마틸다의 아들 헨리에게 물려주는 것으로 합의가 이루어지게 되었다.

헨리는 이러한 어머니의 노력을 바탕으로 14세에 잉글랜드 왕으로 즉위하여 향후 150여 년간 이어지는 플랜태저넷 왕조를 열게 되는데, 그가 바로 헨리 2세이다. 17세에는 노르망디를, 그리고 18세인 1151년에는 앙주를 물려받았고, 곧이어 프랑스왕 루이 7세와 이혼한 엘레노어(Eleanor of Aquitaine)와 결혼함으로써 아키텐 공국(Duchy of Aquitaine)까지 영토를 확대하였다. 또한 루이 7세 등과의 오랜 전쟁을 거치면서 전성기에 헨리 2세는 잉글랜드와 아일랜드, 스코틀랜드, 웨일즈는 물론 대륙에도 피레네 산맥에 이르는 광범위한 영토를 지배하는 소위 앙주제국(Angevin Empire)을 건설하였던 것이다.

헨리 2세는 비록 광범위한 영토를 지배하였지만 루이 7세와 그 아들 필립(Phillip Augustus) 등 프랑스 왕들과의 지속적인 갈등은 물론 재위 후반부에는 영토의 상속을 둘러싸고 부인 엘레노어와 아들들이 주도한 두 차례의 반란에 직면하게 된다. 헨리 2세와 엘레노어는 5남 3녀를 두었는데, 유아기에 사망한 큰 아들을 제외한 4명의 아들들, 즉 헨리(Henry the Young King), 리차드(Richard Ⅰ of England), 지오프리(Geoffrey Ⅱ, Duke of Brittany), 그리고 존(John, King of England)에 대한 상속문제로 많은 갈등이 야기되었다. 기본적으로 큰 아들 헨리에게는 영국과 노르망디, 리차드에게는 아키텐 공국, 그리고 지오프리에게는 브리타니 공국을 물려주기로 하였는데, 아들들은 보다 많은 재량권과 재정적 권한을 일찍 부여받기를 원하였다. 또한 특별한 영토가 없는 막내 존을 위해 일부 영토를 할당하려는 부왕의 시도에 대해서 큰 아들 헨리 등이 반발하였던 것이다. 결국 막내 존을 제외한 세 아들들은 프랑스 왕 루이 7세[3]의 지원하에 반란(Great Revolt, 1173~1174)을 일으켰는데, 여러 차례의 반란과 진압, 협상 등이 이루어지는 과정에서 헨리와 지오프리는 병과 사고로 사망하고 부인 엘레노어는 가택연금 상태에 놓이게 된다.

마지막 반란은 프랑스 왕 필립의 지원을 받은 셋째 리차드가 일으켰다. 리차드는 루이 7세의 딸, 즉 필립의 누이인 앨리스(Alice)와 약혼한 사이였는데 그 결혼문제[4]와 함께, 십자군 참여문제 등 여러 이슈들을 둘러싸고 헨리 2세와 갈등관계에 있었다. 리차드를 공식후계자로 지명하는 것에 대한 1189년 협상이 결렬된 후 리차드와 프랑스 연합군은 헨리 2세를 공격했고, 악성 종양으로 죽어가던 헨리 2세는 항복하게 된다. 이러한 양자간의 갈등에서 존은 그를 총애하였던 아버지 헨리 2세에게 등을 돌리고 리차드의 편에 섬으로써 그의 지원을 기다리고 있던 아버지의 기대를 저버렸던 것이다.

사자왕으로 일컬어지고 있는 리차드 1세(Richard I, Richard the Lionheart)는 10년의 재위기간 동안 영국에는 불과 6개월 정도만 머물러 있을 정도로 그의 관심은 대륙의 영토와 관련된 문제와 십자군 참전에 집중되어 있었다. 1193년 제3차 십자군 전쟁에 참전하고 돌아오는 길에 리차드 1세는 사이가 나빴던 오스트리아 공작(Duke of Austria) 레오폴드(Leopold)에게 사로잡히게 되었고, 곧 신성로마제국 황제이던 헨리 6세(Henry VI)에게 넘겨지게 된다. 거의 1년 만에 거액의 몸값을 지불하고 석방된 리차드 1세는 이후에도 프랑스 필립 2세가 점령한 노르망디의 회복과 함께 여러 반란을 진압하는 등의 많은 전쟁을 치르게 된다. 리차드 1세는 1199년 영국군 병사가 개인적인 복수를 위해 쏜 석궁에 맞고 사망하게 되었는데, 자식이 없던 그로부터 동생인 존이 왕위를 물려받게 된다.

존 왕과 대륙영토의 상실

존 왕(King John, 1166~1216)은 영국의 많은 왕들 중에서 가장 인기가 없는 왕의 하나로 평가된다. 존 왕은 재위기간중 프랑스와의 오랜 전쟁 끝에 대륙에 가지고 있던 방대한 영토를 거의 다 잃고,

성직자 임명권 등을 둘러싸고 교황과도 상당한 마찰을 빚었다. 또한 그 과정에서 참전과 전비 조달 문제 등을 둘러싸고 귀족들과 빈번하게 마찰을 빚어왔는데, 로빈훗(Robin Hood) 이야기에 그려지고 있는 것처럼 상당히 자의적이고 또 통상의 수준을 넘어서는 세금을 징수하였던 것이다.

존은 헨리 2세의 다섯 왕자 중 막내로 태어났는데 위의 세 형들이 일찍 죽고 나서 1177년 아일랜드공(Lord of Ireland)으로 임명되는 등 헨리 2세가 총애하는 아들이었다. 그러나 헨리 2세에 대하여 형인 리차드가 반란을 일으켰을 때 아버지 대신 형의 편을 들었으며, 또 리차드 1세가 3차 십자군 전쟁으로 참전하는 기간 중에는 프랑스의 필립 2세와 연대하여 반란을 시도하였다.

리차드 1세가 사망하고 존이 왕위를 계승하자 조카인 아서(Arthur of Brittany)가 프랑스 왕 필립 2세의 지원하에, 자신의 권리를 주장하였다. 노르만 법에 따르면 헨리 2세의 아들인 존이 계승권을 가지지만, 앙주 법에 따르면 존의 형인 지오프리의 아들인 아서가 우선권을 가지는 것이었다. 교황의 중재를 바탕으로 한 1200년의 협상에서 존은 자신의 우선권을 인정받는 대신 노르망디 등 프랑스 영토와 관련하여 필립 2세의 왕으로서의 봉건적 권한을 인정하였다. 그러나 휴전기간은 짧았고 이후 1214년까지 10여 년 이상의 기간을 존과 필립 2세는 수많은 전쟁을 치렀고 이 과정에서 존은 노르망디와 앙주 등 대륙에 보유했던 대부분의 영토를 프랑스에 빼앗겼으며, 그 결과 앙주제국의 몰락을 가져왔던 것이다.

오랜 기간 여러 전쟁을 수행하는 과정에서 귀족들은 봉건적인 의무로서 직접 참전과 함께 경제적으로도 전비 조달을 위해 많은 부담을 져야 했는데, 귀족들의 불만은 결국 반란으로 이어졌다. 그러나 아서가 의문의 죽음을 당하는 등 왕권을 대신할 마땅한 대안이 없는 상황에서 반란 귀족들은 그를 축출하는 대신 왕이 행사하는 자의적인 권한을 제한하고 그 결과물로써 자신들의 권리를 보장하는 대헌장을 마련하여 왕으로 하여금 받아들이도록 강요하였던 것이다.

대헌장(마그나카르타)

대헌장의 체결과 변천

1215년 6월 15일 런던 교외의 러니메드(Runnymede) 평원에서 존 왕은 노여움과 수치심에 몸을 떨면서 그동안 협상해온 귀족들의 요구조건이 담긴 헌장을 최종적으로 재가하였고 이후 왕의 대인장(great seal)이 첨부됨으로써 효력을 발휘하게 되었다. '자유민은 법률에 의하지 않고는 처벌되지 않는다', '귀족들의 동의 없이는 왕이 자의적으로 추가적인 납세를 요구하지 못한다'는 것을 규정하는 등 많은 권리들을 확인하는 이 문서는 이후 영국의 보통법과 권리청원(Petition of Right, 1628) 및 권리장전(Bill of Rights, 1689)과 같은 헌법적 문서, 그리고 미국헌법의 형성에 지대한 영향을 미치게 되었다.

그러나 반란 귀족들이 런던에서 철수하자마자 존 왕은 대헌장의 무효를 선언하게 된다. 특히 '25인의 귀족들로 위원회를 구성하고 왕이 대헌장에서 인정한 내용들을 따르지 않는 경우 언제든지

회합하여 왕의 결정을 무효화하고 필요한 경우 왕의 재산을 압류할 수 있다'고 규정한 제61조[5]는 왕의 권위를 심대하게 침해하는 것이었다. 교황 인노세트 3세도 대헌장을 폭력과 협박으로 왕에게 강요된 부끄럽고 품위를 떨어뜨리는 협약이라고 하면서 무효화를 선언하였다. 이에 따라 잉글랜드는 다시 내전에 돌입하게 되는는데, 이듬해인 1216년에 존 왕이 사망함에 따라 대헌장은 다시 효력을 되찾게 된다. 이는 9살의 나이에 왕위를 물려받은 존 왕의 아들 헨리 3세 측에서 귀족들의 지지를 얻고 반란군의 세력을 약화시키기 위하여 택할 수밖에 없던 전략적인 선택이었다. 1216년의 대헌장은 위에서 언급한 제61조 등 왕의 권위에 대한 가장 직접적인 도전과 함께 임시적 성격의 조항들이 삭제되어 42개의 조항으로 구성된 것이었다. 1217년에는 숲과 관련된 조항이 별도의 헌장으로 분리됨으로써 자유헌장(Magna Carta Libertatum) 또는 단순히 대헌장(Magna Carta)이라고 불리게 되었다.

1225년 성인이 된 헨리 3세는 37개 조항으로 크게 수정된 대헌장의 효력을 재확인하였고, 이후 왕들에 의해서도 대헌장의 효력은 계속 인정되었다. 존 왕 이후 왕들이 대헌장의 효력을 인정하게 된 것은 기본적으로 새로운 세금을 부과하면서 귀족들의 동의를 확보하기 위한 것으로, 이러한 과정을 통해서 납세자 동의에 의한 과세라는 원칙들이 확립되어갔던 것이다.

1297년 에드워드 1세는 1225년 문서의 효력을 다시금 확인[6]하고 이를 최초로 법전에 포함하였으며, 현재에도 그 중 3개의 조항[7]이 영국의 법전에 남아 효력을 발휘하고 있다. 에드워드 1세는 대내외적으로 많은 전쟁을 수행했기 때문에 귀족들은 왕을 위해 참전하고 또 전비 조달을 위해 더 많은 부담을 해야 했다. 이에 귀족들은 왕이 요구한 새로운 세금에 동의하면서 이와 함께 대헌장의 법적인 효력을 다시금 확인하도록 요구하였다. 이후 15세기까지 대헌장은 무려 32번 또는 많게는 45번까지 다시 그 효력이 재확인된 것으로 알려져 있다.[8]

대헌장의 구성과 내용

대헌장의 내용은 철학적이거나 고귀한 이상 등을 다룬 것이라기보다는 기본적으로 영국 중세시대의 봉건 관계에서 이루어지는 현실적인 일상과 관련된 내용들을 담고 있다. 그러나 대헌장은 '납세자들의 동의 없이는 과세하지 못한다'는 현대 민주주의의 대원칙을 정립하는 데 출발점이 된 것은 물론 국민들의 자유와 권리의 보호라는 측면에서도 큰 초석을 쌓은 것으로 평가되고 있다.

형식적인 측면에서 대헌장의 서술이 개개의 조항 등으로 잘 구분된 것은 아니었지만, 이후 후세의 연구자들에 의해서 통상 63개 조항으로 구분되어 잘 다듬어졌다. 대헌장의 처음과 끝인 1조과 63조는 교회의 자유와 함께 대헌장을 통해서 인정된 모든 자유와 권리 등이 영국 내의 자유민들과 그 상속인들에게 평화롭고 자유로우며, 완전하게 인정된다는 점을 천명하고 있다. 제1조에서 교회의 자유가 강조되고 있는 것은 캔터베리 대주교 랭턴(Stephen Langton)의 서임을 둘러싼 교황과의 갈등을 반영하는 것이다. 대헌장을 통해서 제시되고 있는 주요 내용들은 다음과 같이 요약될 수 있다.[9]

봉건적 신분관계와 조세부담 등에 대한 내용 | 기본적으로 영주는 왕으로부터 직위와 봉토를 받는 대신 충성을 서약하게 된다. 그에 따라 영주는 왕이 전쟁이나 내란 등 군사적 힘이 필요할 때 봉토의 크기 등에 따라 일정한 수의 기사를 파견하는 등 군사 및 재정적 지원을 할 의무를 지게 되는 것이다. 한편 이러한 군사적 지원 이외에도 리차드 1세의 사례에서 보는 것처럼 왕을 구출하기 위해 몸값이 필요하거나 장자의 기사서품, 장녀의 결혼 등 특별한 경우에 왕은 합리적인 수준의 지원을 요구할 수 있다.

이러한 세 가지 이외의 경우에 추가적인 지원이나 세금을 요구하기 위해서는 왕은 귀족들의 평의회(common council)로부터 동의를 얻도록 하고 있다(제12조). 이 평의회는 귀족들은 물론 성직자 등 땅을 보유한 모두로 구성되는데, 특정한 장소와 시간을 지정하여 40일 이전에 소집한다. 이 규정은 이후 대표를 통한 납세자의 동의에 의한 과세라는 현대 조세원칙의 뿌리가 되는 것으로 해석되고 있다. 한편 이러한 동의원칙은 비단 귀족들만이 아니라 모든 자유민에게도 적용되도록 하고 있다.

이러한 봉건관계는 비단 왕과 영주 사이에서 뿐만 아니라 영주와 기사, 그리고 기사와 농민 등 여러 계층을 통해서 발생하게 되는데 대헌장의 많은 내용들은 이러한 관계에서 부당한 권리침해나 침탈이 이루어지는 것을 규율하고 있다. 예를 들어, 상속인이 그 상속권을 확보하기 위해서 지불해야 하는 부담의 한도를 정하거나 일정 연령 이하의 상속인에 대해서는 상속부담금을 면제하고, 미성년 상속인의 후견인이 권한을 남용하는 것을 방지하는 내용 등을 그 예로 들 수 있다.

자유와 권리의 보장 | 대헌장은 왕의 억압이나 관리들의 부당한 처사 등으로부터 자유민의 권리를 보호하기 위한 규정들을 다수 포함하고 있는데, 이는 이후 영미국가의 정의의 개념 확립과 함께 자유와 권리의 보호, 적정 절차에 따른 법 집행(due process of law)이라는 기본원칙들을 형성하는 데 매우 중요한 영향을 미쳤다고 할 수 있다.

대헌장 제39조는 "어떤 자유민도 동료들에 의한 법적 판단이나 나라의 법률(law of the land)에 의하지 아니하고는 체포되거나, 투옥되거나, 재산 등을 빼앗기거나, 추방되거나, 죽임을 당하거나 소추되지 아니한다"고 규정하고 있는데, 이는 현대의 모든 헌법상에서 인정되고 있는 핵심 기본권의 초석을 놓은 것이다. 또한 제40조는 "권리나 정의의 보호를 받을 권리를 매도하거나 또 누구에게도 거부하거나 지연시키지 아니한다"고 규정함으로써, 권리나 정의는 신분이나 재력에 관계없이 누구에게나 공평하게 적용되어야 한다는 점을 규정하고 있다.

이 밖에도 고정된 위치에 재판소를 설치하고 사법절차를 규정하며 또 벌금 등 처벌의 수준은 죄의 경중에 따라야 한다는 점, 판사나 보안관, 집행관 등은 법을 알고 그것을 잘 준수할 사람만 임명한다는 것 등 사법과 관련한 많은 내용들이 규정되고 있다. 재판소를 고정된 위치에 두어야 한다는 내용은 재판을 통한 구제가 필요한 사람들에게 접근성이 높고 비용이 적게 드는 재판을 받을 수 있도록 한다는 점에서 중요한 의미를 가지는 것이었다. 이전에는 왕이 있는 곳에 재판소를 위치하도록 하였는데, 왕이 영국과 대륙에 걸친 영토들을 순회하기 때문에 사실상 재판소도 계속 이동함으로써 재판을 받을 수 있는 기회를 잡는 것 자체가 매우 어려웠던 것이다.

관리들의 권력 오남용 방지 | 관리들이 개인들의 농작물이나 가축, 목재 등 재산을 정당한 대가를 적기에 지불하지 않거나 소유자의 동의 없이 징발하지 못하게 함으로써, 왕이나 공적인 목적 수행을 빌미로 개인 재산권을 과도하게 침해하지 못하도록 하였다. 또한 지방관리들이 지역에 대해서 부과하는 부담을 관례적인 수준 이상으로 인상하지 못하도록 한 규정도 포함하였다.

기타 | 대헌장의 처음과 끝, 즉 제1조와 제63조에서는 영국교회의 자유를 선언하고 있으며 동시에 대헌장에 있는 내용들이 자유민들과 그 자손들에게 완전하게 적용될 것임을 천명하고 있는데, 특히 61조에서는 대헌장의 효력을 확보하기 위한 수단을 명시하고 있다. 즉, 25인의 귀족들을 선임하여 국왕이 대헌장을 위반하여 권리를 침해하는 경우 무력으로 그 권리를 구제할 수 있도록 하고 있는데, 이 조항은 왕권에 대한 강력한 제한 규정을 설정한 것으로서 존 왕의 강한 거부감을 불러일으켰던 것이다.

　　이 밖에도 런던시(City of London)는 물론 도시와 읍면, 항구 등 여러 형태의 지방에 전통적으로 인정되던 자유와 무관세, 그리고 상인들의 자유통행 등을 인정하였으며, 각종 상품의 무게와 양을 측정하는 표준을 제정하도록 함으로써 이후 영국의 지방정부 체제의 발전을 가져왔다. 포로나 재산의 압류 등 내란기간 중 이루어진 각종 행위들을 원래대로 되돌리는 조치와 함께 왕실의 숲에서 이루어지는 각종 권한 남용을 방지하는 규정도 도입되었다.

자유와 권리 신장의 초석으로서 대헌장

대헌장은 이후 중세와 근세, 그리고 현대국가로 이어지는 역사의 발전과정에서 국민의 자유와 권리 보호가 확대되고 대의민주주의가 확립되는 데 있어 매우 중요한 논리적 토대로 작용하였다. '자유민은 나라의 법률에 의하지 않고는 체포되거나 투옥되지 않는다' 등의 내용을 담은 제39조는 '적법절차의 원칙'이라는 현대의 법원칙으로 이어진다. 1628년의 권리청원(Petition of Right)은 왕의 자의적인 과세와 군대에 의한 민간재산의 강제점거, 정당한 이유 없는 구금, 그리고 계엄 등을 제한하기 위한 것으로서, 당시 찰스 I세의 전횡에 대해서 귀족들은 그 저항의 논거를 대헌장에서 찾았던 것이다.

1679년에는 인신보호법(Habeas Corpus Act)이 제정되었으며, 1689년에는 권리장전(Bill of Rights)이 추가되었다. 제임스 2세를 축출하고 윌리엄과 메리(William and Mary)를 공동으로 왕위에 추대한 1688년의 명예혁명 결과 제정된 권리장전은 시민들의 자유와 법에 의한 지배원칙을 확대한 것으로서 역시 대헌장으로부터 그 연원을 찾을 수 있다. 조세가 과세되기 전에 의회의 승인을 받아야 한다는 소위 납세자의 동의에 의한 과세원칙을 확립하였으며, 시민들이 고충처리를 위한 민원을 제기할 수 있는 권리를 보장하고, 과도한 벌금이나 가혹하고 상식을 벗어난 처벌을 금지하며, 의원선출을 위한 자유선거를 보장하는 것 등을 주요내용으로 한다.

전쟁 등을 수행하기 위한 재원을 확보하는 데 있어 왕들이 의회의 동의 없이 자의적으로 세금을 부과하는 것을 제한한다는, 소위 '납세자의 동의에 의한 과세' 또는 '대표 없이 과세 없다'는 원칙은 대헌장 이후 권리청원이나 권리장전 등을 통해 지속적으로 확인되고 강화되어, 현대 민주주의를 형성하는 큰 뿌리가 되고 있다. 대표적인 예로서, 미국의 독립전쟁을 들 수 있는 데, 프랑스와의 전쟁과 군대유지 등에 필요한 비용을 아메리카 식민지가 상당 부분 부담하는 상황에서 식민지 대표들은 영국의회에서의 대표권을 요구하였지만 그 요구가 받아들여지지 않았던 것이 주요한 계기가 되었던 것이다.[10]

'대표 없이 과세 없다'는 이러한 원칙은 오늘날 우리나라를 비롯한 대부분 국가의 헌법에서 조세법률주의라는 형식으로 규정되고 있다. 우리나라의 헌법 제59조는 '조세의 종목과 세율은 법률로 정한다'라고 규정하고 있다. 즉 조세의 주요내용을 법률의 형식으로 규정해야 한다는 것인데, 여기서 법률이란 국민의 대표기관인 국회에서 제정하는 것으로서 '납세자인 국민이 그 대표를 통해서 과세에 동의한다'는 것을 의미하는 것이다.

참고문헌

British Library, Treasures in Full-Magna Carta, http://www.bl.uk/treasures/
magnacarta/

Fordham University, The Text of Magna Carta, http://www.fordham.
edu/halsall/source.magnacarta.asp

Howard, A.E. Dick, *Magana Carta: Text and Commentary*, University
of Virginia Press, rev. ed., 1998

Wikipedia, http://en.wikipedia.org/

미주

1 런던과 윈체스터 등 두 대도시는 규모가 너무 커서 조사가 너무 복잡하고 어려워
서 제외되었다.

2 Domesday는 최후의 심판일(Day of Judgement)을 의미하는데, 이 기록이 이렇
게 불리는 이유는 일단 조사되어 기록된 것에 대해서는 이의를 제기할 수 없고
수정되지 않았기 때문이다. 한편 이 기록은 두 권의 책으로 이루어져 있는데,
Little Domesday는 Norfolk 등 세 지역을, 그리고 Great Domesday는 잉글랜드
나머지 지역과 웨일즈 일부를 조사한 것인데, 내용 측면에서는 좁은 지역에 대한
조사인 전자가 훨씬 자세하게 기록되어 있다.

3 큰 아들 헨리와 둘째 리차드는 각각 프랑스 왕 루이 7세의 딸 마가렛과 앨리스와
결혼 및 약혼한 사이였다.

4 약혼자인 앨리스가 아버지 헨리 2세의 숨겨진 애인이어서 이들 간의 혼인이 이루
어질 수 없었다는 설명도 있다.

(http://en.wikipedia.org/wiki/Richard_I_of_England)

5 대헌장은 형식상 별도의 장 등으로 구분되어 있지 않지만, 전통적으로 63개의 조
항으로 구분되고 있다.

6 'The Great Charter of the Liberties of England, and of the Liberties of the
Forest'

7 영국교회의 자유에 대한 조항(제1조), 런던시의 자유에 대한 조항(제9조, 1215년
대헌장의 제13조), 그리고 법집행의 적정절차에 대한 조항(제29조, 1215년 대헌

장의 제39조)

8 Wikipedia, Magna Carta

9 Howard (1998), pp. 8~22

10 이에 대한 자세한 내용은 다음 '미국의 독립전쟁'에서 살펴본다.

미국의 독립전쟁
- 대표 없이 과세 없다

미국의 독립전쟁은 "대표 없이 과세 없다(No taxation without representation)"
라는 현대 조세의 대원칙이 확립된 계기를 마련하였다. 군대의 주둔비용을 부담하
게 하려는 영국의회의 결정에 대해서 식민지 대표들은 부담을 하는 대신 영국의회
에서 식민지의 대표권을 인정할 것을 요구하였지만 받아들여지지 않았고 이를 둘
러싼 갈등은 결국 독립전쟁으로 이어졌던 것이다. 대표에 의한 과세는 국민들이
대표를 통해서 과세에 동의를 한다는 것을 의미하며 동의의 결과는 법률을 통해
표현된다는 점에서 이는 결국 조세법률주의라는 헌법상의 원칙으로 정립되었던
것이다.

미국 독립전쟁의 배경 및 전개

아메리카 식민지의 지배권을 둘러싸고 프랑스와 영국간에 벌
어진 7년 전쟁(1756~1763)[1]이 영국의 승리로 끝난 뒤 영국은 파리조
약을 통해서 플로리다를 포함한 미시시피강 동쪽의 모든 영토와
퀘백을 차지하였다. 전쟁이 끝난 이후에도 영국은 7천명 이상의 정
규군을 그대로 아메리카 식민지에 주둔시켰는데 새로이 획득한 영
토에서의 질서유지와 식민지의 개척민과 인디언간의 충돌을 방지
한다는 명분이었다.[2] 그러나 이미 전쟁수행과정에서 크게 증가한
부채의 이자를 지불하는 데만 일년 예산의 절반 가까이를 사용해

야 하는 상황에서 이러한 군대주둔으로 인해 막대한 규모의 주둔 비용이 필요하였고, 식민지가 이러한 비용을 전액 부담하지 않는 한 새로운 재원을 찾을 수밖에 없게 되었다.

이러한 새로운 재원조달을 위한 조치가 1764년의 설탕법(Sugar Act)이다. 기존의 당밀법(Molasses Act of 1733)은 기본적으로 프랑스령이나 스페인령의 서인도제도 등으로부터 들어오는 싼 값의 당밀 수입을 억제하기 위하여 고율의 관세를 부과하였다. 그러나 이제는 세입을 조달한다는 목적으로 당밀에 대한 관세율을 절반 수준으로 인하하고 대신 밀수 등 탈세에 대해서는 엄격히 처벌하는 등 집행을 강화하도록 하였다. 또한 외국산의 설탕, 포도주, 커피, 견직물 등 사치품의 수입에 대해서도 관세를 부과하고, 목재나 철광석 등 식민지에서 생산되는 일부 특정 물품에 대해서는 영국 이외로의 수출을 금지하였다. 이러한 조치들에 대해서 식민지 주민들은 그들의 경제적 이익과 함께 식민지의 통치 및 과세와 관련한 그들의 권리를 침해하는 것으로 크게 반발하였다.

영국 정부는 세입확보를 위한 또 다른 조치로서 1765년 3월에 인지법(Stamp Act)을 제정하였다. 이 법은 법정문서나 신문·잡지 등의 인쇄문서는 런던에서 생산되고 인지되어 인지세 징수인이 판매하는 종이만 이용하도록 하였으며, 그 세금도 영국화폐로만 납부하도록 하였다. 이러한 인지세는 큰 저항에 직면하게 되는데, 기본적으로 납세자의 동의 없이 과세가 이루어짐으로써 식민지 주민들의 영국인으로서의 권리를 침해당했다는 것이었다. 버지니아 의회는 소위 '버지니아 결의(Virginia Resolves)'를 통해서 버지니아 주민들은 자신들이 적합하다고 생각하는 방식으로 과세할 수 있는 권리를 가진다고 선언하였다. 이어서 10월에는 9개 식민지 주의 대표들이 모여 최초의 식민지간 협의체인 인지법의회(Stamp Act Congress)가 소집되어 식민지의 권리선언(Declaration of Rights and Grievances)을 채택하고 영국의회와 왕에게 청원을 제출하는 등 반대운동을 전개하였다. 이 선언은 기본적으로 대표에 의한 동의 없이 과세되는 세금은 위헌이라는 점과 함께 식민지는 영국의회에서 투표권이 없기 때문에 영국의회는 식민지를 대표할 수 없고 오직 식민지 의회만이 식민지에 대한 과세를 결정할 수 있다고 천명하였다.

이러한 저항은 때로는 폭력적인 모습을 띠게 되었는데 사뮤엘 애덤스가 주도하는 '자유의 아들들(Sons of Liberty)'은 그 대표적인 조직이었다. 이러한 강력한 저항과 함께 사업의 위축을 두려워한 영국 상인들과 제조업자들의 청원 등에 직면한 영국의회는 결국 1766년 설탕법과 함께 인지법을 폐지하였다. 그러나 동시에 선언법(Declaratory Act)을 통과시켜 어떠한 경우에도 영국의회가 식민지에 대한 입법권한을 가지고 있다는 것을 천명하였다.

한편 1765년 5월에는 주둔법(Quartering Act)이 시행되었다. 이는 영국군의 주둔에 필요한 거주나 물자 등의 공급에 필요한 비용을 식민지가 부담하도록 한 것으로서, 전쟁이 아닌 평화시에 왜 상비군이 주둔해야 하는지에 대한 논란을 불러일으켰다. 그에 따라 뉴욕 의회를 비롯한 많은 식민지 정부들이 비용지불을 거부하는 등 상당한 마찰이 빚어졌던 것이다.

1767년 재정위기 상황에서 영국의회는 타운센드 법(Townshend Acts)으로 일컬어지는 일련의 법들을 제정하여 종이와 유리, 그림, 차 등의 수입에 대해 관세를 부과하기 시작하였다. 지금까지 여러 차례의 조세저항에 익숙해진 식민지 주민들은 적극적으로 영국상품 불매운동을 전개하였다. 1768년 매사추세츠 의회는 타운센드 법을 무력화하는 방안들을 논의하고자 하는 회람문을 발의하였는데 영국에서는 이를 일종의 반역으로 규정하고 철회를 요구하였지만 거부되었다. 그러자 매사추세츠 주지사는 의회를 해산하였고 이에 대해 다른 주 의회들도 회람문을 채택하고 의회가 해산되는 과정이 반복됨으로써 식민지 전체의 연대감이 확대되었던 것이다.

　　1768년 10월 4천명의 영국군이 보스톤으로 입성하였다. 이는 주둔경비 절감과 함께 저항주민들에 대한 세력 과시를 목적으로 한 것인데, 주민들 사이에서는 식민지의 자유를 억압하고 불법적인 세금을 징수하기 위한 것이라는 인식이 확산되었다. 팽팽한 긴장감은 1770년 5월 일단의 군중들이 군대초소에 돌을 던지는 등 위협을 하고 이에 군인들이 발포하여 5명이 사망하는 소위 보스톤학살(Boston Massacre)로 이어졌다. 이러한 사태에 직면한 영국정부는 새로 수상에 취임한 노스 경의 제안에 따라 타운센트 법을 폐지하였다. 이 법이 불필요하게 식민지 주민들을 자극하고 또 수입을 대체하는 식민지의 자체생산 확대가 이루어짐으로써 영국 산업에도 이익이 되지 않는다는 것이었다. 그러나 차에 대한 세금만은 계속 유지하였는데 이는 영국의회가 식민지에 대한 전적인 입법권을 행사한다는 선언법의 규정을 상징적으로 보여주기 위한 것이었다.

　　이후 몇 년간의 불안한 소강상태가 지난 후 1773년 5월 영국의회는 차 법(Tea Act)을 제정함으로써 다시 문제를 촉발시켰다. 이는 동인도회사의 차수입에 대해 수입관세를 면제하고 식민지에 직접 판매할 수 있도록 함으로써 막대한 재고를 안고 위기에 처한 동인도회사를 지원하기 위한 것이었다. 그러나 차에는 아직 타운센드 법에 의한 소비세가 부과되고 있기 때문에 이러한 조치는 대표 없이 이루어진 영국의회의 과세를 인정하게 되는 결과가 된다는 점에서 13개 식민지의 대표들은 다시 한 번 대대적인 저항운동을 전개하였다. 1773년 12월 자유의 아들들(Sons of Liberty)이 주축이 된 일단의 보스톤 시민들이 인디언 복장을 하고 항구에 정박하고 있던 동인도회사의 차 무역선에 올라 실려 있던 차들을 바다에 버리는 사건이 발생하였는데 이것이 유명한 보스톤 차 사건(Boston Tea Party)이다.

영국정부는 이 사건에 대해서 경악하고 이를 진압하기 위한 일련의 법들을 제정하였는데 이것이 강압법(Coercive Acts)이다.[3] 이 법들은 매사추세츠 헌장을 개정하여 지방정부 집행부에 대한 주민들의 선출권을 폐지하고 국왕의 임명으로 전환하였으며, 보스톤시가 피해액을 완전히 변제하기 전까지 보스톤항을 폐쇄하고, 주둔법(Quartering Act)의 개정을 통해 집 주인의 동의가 없더라도 군대 주둔에 필요한 주거시설을 제공하도록 하는 등 일련의 강압적인 수단들을 포함하는 것이었다. 한편 이러한 와중에 영국의회는 1774년 퀘백법을 제정하여 퀘백의 영역을 확장하고 정부를 구성하도록 하였으며 또 카톨릭에 상당한 권한을 부여함으로써 아메리카 식민지의 반발을 야기하였다. 이러한 강압법에 대해서 보스톤 시가 포함된 서폭(Suffolk) 카운티의 지도자들은 서폭 결의(Suffolk Resolves)를 통해서 영국의 일방적인 조치를 거부하고 별도의 정부를 구성하였으며 보스톤 시 외곽에서 군사훈련을 시작하였다.

1774년 9월 각 식민지의 대표자들로 구성된 제1차 대륙의회(the First Continental Congress)가 개최되었다. 많은 논의 끝에 대륙의회는 영국 의회를 존중하되 동의 없는 과세를 폐지하는 등 식민지의 제반 권한을 존중하고 강압법을 폐지할 것을 청원하기로 하였다. 이러한 요구가 받아들여지지 않는다면 동의 없이 과세된 위장된 조세를 거부하고 모든 영국상품에 대한 불매와 상업활동을 중지하기로 결의하고 이에 대한 영국의 답을 듣기 위해 다음 해에 다시 회의를 소집하기로 하였다. 1775년 2월 영국은 청원을 기각하고 매사추세츠를 반역지역으로 선언하고 주모자를 체포할 것을 명령하였으며 식민지 주들은 이에 저항함으로써 사실상 전쟁이 시작되었던 것이다.

제2차 대륙의회는 1775년 5월 필라델피아에서 소집되었다. 이 회의에서는 워싱턴을 총사령관으로 임명하고 군사용 물자를 조달하기 위하여 지폐를 발행하였으나 전쟁을 개시하는 것에 대해서는 아직 모든 의견이 일치하지 않았다. 대표자들은 전면전쟁을 피하기 위하여 다시 한 번 영국의 조지 3세에게 평화적 해결을 촉구하는 '올리브 가지 청원(Olive Branch Petition)'⁴을 제출하였다. 즉 식민지는 국왕과 의회의 권위를 존중한다는 점과 함께 조지 3세가 적극 개입하여 식민지의 권리를 존중하고 식민지에 대한 무역규제와 세금부과 문제를 협상하도록 할 것을 요청하였던 것이다.

그러나 1775년 8월 영국 조지 3세는 무장한 모든 아메리카인들을 반역자로 규정하였으며, 1775년 12월 영국의회는 금지법(Prohibitory Act)을 제정하고 미국 상업에 대한 전쟁을 선포하였다. 즉 식민지가 용서를 구하기 전까지는 다른 나라들과 교역을 할 수 없도록 하였는데, 영국 군함들은 항구를 봉쇄하고 공해상에서 식민지의 배들을 압수하였다. 또한 독일용병을 고용하여 반란을 진압하도록 하였으며, 또 버지니아에서는 흑인노예들로 하여금 그 주인들에 맞서 싸우도록 유도하였다.

1776년 1월 토마스 페인(T. Paine)은 '상식(Common Sense)'이라

는 소책자를 출판하였는데 3개월 만에 무려 12만부 이상이 팔리는 엄청난 반향을 불러일으켰다. 이 책자를 통해서 페인은 영국이 아니라 유럽 전체가 아메리카의 모국이며, 아메리카 신세계는 시민과 종교의 자유를 위해 유럽 각지에서 모여든 사람들의 피난처라는 관점에서 영국과의 단절을 주장하였다. 이러한 페인의 주장은 자유롭고 독립된 아메리카 국가 건설이라는 열망을 일반 민중들에게 불러일으키는 매우 중요한 역할을 수행하였던 것이다. 1776년 7월 2일 대륙의회는 오랜 시간의 격론 끝에 독립을 결정하였고, 토마스 제퍼슨이 작성한 초안은 약간의 수정을 거쳐 7월 4일 공식적으로 독립선언서(Declaration of Independence)로 공포되었던 것이다.

전쟁 초기 영국은 식민지에 비해 막강한 병력과 화력을 보유하였지만, 이런 장점들을 상쇄시키는 여러 요인들도 존재하였다. 즉 미국 대륙은 전통적인 군사적 방식으로 점령하기에는 너무 넓다는 점과 함께 영국으로부터의 수송로가 매우 길고 전쟁중에 통신망도 잘 작동하지 않았다는 점 등을 들 수 있다. 또한 무엇보다도 독립을 향한 대륙군대의 열망이 컸다는 점이 군대의 사기와 전투력을 유지시켜주는 큰 힘이 되었던 것이다.

1777년 10월 사라토가 전투에서 독립군이 큰 승리를 거둠으로써 전쟁은 전환을 맞이했다. 1778년 2월 프랑스가 처음으로 미국의 독립을 인정하고 미국편에서 참전을 선언했으며, 이후 1779년 스페인, 그리고 1780년에는 네덜란드가 프랑스와 동맹함으로써 영국은 매우 힘든 전쟁을 벌이게 되었다. 이후 1781년 요크 전투에서 영국군이 항복함으로써 전쟁은 사실상 종료되었는데 평화협상을 거쳐 1783년 9월 파리조약이 체결됨으로써 공식적으로 마무리 되었다.

한편 1775년 이후 매사추세츠를 필두로 해서 식민지의 독립을 주장하는 애국당(Patriots)들이 영국을 지지하는 왕당파들을 축출하고 모든 13개 식민지의 주도권을 장악하였다. 이들은 1776년 뉴햄프셔를 시작으로 기존의 영국왕에 의한 헌장을 대신하는 헌법을 제정하였는데, 이제는 식민지가 아니고 국가(state)로 부르기 시작하였다. 1776년 독립선언 이후 새로운 연방헌법이 작성되었다. 1777년 11월에 제2차 대륙의회는 연방헌법(Articles of Confederation)을 채택하여 각국, 즉 주들의 비준절차를 밟도록 하였고, 1781년 3월 1일 공식적으로 최종 비준됨으로써 새로운 연방의회가 임기를 시작하였다.

1783년 종전 이후에도 정부는 기존의 연방헌법에 따라 운영되었는데 입법부와 행정부가 없고 1주 1표의 단원제 의회가 국가운영을 담당하였기 때문에 실질적인 국가기능을 수행하는 데 많은 문제에 부딪치게 되었다. 의회는 과세권이 없었고 필요한 재원은 각 주에 요청하는 체제였기 때문에 전쟁을 수행하면서 유럽의 여러 국가들과 민간은행, 그리고 개인들로부터 차입한 국가부채를 상환할 재원을 마련하기도 어려웠던 것이다. 이러한 제도적 결함에 대해서 워싱턴이나 해밀턴 등 소위 연방주의자(Federalist)들은 보다 강력한 권한을 가진 연방정부를 구성할 것을 주장하였고, 1787년 새로운 연방체제의 모색을 위한 필라델피아 회의(Philadelphia Convention)가 소집되었다.

오랜 회의와 격렬한 토론을 바탕으로 새로운 연방헌법이 1787년 9월 채택되어 주들의 비준을 요청하였다. 이 새로운 헌법은 주들의 권능에 바탕을 둔 이전 헌법과 달리 국민에 바탕을 둔 것이기 때문에 각 주는 주민투표를 통해 구성한 대표자 회의(convention)에서 비준투표를 실시하였다. 새로운 헌법에 바탕을 둔 연방정부가

1789년 3월 워싱턴을 초대 대통령으로 뉴욕에서 출범하였다. 한편
이러한 헌법 성립과정의 토론에서 가장 큰 쟁점 중의 하나는 강력
한 연방정부에 대응하는 개인의 기본권 보장이 미진하다는 점이었
는데, 이러한 지적과 관련하여 1791년 권리장전(Bill of Rights)이라
고 하는 개인의 기본권 보장을 위한 10개의 수정조항들이 헌법에
추가되었다.

　　<표 1>은 미국 독립과 건국 과정의 주요 사건들을 일자별로
요약하고 있다.

표 1　미국독립전쟁의 주요 사건

일자	주요 사건
1763. 2. 10	파리조약 체결 7년 전쟁(또는 프랑스-인디언 전쟁)을 마무리하는 조약으로서 프랑스는 캐리비언의 설탕 섬들을 유지하는 대신 뉴올리언스를 제외한 북미 본토의 모든 영토 포기함. 영국은 미시시피 동부의 모든 영토 획득하고 스페인은 미시시피 서쪽과 쿠바 보유
1764. 4. 5	설탕법(Sugar Act) 식민지 방어비용을 조달하기 위한 시도. 밀수를 억제하고 영국의 럼주 생산을 장려하기 위하여 당밀에 대한 세금을 인하하고, 마데이라 와인에 대한 세금이 부과되었으며, 식민지의 철광석, 목재, 그리고 기타 여러 상품들은 우선 영국과 영국세관을 거쳐서만 수출이 가능하도록 함
1765. 3. 22	인지법(Stamp Act) 식민지 군대 주둔비용을 조달하기 위하여, 모든 법적문서와 신문, 잡지 등은 세금이 부과된 인지된 종이만을 사용하도록 함
1765. 5. 15	주둔법(Quartering Act) 식민지 의회는 영국요새에 대한 물자공급비용을 지불할 것을 요구받았는데, 뉴욕 의회의 경우 이를 거부
1766. 3. 18	선언법(Declaratory Act) 영국의회 인지법 폐지, 그러나 동시에 영국의회는 어떤 경우에도 식민지에 관한 입법권을 가진다고 선언
1767. 6. 29	타운센드법(Townshend Acts)

	식민지 행정비용 충당을 위해 차, 유리, 납, 종이, 페인트에 소비세를 부과하는 등 일련의 입법으로서 영국의회의 권한을 보여준 것이지만 식민지 의회는 대표 없는 과세 비난
1770. 3. 5	보스톤 학살 세관을 지키던 영국군이 시위군중에 발포하여 5명 사망
1773. 5. 10	차 법(Tea Act) 동인도회사의 차수입에 대해 수입관세를 면제하고 식민지에 직접 판매할 수 있도록 함으로써 지원
1773. 12. 16	보스톤 차 사건(Boston Tea Party) Tea Act에 반발한 애국당들이 인디언으로 가장하고 보스톤항에 정박중인 동인도회사 배에 올라 선적되어 있던 차를 바다에 버림
1774. 5.~6.	강압법(Coercive Acts) 보스톤 차 사건 이후 매사추세츠의 자율권을 박탈하였고 이에 대해 식민지는 영국상품 불매운동으로 맞섬
1774. 9.	제1차 대륙의회(the First Continental Congress) 개최 영국의 강압법에 대처하기 위해 각 주 대표들이 모여 영국에 청원 제출 및 영국과의 교역거부 등 결의
1775. 5.	제2차 대륙의회 개최, 전쟁 결의, 워싱턴 대륙군 총사령관 임명
1775. 7. ~ 8	영국에 청원(Olive Branch Petition), 영국 거부 대륙의회는 전쟁을 피하기 위하여 식민지 권리보장과 강압법 폐지 등을 청원하였으나, 조지 3세는 거부하고 식민지를 반역으로 선언
1776. 1. 9	토마스 페인(T. Paine), 상식(Common Sense)을 익명으로 출판
1776. 7. 4	대륙의회, 독립선언서 채택
1777. 10. 13	사라토가에서 영국군 5,700명이 항복하여 전쟁의 큰 전환기를 맞음
1778. 2. 6	프랑스, 미국 독립 인정
1781. 3. 1	연방헌법(Articles of Confederation) 인준
1781. 10. 18	영국군 요크타운 전투에서 패배 항복
1783. 9. 3	파리조약(Treaty of Paris)으로 종전
1787. 5.~ 1788. 7.	필라델피아 헌법회의(Constitutional Convention) 개최, 새로운 연방헌법 채택 및 주 비준
1789. 3. 1	워싱턴을 초대대통령으로 연방정부 출범
1791. 12.	권리장전(the Bill of Rights)을 위한 헌법수정

자료: British Library, Online Gallaery, The American Revolution from 1763~1787
　　수정, http://www.bl.uk/onlinegallery/features/americanrevolution/timeline.html

미국 독립전쟁과 조세

앞에서 살펴본 미국 독립전쟁의 배경에서 알 수 있는 바와 같이 아메리카 식민지와 영국과의 갈등은 영국군의 주둔비용에 대한 부담을 둘러싸고 시작된 것이었다. 영국은 영국군이 아메리카 식민지에 주둔하는 것은 정착민과 인디언간의 충돌을 방지하고 새로운 점령지에서의 질서를 유지하는 것이기 때문에 그 비용은 식민지가 부담해야 한다고 주장하고, 이를 위한 방안으로 설탕법과 인지법, 타운센드법 등을 통해 각종 세금을 도입하고 여러 무역규제 등을 설정하였던 것이다. 이에 대해 식민지는 우선 전시가 아닌 평시에 왜 상비군이 주둔해야 하는지에 대한 의문과 함께 새로운 제반 조치들로 인한 경제적 손실, 그리고 더 중요하게는 이러한 새로운 조세를 부과하기 위해서는 부담자인 식민지의 동의를 필요로 한다고 주장하였던 것이다.

인지법 도입 이후 1765년 소집된 '인지법 의회'는 식민지들의 공통 현안을 협의하기 위한 최초의 협의체라고 할 수 있는데, 이들은 권리선언을 통해서 식민지 대표권이 없는 영국의회가 식민지의 동의 없이 과세하는 것은 위헌이라는 점을 천명하였다. 또한 1775년 제2차 대륙의회의 논의과정도 처음부터 영국으로부터 독립을 결의한 것이 아니라 영국국왕과 영국의회의 권위를 인정하며 단지 조세와 교역의 내용에 대한 식민지의 권리를 인정하고 협상할 것을 요청하는 소위 올리브 가지 청원을 제출하였던 것이다.

이와 같이 대표 없는 과세, 즉 납세자들이 동의하지 않은 과세에 대한 거부는 비단 과세로 인한 경제적 부담에 따른 반발이라는 측면만이 아니라 과거 1215년의 대헌장과 1628년의 권리청원

(Petition of Right), 그리고 1689년의 권리장전(Bill of Rights) 등에 의해 역사적으로 확립되어온 영국인들의 헌법적 권리에 대한 인식을 바탕으로 한 것이었다.

1628년 찰스 1세는 30년 전쟁에 참여하는 비용을 의회가 제공하기를 거부하자 융자를 강요하는 방식으로 재원을 조달하였다. 그러나 이는 의회의 승인을 받지 않은 실질적인 조세로서 많은 지주들이 이를 거부하였는데 거부자는 명백한 죄명도 없이 투옥하는 등의 전횡이 이루어졌다. 이에 대해 하원(House of Commons)은 물론 귀족들의 회의체인 상원(House of Lords)까지 왕의 자의적인 과세 등의 전횡을 막기 위한 조치에 찬성하였는데 이것이 1628년 찰스 1세가 어쩔 수 없이 승인한 권리청원이다. 권리청원은 영국인들이 가지는 권리와 자유에 대해 선언하고 있는데, 의회가 제정한 법에 의하지 않고는 누구도 증여나 융자, 과세를 강제받지 않는다는 점, 명백한 이유가 제시되지 않는 한 어떤 자유민도 체포되거나 투옥되지 않는다는 점, 주인의 자발적인 동의 없이 군인들이 민간주택에 주둔하지 않는다는 점, 그리고 전쟁이나 반란의 경우 등이 아니면 계엄법을 발동하지 못한다는 점 등을 핵심 내용으로 한다.

권리장전은 1688년 명예혁명으로 카톨릭 교도이던 제임스 2세가 퇴출되고 윌리엄과 메리가 왕위를 계승한 이후 왕권을 제한하고 의회 권한을 확보하는 등의 내용을 1689년에 입법형식으로 확인한 것이다. 주요 내용을 살펴보면, 왕의 특권에 의한 과세를 금지하고 모든 새로운 조세는 의회의 동의를 요한다는 점, 왕의 재판관여 금지, 청원의 자유, 의회의 동의 없이 평시에 상비군 유지 금지, 법이 정한 바에 따라 자기방어를 위한 무기소유의 자유, 그리고 주기적인 선거를 통한 의원선출과 법정이나 의회 밖에서의 탄핵이나 심문에 대한 우려 없이 의회 내에서의 자유로운 발언과 토론, 그리고 과도한 보석금이나 처벌의 금지 등이다.

결국 미국의 독립전쟁은 1215년 대헌장 이후 면면히 이어져온 납세자 동의 없는 과세는 부당하고 위헌이라는, 즉 '대표 없이 과세 없다(No taxation without representation)'는 대원칙이 현실에서 구체적으로 구현되는 과정이었다.

한편 미국의 수도인 워싱턴 DC 주민들의 연방의회에서의 대표권 문제는 대표에 의한 과세라는 이 원칙이 오늘날에도 쟁점이 되고 있는 하나의 예라고 할 수 있다. 미국 연방의회의 구성은 기본적으로 주를 바탕으로 하고 있는데 상원의원은 주별로 2명, 그리고 하원의원은 총 435명으로 주별 인구비례에 따라 할당되고 있다. 따라서 미국 50개 주의 어디에도 속하지 않는 특별구인 워싱턴 DC의 경우 연방 상하원에 그 대표권이 인정되지 않고 있다. 다만 하원에는 대표(delegate)를 파견하는데 이 대표는 위원회에는 참여하고 투표권을 가지지만 본회의에서의 투표권은 가지지 않는다. 한편 1961년에 이루어진 제23차 헌법수정을 통해서 대통령 선거에는 3명의 선거인단을 보내고 있다. 이러한 워싱턴 DC의 법적지위의 개편에 대해서 많은 논의가 이루어져 왔는데 대표적인 것으로는 주로 승격시키는 방안, 또는 반대로 원래 이 지역이 소속되어 있던 메리랜드 주로의 반환(retrocession) 등을 들 수 있다.

세금과 관련하여 연방의회에 대표권이 없는 워싱턴 DC 주민들에 대해서는 결국 대표 없는 과세가 이루어지고 있다는 점에서 연방의회에서의 대표권, 즉 투표권을 인정해야 한다고 주장하는 측에 의해 연방소득세 납세거부운동이 빈번하게 이루어지고 있다.[5] 괌이나 푸에리토리코와 같은 자치령(territory)의 경우 워싱턴 DC와 같이 본회의 투표권이 없는 대표단을 파견하지만 연방소득세를 납부하지 않는다는 점도 비교되고 있다.

대표에 의한 과세 원칙과 조세법률주의

현대의 대의민주주의하에서 납세자의 동의는 납세자들의 대표들에 의해 이루어진다. 이러한 납세자들의 동의는 기본적으로 그 대표들이 모인 의회에서 결정되는데, 그러한 의회의 결정이 표현되는 기본적인 형식이 법률이라는 점에서 결국 대표에 의한 과세원칙은 현실적으로 조세법률주의의 원칙으로 나타나는 것이다.

현대의 헌법들은 이러한 대표에 의한 과세 또는 조세법률주의 대원칙을 천명하고 있지만 그 형식은 다소 차이가 있다고 할 수 있다. 미국의 경우 헌법 제1장 8조에서 "연방의회는 세금(Taxes, Duties, Imposts and Excises)을 부과하고 징수할 권한을 가진다"라고 함으로써 국민의 대표기관인 의회에 의한 과세를 강조하고 있다. 성문헌법이 없는 영국의 경우 대헌장이나 권리청원, 권리장전 등 여러 역사적 사건 등을 통해서 형성된 각종 원칙들과 의회가 제정한 주요 법률이 국가를 통치하는 헌법적 체계를 구성하고 있는데, 그 가장 핵심 중의 하나는 바로 의회(Parliament)[6]의 최고성이라고 할 수 있다. 즉 의회는 원하는 바에 따라 어떠한 법률도 제정할 수 있으며, 당연히 조세부담에 관련된 법률의 제정은 그 핵심 기능 중의 하나인 것이다.

우리나라 헌법 제59조는 "조세의 종목과 세율은 법률로 정한다"라고 규정함으로써 법률의 형식을 강조하고 있다. 프랑스 헌법 제34조는 법률로 규정하는 사항들을 열거하고 있는데, 모든 조세의 과세기준·세율·징수방식을 포함하고 있으며, 일본 헌법 제84조도 새로운 조세를 부과하거나 현행 조세를 변경할 경우 법률 또는 법률이 정하는 조건에 따라야 한다고 규정함으로써 납세자 동의의 형식으로서 법률을 강조하고 있다고 할 수 있다.

한편 이러한 조세법률주의와 관련하여 지방자치단체의 조례로 지방세를 설치하여 부과 징수할 수 있는지의 여부가 쟁점이 되고 있다. 예를 들어, 제주특별자치도가 도 조례로서 제주도 내에서 적용되는 관광세와 같은 새로운 지방세를 설치할 수 있는가의 문제이다. 통상 지방세의 경우 특정 지방자치단체가 그 관할지역 안의 과세대상에 대해서 부과 징수하게 된다. 따라서 법률이 아니라도 해당 지역의 대의기구인 지방의회가 제정하는 조례로서 지방세를 신설하는 경우에도 바로 대표를 통한 납세자의 동의를 받은 것이라고 할 수 있다는 주장이 제기되고 있는 것이다.

그러나 좀 더 자세히 살펴보면, 특정 지방자치단체가 부과하는 지방세의 경우 물론 해당 지역 내에서 부과되더라도 그 납세자가 해당 지역 주민이 아닌 경우가 많다. 앞에서 예로 들었던 제주도의 관광세의 경우 부담자인 납세자는 제주도 주민이 아니라 제주도 이외 지역에서 온 관광객이 될 가능성이 많은 것이다. 이들 관광객들은 제주도민이 아니기 때문에 도의회의 의원을 선출하는 데 있어 투표권이 없다는 점에서 납세자인 관광객들의 대표자는 조례제정에 참여한 바가 없고 따라서 대표에 의한 납세자의 동의가 이루어지지 않은 것이다. 이러한 관점에서 본다면 특정 지역에서 부과되는 지방세라 하더라도 법률에 근거하여 부과 징수가 이루어져야 하는 것이다.

　한편 '대표 없이 과세 없다' 또는 대표에 의한 과세라는 조세의 기본원칙은 현대 민주주의 발달과정에서 참정권의 확대와 관련하여 많은 논란을 제기하였다. 즉, 납세자와 국민을 대표하는 대표자를 누가 선출하는가의 문제로서, 대표자를 선출하는 투표권을 부여하는 데 있어 납세여부를 매우 중요한 기준의 하나로 사용하기도 하였다. 그러나 이는 흑인이나 여성 등과 같은 사회적 약자들의 투표참여를 제약하는 데 악용되기도 하였다. 현대 국가에서 모든 국민들은 사회와 국가를 위해 조세는 물론 기타 다양한 형태의 부담을 하는 납세자인 것이며, 조세부담의 결정 이외에도 국민의 권리와 의무에 대한 수많은 기능을 국민의 대표들이 수행하고 있다는 점에서 모든 국민들이 그 대표 선출에 참여하여야 하는 것이다.

참고문헌

Digital History, American Revolution, http://www.digitalhistory.uh.edu/

Divine, R., T.H. Breen, G.M. Fredrickson, and R.H. Williams, *America, past and present*, Scott, Foresman and Co., 1984

Posey, Rollin B., *American Government*, 11th ed., Totowa, NJ: Helix Books, 1983

U.S.History, The American Revolution, http://ushistory.org/us/ll.asp

Wikipedia, http://en.wikipedia.org/

미주

1 7년 전쟁(1756~1763)은 오스트리아의 왕위계승전쟁에서 빼앗긴 슐레지엔을 되찾기 위한 오스트리아와 프러시아간의 다툼에 유럽의 열강들이 참여하면서 이루어진 대대적인 전쟁으로, 유럽 대륙만이 아니라 북아메리카와 중앙아메리카, 아프리카 서안, 인도, 필리핀 등 관련된 열강들의 식민지로 확산된 것이다. 아메리카에서 이루어진 전쟁을 미국에서는 프랑스-인디언 전쟁(French and Indian War), 캐나다에서는 정복전쟁(the War of Conquest)이라고 부른다. 종전협정인 파리조약을 통해서 영국은 캐나다와 플로리다를 포함한 미시시피강 동쪽의 모든 영토를, 그리고 스페인은 미시시피 서쪽의 프랑스 식민지(French Louisiana)를 얻고 전쟁중에 영국이 정복했던 쿠바와 필리핀에 대한 지배권을 다시 확보하였으나, 전쟁에서 패배한 프랑스는 캐리비언해의 섬 몇 개만을 보유하면서 아메리카 대륙에서의 근거를 상실하게 되었다.

2 사실 식민지 주민들은 이러한 영국군대의 주둔을 탐탁하지 않게 생각했다. 그들은 애팔래치아 산맥 서쪽의 비옥한 지역으로 진출하기를 원했지만 이러한 식민지 정착민들과 기존에 거주하고 있던 인디언들간의 충돌을 원하지 않은 영국의 조지 3세는 1763년 포고령(the Proclamation)을 통해서 인디언 부족들로부터 안전에 대한 보장을 받지 않는 한 그 지역으로의 진출을 금지했던 것이다. 이러한 조치는 새로운 영토로의 진출을 원하는 식민지의 불만을 초래하였던 것이다.

3 식민지인들은 이것은 '참을 수 없는 법(the Intolerable Acts)'이라고 하였다.

4 전통적으로 올리브 가지는 평화와 승리를 상징하는 것으로서, 이 명칭은 전면전쟁을 피하고 평화를 원하는 식민지 대표들의 뜻을 반영하는 것이다.

5 위싱턴 DC의 경우 대부분 민주당 성향의 투표가 이루어지고 있다는 점에서 그 연방의회에서의 투표권을 부여하는 방안에 대해서 기본적으로 민주당은 찬성하는 반면 공화당은 반대하고 있다.

6 이론적으로 영국 의회는 국왕과 하원(the House of Commons), 상원(the House of Lords)으로 구성된다. 그러나 현실적으로는 국민에 의해 선출되는 대표로 구성하는 하원을 의미한다.

프랑스 대혁명과 인권선언
– 가혹하게 털 뽑힌 거위들의 봉기

프랑스 대혁명은 왕권신수설은 기반으로 하는 구체제를 철폐하고 국민주권에 근거를 두는 근대 시민사회를 이끌어낸 역사적인 사건이다. 그 배경은 대부분의 부를 보유하고 있으면서도 세금은 부담하지 않는 특권계층들을 대신하여 모든 세금 부담을 짊어져야했던 일반 시민들의 삶이 너무나 피폐해졌던 데에 있다. 거의 죽을 지경에 이르기까지 가혹하게 털을 뽑히게 된 거위들의 꽥꽥거림은 거대한 물결이 되어 사회 자체를 뿌리까지 뒤흔들었던 것이다.

프랑스 대혁명의 진행

프랑스 대혁명은 1789년 6월 평민들로 구성된 제3계급이 국민의회를 구성하고 8월 4일 바스티유 감옥을 습격하면서 시작되었다. 이후 1799년까지 약 10년에 걸친 기간 동안 왕권신수설을 바탕으로 하는 구체제의 봉건절대왕조를 무너뜨리고, 자유와 평등, 박애를 추구하는 근대 시민사회로 탈바꿈시켰다.

그 역사적인 사건의 직접적인 계기는 프랑스의 재정적자이다. 베르사이유 궁전 건설 등 왕실의 사치와 영국과의 7년 전쟁, 그리고 미국 독립전쟁의 지원 등으로 인해 프랑스 재정적자와 누적된 국가채무는 전례 없이 심각했다. 이를 타개하기 위해서 투고(Turgot)나 네커(Necker) 등 역대 재무장관들을 중심으로 귀족과 성직자들에 대한 면세축소와 과세강화 등을 위한 개혁을 시도하였지만, 귀족들의 저항과 왕의 무능력 등으로 별다른 성과를 거두지 못하였다. 결국 루이 16세는 1614년 이래 소집하지 않고 있던 삼부회 (Estate-General)를 소집할 수밖에 없었던 것이다. 삼부회를 통해 루이 16세는 제1계급인 성직자, 제2계급인 귀족, 그리고 제3계급인 평민 계층 사이의 합의를 통해서 새로운 재원을 확보하는 방안을 마련하려고 했다.

1789년 5월 5일에 소집된 삼부회에서 세 계층들이 원만한 합의를 보지 못하고 회의 소집 하루 만에 교착상태에 빠지게 된 것은 충분히 예견된 일이었다. 이후 제3계급은 별도로 모여 회의를 진행하다가 6월 17일 일부 뜻을 같이하는 성직자들과 함께 국민의회(National Assembly)를 구성하여, 이 기구가 특정 계층의 대표를 넘어서 국민 전체의 대표를 의미하고 있음을 알리고자 했다. 당황한 왕과 귀족들은 회의장을 봉쇄하는 등 회의를 방해하였고, 이들은 6월 20일 테니스코트에 모여 프랑스의 새로운 헌법을 입안하기 전까지는 해산하지 않기로 맹세한다. 이것이 유명한 테니스코트의 서약(Tennis Court Oath)이다.

국민의회의 세력이 강화되면서 루이 16세도 어쩔 수 없이 그를 인정하게 되었고, 국민의회는 7월 9일 이름을 국민헌법의회 (National Constituent Assembly)로 바꾸고 헌법 초안 작업을 진행하였다. 그러나 7월 11일 루이 16세는 삼부회에 참여하는 제3계급 대표자의 수를 두 배로 하는 등 제3계급에 호의적이었던 재무장관 네커를 자신의 삼부회 연설에 불참한 것을 이유로 해임한다. 제3계급은 이 사건을 구체제를 수호하기 위한 보수세력의 책동으로 이해했고, 길거리의 일반시민들이 이에 대한 불만을 표출하기 시작하였다. 왕이 군대를 동원하여 국민의회를 진압하고자 한다는 소문이 파다해지자, 흥분한 시민들은 7월 14일에 바스티유 감옥을 습격함으로써 혁명이 시작된 것이었다. 극도의 혼란 속에서 여러 개의 자치조직들이 만들어지고, 파리 시내 곳곳에서 혁명의 열기 속에서 체제개혁에 대한 열띤 논의들이 이루어졌다. 라파옛이 이끄는 중산층의 국민방위군도 점차 그 세력을 키워가기 시작하였다.

혁명의 클라이맥스는 8월 4일 국민헌법의회가 봉건제와 함께 귀족들이 그동안 누려온 여러 가지 특권을 폐지함과 동시에, 카톨릭 성직자들이 징수하던 십일조(tithe)를 폐지하는 등 혁신적인 개혁을 결정한 일이었다. 일정한 대체를 전제로 폐지가 논의되기 시작한 십일조는 결국 대체되는 보상 없이 폐지하기로 결정되었다. 뿐만 아니라 국민의회는 세금특혜, 치안판사직의 매매, 영주법원, 연금혜택 등 많은 봉건적 특혜를 폐지하였다. 루이 16세는 이러한 변화를 어쩔 수 없이 받아들였고, 국민의회도 왕을 '프랑스 자유의 수복자(Restorer of French Liberty)'로 선언하여, 양자의 관계는 표면상 우호적인 관계를 유지하였다.

8월 26일에는 인권선언(Declaration of the Rights of Man and of the Citizen)이 발표되었다. 인간의 자유와 평등, 주권재민 등의 원칙을 천명한 인권선언은 과거 봉건사회에서 탈피하여 근대적 시민사회로 진입하는 혁명적인 사회변화를 가져왔다. 국민의회는 인권선언의 대원칙들을 바탕으로 헌법제정 작업을 계속함과 동시에, 프랑스 전역을 83개의 데파르망으로 나누는 등 행정구역을 개편하였다. 또한 국민의회가 실질적으로 거의 모든 권한을 소유하고, 왕에게는 법률에 대한 유예적 거부권만이 부여되었으며, 상원을 두고자 하는 귀족들의 요구를 거부하고 단원제 의회를 고수하였다.

　반면에 왕과 귀족들은, 이와 같은 국민의회의 개혁을 무력화하기 위한 노력의 일환으로, 폭도들로부터 국가와 시민을 보호한다는 명분을 내세워 군대를 베르사이유로 집결시켰다. 그러나 이러한 결정이 국민의회를 해산하고 구체제를 유지하기 위 한 것이라는 소문이 확산되자, 파리시민들, 특히 여성들이 봉기하여 10월 5일 베르사이유를 향한 대행진을 시작하였다. 며칠간의 공방 끝에 결국 파리로 돌아올 수밖에 없었던 왕은 이후 급격히 무력화되었다.

　11월에는 전 국토의 10% 정도에 이르는 카톨릭 교회 보유 토지를 국유화하는 대신 교회의 비용을 국가가 부담하도록 하여, 결과적으로 국가가 교회를 관할하는 시스템을 도입했다. 그때까지 교회가 토지를 보유해왔던 이유는 토지를 소유하기 위해서가 아니라, 신앙심 깊은 왕이나 신자들이 기부한 땅을 맡아 관리하며 그로부터의 수입으로 교회 재정을 충당했던 것이므로, 교회가 필요로 하는 비용을 국가가 충당해준다면 기부의 취지는 충분히 살릴 수 있다는 점 등을 그 근거로 내세웠다. 또한 새로이 국유화된 재산으로 국가가 지고 있는 많은 부채를 해결할 수 있다는 점도 중요한 이유가 되었으며, 국가로 귀속된 재산을 기초로 새로운 화폐(assinats)를 발행하였다.

　이후 1790년 2월에는 수도서원(monastic vows)을 폐지하고 수도회를 해산하였으며 수도사와 수녀들에게는 환속을 요구하였다. 뿐만 아니라, 7월에는 성직자법(Civil Constitution of the Clergy)을 통과시켜서, 성직자들의 신분을 국가의 피고용인으로 전환하고 국가와 헌법에 대한 충성을 맹세하도록 요구하였다. 성직자들은 서약을 한 그룹(juros)과 서약을 거부한 그룹(non-jurors)으로 나누어져

상호간에 갈등이 야기되었고, 후자의 경우에는 설교금지와 투옥 등 많은 박해를 받아야 했다. 더 나아가, 이 성직자법은 교황의 성직자 임명권을 부정하고, 주교구를 행정구역인 데파르망과 일치시키고 선거로 주교를 선출하도록 하였다.[1]

1791년 6월, 신변에 위협을 느낀 왕과 왕비를 포함한 왕족일가가 오스트리아로 탈출하다가 실패하고 파리로 송환됨으로써 왕의 지위는 더욱 위태로워졌다. 1791년 9월 국민의회는 그동안 작성했던 제반 조항들을 하나로 묶어 단일의 헌법으로 작성하여 왕의 재가를 받아 공포하였고, 이를 마지막으로 국민헌법의회가 해체되는 대신 입법의회(Legislative Assembly)가 설치되었다. 1791년에 공표된 헌법은 기본적으로 왕과 의회가 권한을 나누어 갖는 입헌군주제를 채택하였지만, 극심한 혼란이 지속됨에 따라 그 체제가 성공적으로 유지될 가능성은 점차 희박해졌다.

이러한 와중에서 신성로마제국의 레오폴드 2세나 프러시아의 윌리엄 2세 등 외국의 군주들은 루이 16세 등의 신변이 위해를 받는 경우 프랑스를 침공하겠다고 위협했다. 이는 프랑스 국민들을 더욱 분노하게 하는 결과를 초래하였고, 프랑스는 1792년 4월 오스트리아와 전쟁을 선포하고 이어 곧 프러시아와도 전쟁에 돌입함으로써 일련의 혁명전쟁(Revolutionary Wars)들을 수행해야 했다.

1792년 8월 10일 파리콤뮨의 지원을 받은 성난 파리군중들은 튈르리 궁전을 습격하여 왕을 투옥하였고 자코뱅당이 중심이 된 임시 입법의회는 왕정 중지를 선언하였다. 한편 이 과정에서 스위스 용병들로 구성된 근위병 786명이 모두 전사하였다.[2] 9월 20일에, 남성들에 의한 선거에 의해서 새로운 헌법을 작성하는 임무를 부여받은 국민공회(National Convention)가 구성되었고 다음 날 공회

는 왕정을 폐지하고 공화국 수립을 선포하였다.[3]

　1793년 1월 루이 16세는 반역죄로 앙뚜와네뜨 왕비와 함께 단두대에서 처형되었으며, 인근 유럽 국가들과 벌이고 있던 전쟁은 스페인과 대부분의 유럽국가들이 참전하면서 더욱 확대되었다. 프랑스는 객관적인 열세에도 불구하고 국민들의 단결을 바탕으로 전쟁들을 승리로 이끌었다. 그 결과 1795년 프러시아와의 바젤(Basel) 조약, 1797년 오스트리아와의 캄포포르미오(Campo Formio) 조약 등을 통해서 프랑스는 네덜란드의 속국화와 라인강 서안의 합병 등을 이루어 오히려 영토를 크게 확장하는 결과를 가져왔다.[4]

　내부적으로, 프랑스는 강경파가 득세하기 시작하여, 로베스피에르와 자코뱅당, 그리고 공안위원회에 의한 공포정치(Reign of Terror)가 1793~1794년 기간 동안 진행되었다. 이러한 공포정치는 1794년 7월, 테르미도르 반동(Thermidorian Reaction)에 의해서 로베스피에르가 처형되면서 막을 내렸다. 이후 1799년까지는 소위 5인의 총재(Director)가 정권을 담당하는 총재정부(the Directory) 시대로 이어졌는데, 의회는 500인회와 원로원 양원제로 구성되었다. 그러다가, 1799년 11월에 나폴레옹이 쿠데타를 통해서 정권을 장악하고 통령(Consulate) 정부를 구성하였으며, 1804년 국민투표를 통해 황제로 등극하였다.

불공평하고 과중한 세부담: 혁명의 원인과 배경

삼부회 소집의 배경

프랑스 대혁명의 핵심은 구체제의 봉건사회를 주권재민의 원칙에 바탕을 둔 근대 시민사회로 탈바꿈시킨 것이다. 그 혁명을 발생시킨 원인과 배경에 대해서 지금까지 많은 논의와 연구들이 이루어지고 있다. 대표적인 예로, 혁명의 사상적 뿌리는 볼테르나 몽테스큐, 루소 등 계몽사상에서 비롯되었으며, 1783년 아이슬랜드의 라키 화산폭발 이후 유럽의 기후변화로 인한 흉년과 피폐한 경제가 또 다른 중요한 배경이 되었다는 주장 등이 있다. 그러나 많은 연구들이 공통적으로 지적하고 있듯이, 불공평한 세금과 그에 따른 과중한 부담이 민중들의 봉기를 이끌어낸 가장 중요한 원인이었다는 점을 부인할 수 없다.

1774년 등극한 루이 16세는 막대한 규모의 국가부채로 인해 심각한 재정위기 상황에 직면하게 된다. 7년 전쟁의 결과로[5] 북아메리카에 있던 영토와 인도에서의 주도권을 영국에 빼앗기고 막대한 전비를 부담하였으며, 미국독립전쟁(1775~1783)을 적극적으로 지원한 결과 천문학적인 부채를 더했다. 이러한 재정상황하에서도 왕실은 호화스러운 생활을 지속함으로써 재정적 어려움을 더욱 가중시켰다. 루이 15세와 루이 16세의 통치 시기에 재무장관을 역임한 투고(Turgot)나 네커(Necker)는 재정난을 타개하기 위해서, 귀족과 성직자들에게도 세금을 부과하는 소위 '공평하고 비례적인 세금'을 위한 세제개혁을 추진하기도 하였다. 이 법안의 내용은, 특권층을 포함하는 모든 계층으로부터 토지와 재산, 상업과 급여 등으로부터의 순수익의 5%를 과세하는 20분의 1세(Vingtième)를 부과하자는 것이었다. 그러나 귀족들이 지역 항소법원(provincial courts of appeal, parlements)[6]이 가진 법령등록 권한 등을 이용해서 이러한 개혁을 회피함으로써 개혁시도는 번번이 실패로 돌아갔다. 이들 항소법원의 판사들은 일반적으로 왕에게 금전적 대가를 지불하고 그 직위를 획득하였으며 추가적인 세금인 폴레트(Paulette)[7]를 납부함으로써 세습이 가능한 사법귀족(Nobles of the Robe)이었다는 점에서 그들의 저항은 어찌 보면 당연한 것이었다.

1783년 재정총감(Controller-General of Finances)[8]으로 취임한 칼룬(Charles A. de Calonne)도 이러한 재정위기를 해결하기 위하여 정부지출을 축소하고 귀족들까지 과세대상으로 포함하는 20분의 1세를 과세하는 내용을 골자로 하는 개혁을 추진하였다. 그는 개혁에 반대하는 항소법원 대신 1787년에 자신이 선택한 인사들로 구성된 유력자회의(Assembly of Notables)를 소집하였지만 이 역시 개혁안을 통과시키는 데 실패하였다.

1788년 6월 칼룬의 뒤를 이어 재정총감이 된 브리엔(Brienne) 추기경은 개혁안을 추진하기 위하여 항소법원을 폐지하려고 시도하였는데, 특권층이 과세를 거부하는 상황에서 자신들만 부담할 수밖에 없는 새로운 세금을 도입하는 것에 대해 부르조아 계층은 물론 이미 높은 빵 값과 기근에 시달리고 있던 서민층의 반발이 높아졌던 것이다. 프랑스 남동부 그레노블(Grenoble)에서 발생한 '타일의 날(Day of the Tiles)' 사건은 지역 항소법원의 폐지와 새로운 세금에 반발하는 주민들을 진압하기 위해 출동한 군대에 대해 지붕 타일을 던지면서 저항한 사건이다. 주민들은 새로운 세금을 부과하기 위해서는 모든 신분계층을 아우르는 삼부회 소집이 전제되어야 한다고 요구하였다. 이렇게 왕과 특권층, 평민계층 등 계층들 간의 갈등이 지속되는 가운데 1788년 다시 재정총감으로 기용된 네커는 항소법원 등의 요구를 수용하여, 1614년 이래 열리지 않았던 삼부회를 소집할 것을 약속하였고, 이것이 결국 대혁명으로 이어졌던 것이다.

혁명 당시 프랑스 조세제도

혁명 당시의 프랑스 상황을 보면, 특권계층이 재산이나 소득에 대한 면세혜택[9]을 받았기 때문에, 조세부담은 농민들과 도시의 임금노동자, 그리고 부르조아 계급에 집중되었고 이들 평민층의 조세부담은 날이 갈수록 더욱 가중되기만 하였다. 특히 세제운영이 직접세 중심에서 간접세 중심으로 옮겨갔는데, 대혁명 직전에는 전체 재정수입의 35%가 직접세를 통해 조달된 반면 간접세를 통한 수입이 47%를 점하였다(Neely, 2008: 9). 간접세 중에서도 개별 물품에 대한 판매세(aides)가, 그 중에서도 특히 포도주에 대한 판매세의 세수가 가장 많았다. 당시의 조세제도의 면면을 살펴보면 다음과 같다.

지역간 물품의 이동에 대한 통관세(entrées)는 중요한 세원이었다. 프랑스는 무역에 크게 의존하는 국가가 아니었기 때문에 국가의 수입을 관세를 중심으로 조달하는 것은 어려웠다. 대신 국내에서 이동하는 많은 상품들에 대해서 지역간 통관지점을 설치[10]하여 통관세를 징수하였는데, 이러한 과세체계는 프랑스가 단일의 시장으로 통합되는 것을 저해하였다.

소금 소비에 부과하는 소금세(gabelle)는 대표적으로 악명이 높은 세금이었다. 소금은 국가의 전매품으로서 생산과 소비 등 모든 측면에서 통제되었는데 지역별로 세금 수준과 가격이 크게 차이가 있었다. 파리를 포함하는 핵심지역의 경우 소금은 왕실독점이었는데 소비자들은 필요하지 않더라도 매년 일정한 최소량 이상을 구입해야 했으며, 또 그 최소량 이상의 구입에 대해서는 매우 높은 가격을 부담해야했다. 그러나 다른 지역에서는 가격이 상대적으로 낮았고 또 최소구매량도 설정되지 않았으며, 브리타니(Brittany)와 같은 지역은 면세였다. 이처럼 지역별로 가격차이가 큼에 따라 밀수가 만연하였고, 민간인임에도 불구하고 밀수단속권을 부여받은 위탁징수인들이 강력한 단속과 처벌을 이행하는 과정에서 많은 권한 남용 등이 이루어졌다.

토지세(taille)는 기본적으로 국가의 전비를 조달하는 목적을 가지고 도입되었으며, 귀족과 성직자 등 특권계층과 함께 군인과 치안판사, 교수와 학생 등을 제외한 모든 계층에게 부과되었다. 봉건사회에서 왕실의 재정운영은 왕의 직영지 수입으로 충당하지만, 전쟁비용 등에 대해서는 추가적인 부담을 요구할 수 있었던 것이다. 토지세는 15세기 중반 백년전쟁 당시 상비군을 유지하는 목적으로 영구세로 도입된 이래, 프랑스 재정에서 가장 핵심적인 역할을 수행하였다. 토지세는 왕실직영지와 지역회의 등과 같은 일정한 자치권이 인정되는 지역의 토지(provincial estates)를 대상으로, 각각 대인과세와 대물과세 형태로 부과되었는데, 대혁명 당시 토지세는 36개의 구역(généralités)으로 나뉘어 징수되고 있었다.

이 밖에도 농민을 포함한 평민들은 수확의 10%인 십일조(tithe)와 함께 5%의 수득세(vingtième), 가족수에 따른 인두세(capitation)

등을 부담했다. 또한 영주에게 치러야 하는 부역(corvée)과 현물부담 등 다양한 봉건의무 외에도, 농토에 대한 현금지대(cens)와 생산량에 따른 부담(champart)도 부담해야 했다. 거기에 영주 소유의 정미소, 포도즙추출기, 제빵소 등을 이용할 때 내는 이용료(banalités) 등까지 더해지는 엄청난 조세부담은 농민들을 거의 한계상황에까지 몰고 갔던 것이다.

한편 이러한 조세부담 이외에도 평민들의 부담을 더욱 크게 하는 다른 요인들도 존재했다. 인플레이션은 통상 부채의 실질가치를 줄이는 효과가 있기 때문에, 통화발행 확대를 통해서 의도적으로 인플레이션을 야기하는 정책이 사용되기도 한다. 실제로 프랑스는 1776년 종이화폐를 발행하여 인플레이션을 야기하였는데, 그 결과 생필품 등 물건 가격이 크게 상승함으로써 서민들이 많은 고통을 받는 결과를 가져왔다. 연이은 흉작까지 겹쳐서 빵 값이 폭등하여 서민들은 생존의 위협에 직면하게 되었고, 산업화에 의해 생겨난 도시들은 불만에 가득찬 시민들의 집결지가 되어 혁명이 일어날 수 있는 여건을 조성하였다고 볼 수 있다.

조세징수 민간위탁(tax farming)

시민들에게는 과중한 조세제도뿐 아니라, 세금을 징수하는 시스템도 커다란 불만의 대상이었다. 소금세와 통관세, 토지세 등 여러 세금의 징수는 민간의 조세징수인(tax farmer)에게 위탁되었는데, 조세징수인들은 계약된 일정액을 국가에 납부하고 나머지는 자신의 소득으로 가져갔다. 그런데 위탁징수는 세금징수라는 관직을 사실상 매관매직한 형태이며, 소금세와 통관세의 경우 이미

1604년 앙리 4세에 의해 위탁이 이루어졌다. 프랑스에서는 왕실의 재정이 만성적인 적자에 시달리면서 일정한 세수를 안정적으로 확보하는 것이 급선무였기 때문에, 조세징수 민간위탁(tax farming)을 시행하게 되었다. 초기에는 각 세목별로 별도의 위탁을 했는데, 그러다보니 행정적으로 너무 복잡해지기 시작했고, 루이 14세 시절 재상이었던 콜베르(J. Colbert)가 1680년도부터 소금세와 통관세, 토지세, 지방관세 등을 통합적으로 징수하는 형태로 전환하였다. 1726년에는 전국의 모든 위탁징수(Ferme générale)가 6년 기간의 단일 계약으로 통합되었는데 이는 다시 전국적으로 40명의 총괄징수인(farmers-general)이 위탁을 받아 징수업무를 수행했다. 대혁명 당시 이러한 조세징수인에 의해 징수된 세수는 총재정수입의 거의 절반 정도에 이르렀다.

　　조세징수인들은 다른 관리들이 그러했던 것처럼 그 직책을 얻기 위해서 왕에게 연례적으로 대가를 지불해야 했는데, 추가적인 부담인 폴레트(paulette)를 납부하면 세습이 가능했다. 이들은 사적 이익을 위해 권력을 남용하고 농민 등 납세자들을 수탈하는 과정에서 매우 강한 권력을 행사하고 부를 축적했다.[11] 위탁징수 체제하에서는 사전에 설정된 만큼 국가에 납부하는 것을 제외한 나머지는 모두 조세징수인 자신들이 소유하기 때문에, 훨씬 더 많은 세금을 가혹하게 징수하는 결과를 낳았다. 이러한 위탁체제에 대한 불만이 비등해지자, 국가에서는 1769년에 조세징수 업무를 공적기구화하고 그 책임자들은 고정된 급여를 받는 형태로 전환하였다. 또 1780년에는 당시 재상이던 네커가 주도하여 간접세의 징수업무를 세 개의 위탁기관에 맡겨 각기 관세와 주세, 그리고 토지세를 징수하도록 하였으며 추가징수에 따른 수익에 상한을 설정하기도 하였다.

이러한 위탁징수체제는 자의적이고 불공평한 소비세 부과와 그에 따른 부패를 야기하고 납세계층의 불만을 크게 증가시킨 요인이었다. 혁명기에 조세징수인들은 구체제의 상징으로서 주요 공격대상이 되었고 실제로 많은 조세징수인들이 단두대에서 처형되었다.

프랑스 대혁명이 오늘날에 주는 의미

프랑스 「인권선언」은 현대 민주주의 발달과정에서 가장 중요한 사건 중의 하나인 프랑스 대혁명의 핵심 사상을 표현하고 있는데, 오늘날 대부분 국가들의 헌법에 명시되어 있는 기본권 조항의 원천이라고 할 수 있다. 프랑스 혁명이 진행되던 1789년 8월 26일 국민의회가 선포한 이 선언의 정식명칭은 「인간과 시민의 권리선언(Declaration of the Rights of Man and of the Citizen)」이며, 라파예트 등이 작성하였다. 전문과 17조로 구성되어 있는데, 제1조에 "인간은 자유롭게, 그리고 평등한 권리를 가지고 태어났다", 그리고 제3조에서 "모든 주권의 원리는 본질적으로 국민에게 있다"고 명시함으로써 종래의 봉건사회제도를 전면 부인하는 해방 선언을 한 것이다. 1791년 프랑스 헌법의 전문으로 채택된 이래로, 전 세계 대부분 나라의 헌법 작성에 큰 영향을 미치게 되었다.

프랑스 국민회의 승인(1789년 8월 26일)

국민의회를 구성하고 있는 프랑스 국민들의 대표자들은 인간의 권리에 관한 무지와 망각 그리고 무시가 민중의 고통과 정부 부패의 유일한 원인이라는 것을 믿으면서, 자연적이고 빼앗길 수 없으며 신성한 인간의 권리를 천명할 것을 엄숙히 선언하기로 결의했다. 이 선언은 우리 사회의 모든 구성원들 앞에 항상 존재함으로써 그들의 권리와 의무를 끊임없이 상기시키게 될 것이다. 또한 입법권과 행정권에 의한 여러 행위들은 각 순간에 모든 정치제도의 목적과 비교됨으로써 보다 존중될 수 있도록 하고, 또 시민들의 요구는 차후 단순하고 명확한 제 원리에 기초함으로써, 언제나 헌법과 모두의 복리를 유지하는 데 이바지할 수 있도록 하기 위한 것이다. 따라서 국민회의는 최고자(the Super Being)의 존재와 보호하에 다음과 같은 인간과 시민의 권리들을 인정하고 선언한다.

조문

제1조. 인간은 자유롭게, 그리고 평등한 권리를 지니고 태어나서 살아간다. 사회적 차별은 오직 공공의 이익을 근거로 해서만 허용될 수 있다.

제2조. 모든 정치적 결사의 목적은 인간의 자연적이고 소멸될 수 없는 권리를 보전하는 데 있다. 이러한 권리란 자유, 재산, 안전, 그리고 억압에 대한 저항이다.

제3조. 모든 주권의 원리는 본질적으로 국민에게 있다. 어떤 단체나 개인도 국민으로부터 직접 나오지 않는 어떤 권한도 행사할 수 없다.

제4조. 자유란 타인을 해치지 않는 한 모든 것을 할 수 있는 것이다. 따라서 각자의 자연권 행사는 사회의 다른 구성원에게도 동등한 권리를 보장해 주어야 할 경우 이외에는 어떤 제한도 받지 않는다. 이러한 제한은 오로지 법에 의해서만 규정될 수 있다.

제5조. 법은 사회에 해로운 행위에 한해서만 금지할 수 있다. 법으로 금지되지 않은 어떤 행위도 방해되어서는 안 되며, 어느 누구도 법으로 규정되지 않은 행위를 하도록 강제되어서는 안 된다.

제6조. 법은 국민일반 의지의 표현이다. 모든 시민에게는 직접 또는 대표자를 통해 법의 제정에 참여할 권리가 있다. 법은 보호하는 경우든 처벌하는 경우든 모든 사람들에게 동일한 것이어야 한다. 모든 시민은 법 앞에 평등하므로, 자신의 능력에 따라, 그리고 자신의 덕성이나 재능에 의한 차별 이외에는 아무런 차별 없이 모든

명예와 공적인 직위와 직무를 맡을 수 있는 동등한 자격이 있다.

제7조. 법에 의해 규정된 경우, 그리고 법에 따른 형식에 의하지 않고서는 누구도 소추되거나 체포되거나 구금되어서는 안 된다. 누구든 자의적인 명령을 요청하거나 발령하거나 집행하거나 집행되도록 한 자는 처벌되어야 한다. 하지만 법에 의거 소환되거나 체포된 시민은 누구든지 지체 없이 그에 따라야 하며, 이에 저항하는 것은 범죄가 된다.

제8조. 법은 엄밀하고 명백히 필요한 경우에만 처벌 조항을 제시한다. 또한 범죄를 저지르기 이전에 제정되어 공포된 법에 의거해서 합법적으로 적용받는 경우 이외에는 어느 누구도 처벌을 받아서는 안 된다.

제9조. 모든 사람은 유죄 선고를 받기 전까지는 무죄로 추정되므로, 설사 체포가 꼭 필요하다고 인정되더라도 피의자의 신병 확보에 필수적이지 않은 모든 가혹 행위는 법에 의해 엄격히 제한되어야 한다.

제10조. 어느 누구도 그 발언이 법에 의해 확립된 공공질서를 어지럽히지 않는 한, 종교적 견해를 포함하여 자신의 의견을 밝히는 행위가 방해받아서는 안 된다.

제11조. 사상과 의견의 자유로운 소통은 인간의 가장 소중한 권리의 하나이다. 따라서 모든 시민은 자유로이 말하고 글을 쓰고 출판할 수 있지만, 법에 규정된 경우에는 이러한 자유의 남용에 대해 책임을 져야 한다.

제12조. 인간과 시민의 제반 권리의 보장을 위해서 공공의 군대가 필요하다. 따라서 이러한 군대는 모든 사람의 이익을 위해 설치되는 것이지 그것을 위임받은 사람들의 개인적인 이익을 위해 존재하는 것이 아니다.

제13조. 공권력을 유지하고 행정 비용을 조달하기 위해 조세를 부과할 필요가 있다. 조세는 모든 시민들에게 각자의 부담능력에 따라 공평하게 부과되어야 한다.

제14조. 모든 시민은 직접 혹은 대표자를 통해 조세의 필요 여부를 결정하고, 그 부과를 자유로이 승인하고, 조세의 사용 용도를 확인하고, 부과율과 산출방식, 징수방법과 징수기간을 결정할 권리를 가진다.

제15조. 사회는 모든 공직자에게 그 행정업무에 관한 설명을 요구할 권리를 가진다.

제16조. 법의 준수가 보장되지 않거나, 권력 분립이 설정되지 않은 사회는 결코 헌법을 갖추지 않은 것이다.

제17조. 소유권은 신성불가침의 권리이므로, 법에서 규정한 공공의 필요성에 의해 정당하고 사전적인 보상을 받는 조건하에서 명시적으로 요구되는 경우가 아니라면, 어느 누구도 소유권을 박탈당할 수 없다.

위에서 살펴본 것처럼 인권선언에는 제13조와 제14조 등 두 개의 조세관련 조항이 포함되어 있다. 제13조에서는 조세의 필요성을 천명하고 조세는 부담능력에 따라 공평하게 부과할 것을 규정하고 있다. 이는 대혁명의 중요한 원인들 중의 하나가, 귀족과 성직자 등 특권층이 가장 부유하고 경제적 능력이 많음에도 불구하고 세금을 부담하지 않았기 때문에 나머지 계층이 무거운 부담을 지면서 가지게 된 불만이었다는 점을 고려해 볼 때에, 당연히 언급되어야 하는 내용들인 셈이다. 부담능력에 따라 공평한 세부담이 이루어져야 한다는 위 조항은, 현대 조세가 가져야 하는 기본적인 특질의 하나로서 오늘날에도 가장 중시되고 있는 원칙이다.

제14조는 조세의 부과 징수 등과 관련하여 부과여부나 세율 등 중요한 사항들을 국민들이 직접 또는 그 대표자를 통해서 결정한다는 것으로서 이는 곧 대표에 의한 과세 또는 조세법률주의를 천명한 것이다. 즉 국민이나 그 대표자들이 조세를 결정하는데 결정된 내용은 바로 세법이라는 법률의 형식으로 제시되어야 하는 것이다. 오늘날 우리 헌법 제55조는 '조세의 종목과 세율은 법률로 정한다'라고 규정하고 있고, 프랑스 헌법 제34조에서도 '모든 조세의 대상과 세율, 징수방법 등과 관련된 규율은 법률로 정한다'고 규정하고 있는 것도 바로 이 조세법률주의를 표현한 것이다.

루이 14세 시절 재상이었던 콜베르(Jean-Baptiste Colbert)는 "과세의 기술이란 거위가 가능한 최소한으로 꽥꽥거리게 하면서 가능한 많은 양의 털을 뽑는 것이다"라는 유명한 말을 남겼다. 이 말은, 당시 프랑스 국부의 대부분을 보유하고 있던 귀족과 성직자들이 조세부담을 회피함에 따라 그 모든 부담을 떠맡아야 하는 제3

계층의 불만이 상당하였음을 반증하는 것이다. 너무나 많은 털을 뽑힌 나머지 죽기 직전의 상태까지 내몰린 거위들의 꽥꽥거림은 거대한 물결이 되어 사회 자체를 완전히 뒤집어엎는 결과를 가져오게 된 것이다.

참고문헌

찰스 디킨스, 「두 도시 이야기」, 이은정 역, 서울: 팽귄클래식 코리아, 2012.

Conseil Constitutionel, Declaration of Human and Civil Rights of 26 August 1789, http://www.conseil-constitutionnel.fr/conseil-constitutionel/root

History, French Revolution, http://www.history.com/topics/french-revolution

Neely, Sylvia, *A Concise History of the French Revolution*, Lanham, Maryland: Rowman & Littlefield Publishers, Inc., 2008

Wikipedia, http://en.wikipedia.org/

미주

1 이후 로베스피에르(M. Robespierre)의 처형 등 공포정치에 대한 1794년의 테르미도르 반동(Thermidorian Reaction) 이후 카톨릭에 대한 박해는 일정부분 완화되었지만, 공화국과 카톨릭 교회간의 갈등은 1801년 나폴레옹과 교황간의 협약(the Concordat)에 의해서야 일정한 타협을 보았다. 이 협약에 따라 카톨릭은 국교는 아니지만 프랑스의 절대 다수가 믿는 종교로 인정되었다. 그러나 성직자들의 국가와 헌법에 대한 충성맹세와 급여지급은 지속되었다. 이 협약은 1905년 프랑스가 국가와 교회의 정경분리를 입법화 함으로써 폐지되었는데, 그에 따라 국가가 특정 종교를 인정하거나 보조금 지급, 성직자에 대한 급여 지급 등이 금지되었다.

2 스위스 루체른에 있는 유명한 '빈사의 사자상'은 이들의 충성심을 기리기 위해 세운 것이다.

3 이후 1792년 9월 22일이 프랑스 공화국의 첫 해 시작일로 인정되었다.

4 1793년부터 1815년 나폴레옹의 유배에 이르기까지 유럽의 각국들은 5차례에 걸쳐 대 프랑스 동맹을 결성하여 전쟁을 치르게 된다.

5 오스트리아 왕위계승전쟁에서 패배한 오스트리아의 마리아 테레지아 여왕이 프로이센에게 빼앗긴 슐레지엔을 되찾기 위해 일으킨 전쟁(1756~1763)으로서, 유럽의 열강들은 물론 그들의 식민지까지 확산되었다. 북아메리카에서 영국과 프랑스

간에 이루어진 전쟁을 프랑스-인디언 전쟁(the French and Indian War) 또는 캐나다 관점에서는 정복전쟁(the War of the Conquest)으로 부르고 있는데 1763년 체결된 파리조약에서 프랑스는 퀘백 등 캐나다와 오대호, 그리고 미시시피 계곡 북쪽을 모두 영국에게 양도함으로써 이 지역에서의 근거를 상실하게 되었다.

6 항소법원은 재판권 외에도 왕의 칙령과 법률을 등록하고 그 집행에 필요한 규제적 법령을 제정하는 권한을 가졌는데, 기본법이나 지역의 관습에 위배되는 것으로 판단되는 경우 법률 등에 대한 등록을 거부함으로써 발효될 수 없게 하였다. 국왕이 등록을 강제하기 위해서는 칙령장(*Lettre de cachet*: 왕이 서명하고 장관 중의 하나가 부서하며, 왕의 인장으로 봉함된 서류)을 제시하든지, 국왕이 친히 참석하는 회의를 개최하는 수밖에 없었다. 이 고등법원은 처음에는 파리에만 있다가 점차 각 지역거점별로 확대 설치되었는데 때로는 법의 독립성을 옹호하며 그 등록권한 등을 최대한 활용하여 국왕에게 대항함으로써 정치적 불안정 요인이 되기도 하였다.

7 매관매직은 중세 말기 이후 봉건 귀족이 점차 몰락하면서부터 시작되었는데, 국왕은 왕실의 재정을 확보하는 수단으로 이를 적극적으로 활용하였던 것이다. 앙리 4세는 1604년 칙령에 의해, 관직 가격의 60분의 1을 세금으로 징수하도록 하였는데, 매년 이를 납부함으로써 해당 관직을 세습화할 수 있었다. '폴레트(Paulette)'라는 명칭은 그 아이디어를 낸 샤를 폴레(Charles Paulet)의 이름을 딴 것이다. 이 제도는 대혁명 시기에 폐지되었다.

8 프랑스의 재정 최고책임자는 17세기 이후 1791년까지는 재정총감(Controller-General of Finances)이라고 하였고, 이후 1941년까지는 재무장관(Minister of Finance)이라고 호칭되었다.

9 귀족들은 약간의 면역지대(quit-rent)를 부담하였는데, 이를 납부함으로써 토지소유에 따라 부담해야 하는 봉건적 의무를 면제받는 것이다.

10 통관세 등의 위탁징수를 담당하였던 조세징수총국(the Ferme générale)은 1783년 이후 파리로 반입되는 물품에 대한 통관세 등의 징수를 위해 파리를 둘러싸는 24km에 이르는 방벽을 구축하고 66개의 징수소를 설치하였다. 이러한 징수시설에 대한 파리시민들의 증오는 대단해서 대혁명 당시 바스티유 감옥으로 가기 전에 이 징수소를 먼저 공격했다고 한다.

11 찰스 디킨스의 「두 도시 이야기」에서는 이러한 조세징수인들의 사치스런 생활을 다음과 같이 묘사하고 있다. "호사스러운 사람을 들자면 조세징수원이 그랬다. 그의 마구간에는 말이 서른 필이나 있고 거처에는 스물 네 명의 남자 하인이 있었으며 아내의 시중을 드는 하녀만 여섯이었다. 강탈할 수 있으면 강탈하고, 취할 수 있으면 취하되 아무짓도 하지 않은 척 위선을 떨지 않는다는 점에서 조세징수원은 …(중략)… 적어도 그날 나리의 저택에 참석한 인사 중에는 가장 정직한 사람이다." (이은정 역, 2012, p.153)

세종의 전세 개혁
– 광범위한 의견수렴을 통한 세제개혁

과전법에 의한 조선 초기 전세(田稅)제도는 표준수확물의 10분의 1인 토지 1결당 30두를 기본으로 개별 토지에 대한 손실평가, 소위 답험손실에 따라 감면이 이루어지는 수손급손제를 채택하였다. 이러한 방식은 이론적으로는 바람직한 것이었지만 그를 시행하는 과정에서 손실을 산정하는 관리나 전주 등에 의해 많은 폐해가 발생하였고 세종은 이를 개혁하고자 하였다. 무려 15년이라는 기간을 두고 많은 연구와 의견수렴 등의 과정을 거쳐 공법 도입이라는 조세개혁이 이루어졌는데, 오랜 시간을 두고 이루어진 이러한 개혁과정은 수많은 세제개편이 이루어지는 오늘날에도 큰 시사점을 제시하는 것이다.

전세 개혁의 배경

고려 말 토지개혁과 과전법

위화도 회군 이후 이성계파는 권문세가들과 사원 등에 집중되어 있는 토지를 회수하여 국가의 수조권을 확보하기 위한 대대적인 토지개혁을 단행하였는데, 공양왕 3년(1391)에 공포된 과전법(科田法)이 그것이다. 전국적인 토지조사를 실시하여 임의로 사전(私田)이 된 토지를 국가에 귀속하고 누락되어 있던 토지들을 국가에게 귀속되도록 하였다. 또한 군전(軍田)을 제외하고는 중앙관료를 위한 과전은 경기에만 설치하도록 하는 등 많은 조치들을 통해서 국가 수조지를 확대함으로써 정상적인 국가운영이 이루어질 수 있는 계기를 마련하였다.

토지는 크게 공전과 사전으로 구분되는데, 공전(公田)은 수조권이 공공기관에 귀속되는 것으로서 군자시(軍資寺) 소속의 군자전, 왕실 소속의 능침전(陵寢田) 등을 들 수 있다. 수조권이 개인에게 귀속되는 사전은 관료들에게 배분된 과전을 비롯하여 공신전, 지방향리에게 준 외역전(外役田) 등을 들 수 있다.

과전법은 각 유형의 수조지에 대한 원칙들을 규정하고 있는데, 개편의 중심은 관리들에게 지급하는 과전이었다. 과전과 공신전 등 사전은 경기지역에서만 설정하도록 하였는데, 과전은 시관(時官, 현직자)과 산관(散官, 퇴직자 및 대기발령자) 모두에게 분급되었다. 과전의 크기는 관리들의 직급에 따라 18등급으로 하였으며, 제1과는 150결, 그리고 제18과는 10결로 하였다.

경기 이외의 6도에는 과전을 설치하지 않지만, 지방의 유력자인 한량관(閑良官) 등에게 지급한 특수한 사전의 일종인 군전(軍田)은 두었으며, 양계[1]에서는 과전과 군전을 일체 설정하지 않고 모두 군수축적에 사용하도록 하였다.

과전은 세습되지 않고 일대에 한해 유지되었으나 수절하는 과부에게 지급하는 수신전(守信田)과 과전을 받은 부모가 다 죽은 20세 미만의 자식에게 지급하는 휼양전(恤養田) 등은 세습할 수 있었다. 이는 관리계층에 대한 우대의 뜻을 보여주는 것인데, 관직 자체는 지킬 수 없을지라도 물질적인 보장을 통해 신분은 유지할 수 있도록 함으로써 계급지배가 지속되도록 운용된 것이다.

관리들의 수조지인 과전은 경기도 내에 설정한다는 원칙 아래

운용되었는데, 새로운 관리들이 계속 증가함에 따라 과전으로 지급될 토지가 절대적으로 부족해지는 결과를 낳았다. 또한 현직관리만이 아니라 산관, 유가족 등에도 수조지를 지급하는 것도 이러한 부족현상을 촉진하였다. 이에 따라 조선왕조 초기부터 직사관(職事官: 일을 맡은 관리) 우선의 원칙을 세워갔으며, 마침내 1466년(세조 12)에는 과전을 폐지하고 현직의 관리에게만 수조지를 지급하는 직전제(職田制)가 시행되었다.

과전법과 조세 부담

전조와 전세 | 　과전법에서는 경작자가 수조권자에게 납부하는 '전조(田租)'와 토지를 수급 받은 수조권자가 국고에 납부하는 '전세(田稅)'를 구별하여 규정하였다. 공전·사전을 막론하고 경작자는 수조권자에게 수확의 10분의 1인 1결당 30두를 조(租)로 납부² 하도록 하였는데, 부과에는 품관(品官)³이나 경차관(敬差官),⁴ 사전의 전주가 매년 농사의 작황을 실제로 답사해 정하는 답험손실법(踏驗損實法)이 적용되었다.

전세는 특별한 경우를 제외하고 사전을 받은 자들이 경작자로부터 받은 전조 중에서 1결당 전세 2두를 국고에 수납하도록 한 것이다. 공신전(功臣田)의 경우 사전이지만 전세 납부대상에서 면제되었는데 이는 당시 집권자들의 대부분이 공신으로서 공신전을 지급받고 있기 때문이었다. 그러나 태종 2년(1402)에는 공신전의 면제를 삭제하고 다른 사전에서와 마찬가지로 전세를 납부하도록 하였다.

이상과 같이 과전법에서는 경작자가 부담하는 전조와 수조권자가 부담하는 전세를 구분하였으나, 후기의 기록에서는 조와 세를 기록상으로 혼용하고 있으며 이들은 다 전세(田稅)라는 이름으로 통일되었다.

답험손실(踏驗損實) | 과전법에서 제정한 1결 30두의 전세는 1결에서 얻을 수 있는 최고 수확고의 1/10을 표준으로 한 최고 전세액이었다. 이를 기준으로 하여 관리 등이 현장에 나가 수확의 감수 정도를 실제 조사하는 답험(踏驗)과 조사된 작황의 손실(損實) 정도에 따라 조세를 감면하는 조정이 이루어졌는데 이를 수손급손(隨損給損)이라고 한다.

　　답험규정을 살펴보면 국고수조지인 공전의 경우 관답험(官踏驗)이 이루어지도록 하였는데, 먼저 해당 고을의 수령이 조사를 실시하여 결과를 감사에게 보고한다. 감사는 이를 확인하는 의미에서 여러 명의 다른 지역의 품관 등을 위관(委官)으로 파견하여 재심하고, 이를 다시 감사가 삼심하도록 하였다. 과전 등 사전인 경우에는 수조권을 가지는 전주가 손실을 답험하는 전주답험이 이루어지도록 하였다.

표 1 과전법의 전조 감면표

실수율(實收率)	손재율(損災率)	감조율(減租率)	수조율(收租率)
10分(平作)	0	0	30斗
9分	1分	1分(3斗)	27斗
8分	2分	2分(6斗)	24斗
7分	3分	3分(9斗)	21斗
6分	4分	4分(12斗)	18斗
5分	5分	5分(15斗)	15斗
4分	6分	6分(18斗)	12斗
3分	7分	7分(21斗)	9斗
2分	8分	전액 감면	0

손실규정은 수확의 감수 정도를 반영한 실수율(實收率)에 따라 수조액을 결정하도록 한 것이다. 공전과 사전 모두 작황에 따라 손(損)과 실(實)을 각각 10분(分)으로 나누어 손재가 1분에 이를 때마다 1분을 감세하며 손재가 8분에 이르면 전액 감면하도록 하였는데 그 내용은 <표 1>과 같다.

답험손실제의 변천과 평가 | 답험손실 제도는 태조 때 2분 이하의 수확 감소에 대해서는 전조의 감면을 인정하지 않는 등 개정이 이루어졌다. 태종 때 이르러 크게 수정되는데 그 내용은 다음과 같다. 첫째, 과전법에서는 각 고을의 수령이 답험하도록 하고 있는 것을 다른 도의 청렴한 품관 중에서 위관을 위촉하여 먼저 각 전답의 손실을 답험하게 하고 결과를 수령이 검사하도록 하였다. 둘째, 수확 감소가 2분 이하의 경우에도 감면을 인정하되 수확의 증대에 따라 수조가 이루어지도록 하였다. 셋째, 중앙에서 경차관을 임명해서 수시로 지방에 파견하여 점검하도록 하였다.

　　호조에서 아뢰기를, "여러 도의 손실을 답사하여 증험하는 것은 일절 『경제육전(經濟六典)』에 의거하여, 관과 민 양편이 다 편하도록 힘쓸 것이오나, 지방의 수령들이 한 몸으로 수확 전에 두루 다니며 살펴보기란 어렵습니다. 그리하여 근년에 이미 행하여 오던 예에 따라 향리에 사는 공정하고 청렴한 품관을 택하여 위관을 삼아 각지에 나누어 보내어 답사하게 하되, 위관이 답사한 후에 수령이 직접 살펴보아 맞지 않는 것이 있거든 경차관에게 보고하여 다시 조사하여, 수령이나 위관이 손(損)을 실(實)로 하였거나 실을 손으로 하였으며, 개간된 땅을 묵은 땅이라고 하였거나 묵은 땅을 개간된 땅이라고 한 자가 있으면, 3품 이상이거든 위에 아뢰고, 4품 이하이거든 직접 결단하여 논죄하도록 하시옵소서."하여, 그대로 따랐다.

『세종실록』, 즉위년 8월 17일

이러한 변경은 과전법에서의 답험손실보다 엄격해진 것과 함께 그 내용을 보다 현실에 맞춘 것이라고 할 수 있다. 즉 각 고을의 수령이 관내의 모든 토지를 필지별로 일일이 답험하기는 어렵기 때문에, 현실적으로 품관들을 위관으로 임명하여 답험하던 현실을 반영한 것이었다.

전체적으로 볼 때, 매년 현지실사를 통해서 각 경작지별로 정확한 재해정도를 파악하고 그에 따라 전조를 감면하는 소위 답험손실과 수손급손 제도는 겉으로 본다면 매우 합리적이고 이상적인 제도였다고 할 수 있다. 농사의 작황이 좋지 않을 때 개별 경작지별로 이를 실제 조사하여 농민들의 부담을 덜어주는 것을 목적으로 하는 것이기 때문이다.

그러나 실제로 이것이 구체적으로 집행되는 과정에서는 여러 가지 문제가 발생하였다. 관내의 모든 농지를 일차적으로 수령이 답험하도록 하였으나 이는 사실상 불가능하였고 따라서 대부분의 경우 향리에 거주하는 품관 등 토착향리에 의해 답험이 실시되었는데, 그 과정에서 많은 농간과 부패가 자행되었던 것이다. 답험을 위해 파견된 관리들은 지방향리와 결탁하여 정실에 치우쳐 공정한 판단을 하지 못하는 경우가 많았으며, 위관이나 경차관 등 답험관리에 대한 과중한 접대비 부담 등으로 막심한 폐해를 빚어내었던 것이다. 수령들은 답험 실시에 필요한 경비를 농민에게 전가시켰다. 뿐만 아니라 재심하는 위관과 중앙에서 파견되는 경차관들도 수령·향리들과 농간을 부려 사욕을 채우는 데 급급하였다. 그에 따라 농민들의 폐해가 커짐으로써 개편에 대한 요구가 커지게 되었던 것이다.

　　호조에서 아뢰기를, "매양 벼농사를 답험할 때에는 조정의 관리
를 보내기도 하고 혹은 감사에게 위임하기도 하며, 또 많은 전답을
기한 안에 모두 조사하여 끝마치고자 하므로, 시골에 늘 거주하는 품
관으로 위관을 삼았는데, 위관과 서원(書員) 등이 보는 바가 밝지 못
하고 혹은 사정에 끌리어 늘리기도 하고 줄이기도 하며, 덜기도 하고
채우기도 하며, 또 마감할 때에는 문서가 매우 많아 관리들이 이루
다 살필 수가 없는 틈을 타서 간활한 아전들이 꾀를 부려서 뒤바꾸
어 시행하게 되오매, 비단 경중이 맞지 못할 뿐만 아니라, 많은 비용
과 바쁘게 내왕하는 수고 등 폐단이 적지 않사오니," (후략)

『세종실록』, 12년 3월 5일

　　답험 과정에서의 폐단은 전주들이 답험을 실시하는 사전에서
더욱 심하게 나타났다. 답험에 나선 대부분의 전주들은 손실을 거
의 인정하려 하지 않았으며, 답험을 실시하는 시기도 추수가 끝난
뒤 등으로 함으로써 손실이 발생하지 않은 기준으로 전조를 징수
하기도 하였다. 이러한 폐단을 시정하기 위해 사전도 관에서 답험
하는 관답험을 실시하였으나 이 경우 농민들은 전주뿐만 아니라
답험을 실시하는 관원까지 대접해야 하는 등 큰 부담을 져야 했고,
전주들은 답험 결과에 대해서 불만을 제기하는 등 또 다른 문제가
야기되었다. 이후 전주가 답험하는 방식과 관에서 답험하는 방식
이 몇 차례 바뀌어오다가 세종 원년인 1419년에 이르러 관답험으
로 정착하였다.
　　이러한 답험손실법이 지니고 있는 근본적인 문제를 해결하기
위해 새로운 방법이 제시되었는데 그것이 정액수조를 중심으로

1444년에 마련된 공법이다.

> "(전략) 공법의 실행을 원하는 자가 자못 많다고 하므로 원하는 이유를 물은 즉, 모두 말하기를, '위관이 손실을 심사할 때에 제멋대로 하는 것이 이미 심하고, 술과 고기를 대접하는 폐해가 매우 크며, 서원(書員)과 산사(算士)들이 꾀를 피우고 간사한 짓을 마음대로 하여서, 손실의 문서와 장부를 마감할 때에, 손(損)이 있는 것을 없는 것으로 하고, 없는 것을 있는 것으로 하고, 적은 것을 많은 것으로 하고, 많은 것을 적은 것으로 하여, 실제 농사를 짓는 땅을 속이고 숨기는 것이 장부마다 수십 결 미만이 아니옵고 또 그 고을에서 답험손실의 비용이라 칭하여 잡다하게 이름도 없이 거두는 것이 조세보다 많사온데, 공법(貢法)에는 이런 등의 폐해가 없으므로 실행하고자 할 뿐입니다.'라고 하였다."

『세종실록』, 23년 7월 5일

개혁의 내용 - 공법 도입

공법의 도입과정

답험손실제의 문제를 해결하는 공법 제정문제가 처음 제기된 것은 세종 10년(1428)이었다. 그 후 십여 년간의 논의와 일부 실시·개정·폐지 및 부활 등 여러 과정을 거쳐 결국 실시된 것은 세종 26년(1444)이었다.

원래 '공법(貢法)'이라는 용어는 중국 하(夏)나라 시대의 수세법이라고 하여 전해 온 것인데, 많은 부분에서 구체적인 내용은 다르지만 고정된 세액을 가진다는 의미에서 유사한 것이었다. 답험손실법의 각종 폐해에 대한 문제점 인식으로부터 출발한 공법의 도입논의와 제도정착은 약 15년 이상의 오랜 시간에 걸친 많은 논의와 시행착오를 거쳐 이루어지게 되었는데, 그 과정을 살펴보면 다음과 같다.

논의의 시작 : 세종 10∼12년 | 손실 정도를 평가하여 조세를 감면하는, 소위 수손급손의 답험손실법의 폐해가 많아지자 정액제를 중심으로 하는 공법을 도입하여야 한다는 논의들이 이루어지기 시작하였다. 이러한 논의에 대해서 세종도 처음에는 수손급손제가 선왕들이 택한 제도로서 경솔히 개정할 수 없다는 의견[5]이었으나, 전세의 징세체계가 큰 문제점을 나타내자 1결에 15두 또는 10두를 과세할 때 세수가 얼마나 될 것인지를 추계할 것과 공법시행에 대하여 관민에 널리 논의하도록 하였다.[6]

이러한 지시에 따라 호조에서는 2년여의 연구 끝에 1결에 10두를 정액으로 수조하되 평안도와 함길도에서는 7두를 수조하며, 재해에 대해서는 일부감면을 하지 않고 전량 손실을 입은 경우에만 면제하는 방안을 제시하였다. 세종은 이 방안에 대해서 정부 육조는 물론 각도의 감사와 수령은 물론 일반 촌민에 이르기까지 그 찬반 의사를 물어 보고하도록 하였다.

　　호조에서 아뢰기를, (중략) 청하건대 이제부터는 공법에 의거하여 전답 1결마다 조(租) 10말을 거두게 하되 평안도와 함길도만은 1결에 7말을 거두게 하여, 예전부터 내려오는 폐단을 덜게 하고 백성의 생계를 넉넉하게 할 것이며, 풍수해·서리·가뭄 등 재해로 인하여 농사를 완전히 그르친 사람에게는 조세를 전부 면제하게 하소서"

하니, 명하여 "정부·육조와, 각 관사와 서울 안의 전직의 각 품관과, 각도의 감사·수령 및 품관으로부터 일반 서민에 이르기까지 모두 가부를 물어서 아뢰게 하라."하였다.

『세종실록』, 12년 3월 5일

이러한 지시에 따라 호조에서는 그 해 8월에 공법의 도입여부 등과 관련하여 광범위한 여론조사를 실시하여 보고하였는데, 그 결과는 "(전략) 가하다는 자는 9만 8천 6백 57인이며, 불가하다는 자는 7만 4천 1백 49명입니다."(『세종실록』, 12년 8월 10일)로 요약되고 있다. <표 2>에 제시된 자세한 결과를 살펴보면, 조정의 전·현직 관리들은 찬반이 비슷하게 나타나고 있는 반면, 지방의 경우 지역별로 크게 다른 결과가 나타난 것을 알 수 있다. 즉, 토지의 비옥도에 관계없이 정액을 부과하고자 하는 공법에 대해서 상대적

표 2 호조 조사 결과

구분		可		否	
조정		현직자 등	전직자 등	현직자 등	전직자 등
		284	443	466	117
8도		관찰사, 수령 등	품관·촌민	관찰사, 수령 등	품관·촌민
	경기도	29	17,076	14	236
	평안도	6	1,326	36	28,474
	황해도	17	4,454	17	15,601
	충청도	35	6,982	28	14,013
	강원도	5	939	19	6,888
	함길도	3	75	15	7,387
	경상도	55	36,262	30	377
	전라도	42	29,505	14	257

자료: 『세종실록』, 12년 8월 10일의 자료를 정리한 것임.

으로 비옥한 토지가 많은 경기·경상·전라도에서는 찬성이 압도적으로 많은 반면, 열등지가 많은 함경·평안·황해·강원도에서는 반대의견이 훨씬 많게 나오고 있다.

　개별 토지별로 수확 정도를 파악하여 세 부담을 결정하는 기존의 답험손실제와 정액을 부과하는 공법제도는 모두 나름대로의 장단점을 가지는 것이기 때문에 양 제도를 보완하려는 의견들도 많이 제시되었는데, 특히 토지의 비옥도를 설정하고 이를 바탕으로 조세를 부과하는 방안들이 제시되었다. 예를 들어,

　　"집현전 부제학 박서생 (중략) 등은 아뢰기를, '답험하여 손실에 따라 세액을 감면하는 법은, 수많은 위관을 다 옳은 사람으로 얻을 수 없어, 혹은 정실에 흘러 올바름을 잃는 예가 열에 여덟이나 아홉이온데, 경차관·차사원(差使員) 등도 곳곳을 순시 적발할 도리가 없어 국가에 손실을 가져오고, 백성들은 그 폐해만을 받아 온 유래는 너무나 오랫동안 내려왔던 것입니다. 그러하오나 공법은 그 시행에 앞서 먼저 상·중·하 3등으로 전지의 등급을 나누지 않으면, 기름진 땅을 점유한 자는 쌀알이 지천하게 굴러도 적게 거두고, 척박한 땅을 가진 자는 거름을 제대로 주고도 세금마저 부족하건만 반드시 이를 채워 받을 것이니, 부자는 더욱 부유하게 되고, 가난한 자는 더욱 가난하게 되어, 폐단이 다시 전과 같을 것이오니, 먼저 3등의 등급부터 바로 잡도록 하소서.'라고 하였다."

『세종실록』, 12년 8월 10일

시험 실시(세종 18~25년) | 　세종 18년 2월 다시 결당 15두씩 정액과세하는 공법안을 심의하였으나 결론에 이르지 못하였고, 5월에 세종은 토지비옥도에 따라 전국 8도를 상·중·하의 3등급으로 분류하고 다시 전품(田品)을 3등급으로 구분하여 지난해의 손실

과 세수를 참작하여 세를 정한다는 것을 기본내용으로 하는 공법
절목을 심의 결정하였다.

> "'각 도를 나누어서 3등으로 하되, 경상·전라·충청도를 상등으
> 로 하고, 경기·강원·황해도를 중등으로 하며, 평안·함길도를 하등
> 으로 하고, 토지의 품등은 한결같이 결세 장부대로 3등으로 나누어,
> 지나간 해의 손실수와 경비의 수를 참작해서 세액을 정하소서' 하니,
> 그대로 따랐다."
>
> 『세종실록』, 18년 5월 22일

6월에는 공법상정소(貢法詳定所)를 설치하여 개편방안을 논의
하도록 하였는데, 10월에 의정부에서 개혁안을 제시하였다. 그 방
안은 전국 8도를 비옥도에 따라 3등급으로 나누고 또 전품을 구분
하여 도별·전등별로 수세액을 정하는 것이었다.

다음 해인 세종 19년 7월에는 세수를 고려하여 세율을 인상하
는 방향으로 시안을 수정하였고, 논에는 조미(糙米), 밭에는 황두(黃
豆)로 수세한다는 보완 조항을 설정하였다. 이후 여러 논란을 거쳐
수정된 시안을 세종 20년에 경상·전라도에서 시험적으로 실시하
도록 하였다.

세종 22년에는 미비된 조항을 보완하고 세율을 수정한 방안을
마련하였고, 세종 23년에는 시범실시지역을 충청도까지 확대하여
하삼도 전역으로 확대하였다. 한편 이러한 시행결과 특히 부담이
하등전에서 무겁게 나타나고 있어 세종 25년에는 이들 3개 도의
하등전 1결에 2두씩을 감세하도록 하였다.

<표 3>은 이상의 논의에 따른 세율구조의 변화를 구체적으
로 보여주고 있다.

표 3 공법 시행안의 변화 과정

세종 18년

구분	田品	값
上等道 (경상, 전라, 충청)	上田	18
	中田	15
	下田	13
中等道 (경기, 황해, 강원)	上田	15
	中田	14
	下田	12
下等道 (평안, 함길)	上田	14
	中田	13
	下田	10
제주		10

세종 19년

구분	田品	값
上等道 (경상, 전라, 충청)	上田	20
	中田	18
	下田	16
中等道 (경기, 황해, 강원)	上田	18
	中田	16
	下田	14
下等道 (평안, 함길)	上田	16
	中田	14
	下田	12

세종 22년

도	등관	田品	값
경상	上等官	上中田	20
		下田	17
전라	中等官	上中田	19
		下田	16
	下等官	上中田	18
		下田	15
충청	上等官	上中田	18
		下田	15
경기	中等官	上中田	17
		下田	14
황해	下等官	上中田	16
		下田	13
강원	上等官	上中田	17
		下田	14
함길	中等官	上中田	16
		下田	13
평안	下等官	上中田	15
		下田	12

자료: 김옥근(1992), pp. 217~219.

공법의 제정(세종 26년)과 그 내용

답험손실법의 폐해를 줄이기 위한 여러 방안들이 제시되고 또 시범 적용 과정이 있었지만 기존 부담과 많은 차이가 발생하는 등 논란이 계속되었기 때문에, 결국은 그 방안대로 시행하는 것이 사실상 불가능해지게 되었다. 이에 따라 세종 25년 11월 진양대군(뒤의 세조)을 도제조, 하륜 등을 제조로 삼아 전제상정소(田制詳定所)를 설치하고 전제개혁에 대한 조사·연구와 함께 개편안을 마련하도록 하였다.

전제상정소에서는 약 1년간의 연구 끝에 세종 26년(1444) 11월 개혁안을 마련하였고, 세종의 재가를 거쳐 충청·전라·경상 3개도의 6개 고을에서 시범 실시하도록 하였다. 세종실록에 제시되어 있는 새로운 공법에 따른 세액결정 과정을 풀어서 요약하면 다음과 같다(『세종실록』, 26년 11월 13일).

① 하등전(下等田) 1결의 면적은 57무(畝)로 기준을 삼고서 먼저 그 소출의 수량을 정하는데, 대체로 상상년(上上年)의 1등 수전(水田)의 소출을 피곡 80석으로 정하고, 6등 수전의 소출을 20석으로 정하며, 그 사이의 4등급을 고르게 나누어 정하고, 한전(旱田)의 소출은 수전의 절반으로 한다.

② 연분(年分)을 9등으로 나누고 10분 비율로 정하여 전실(全實), 즉 온전한 수확을 상상년으로 하고, 9분실을 상중년, 8분실을 상하년, 7분실을 중상년, 6분실을 중중년, 5분실을 중하년, 4분실을 하상년, 3분실을 하중년, 2분실을 하하년으로 한다.

③ 세금은 수확량의 20분의 1로 한다. 따라서 1결 57무의 세금은 상상년의 1등 전지의 조세는 미곡 30두, 6등 전지의 조세는 7두 5승(升, 되)이다. 예를 들어, 1등 전지의 경우 수확량(피곡 80석×15두)×1/20 = 피곡 60두 = 미곡 30두와 같이 계산된다.

이상의 과정을 요약하면 <표 4>와 같이 표시할 수 있다.

표 4　세액계산과정 1

연분	토지등급		1등급	2등급	3등급	4등급	5등급	6등급
생산량 (피곡, 석) (1결=57무)	상상	1.0	80.0	68.0	56.0	44.0	32.0	20.0
	상중	0.9	72.0	61.2	50.4	39.6	28.8	18.0
	상하	0.8	64.0	54.4	44.8	35.2	25.6	16.0
	중상	0.7	56.0	47.6	39.2	30.8	22.4	14.0
	중중	0.6	48.0	40.8	33.6	26.4	19.2	12.0
	중하	0.5	40.0	34.0	28.0	22.0	16.0	10.0
	하상	0.4	32.0	27.2	22.4	17.6	12.8	8.0
	하중	0.3	24.0	20.4	16.8	13.2	9.6	6.0
	하하	0.2	16.0	13.6	11.2	8.8	6.4	4.0
세액 (미곡, 두)	상상	1.0	30.0	25.5	21.0	16.5	12.0	7.5
	상중	0.9	27.0	23.0	18.9	14.9	10.8	6.8
	상하	0.8	24.0	20.4	16.8	13.2	9.6	6.0
	중상	0.7	21.0	17.9	14.7	11.6	8.4	5.3
	중중	0.6	18.0	15.3	12.6	9.9	7.2	4.5
	중하	0.5	15.0	12.8	10.5	8.3	6.0	3.8
	하상	0.4	12.0	10.2	8.4	6.6	4.8	3.0
	하중	0.3	9.0	7.7	6.3	5.0	3.6	2.3
	하하	0.2	6.0	5.1	4.2	3.3	2.4	1.5

주: 1석(石, 섬) = 15두(斗 말); 피곡 2단위 = 미곡 1단위

④ 6가지 등급의 전지에 대하여 그 면적을 기준으로 57무를 1결로
삼아 조세 징수를 각각 다르게 하자면 규정이 번잡할 뿐 아니
라, 토지의 비례로 군대에 나가고 부역에 응하는 등의 일과 관
련하여 계산하기가 매우 곤란하다. 따라서 전례에 따라 수확량을
기준으로 하여 결 단위의 넓고 좁음을 토지 등급마다 각기 다르
게 나누어 정하고 같은 등급으로 세금을 징수한다. 따라서 상상
년에 20말을 수조할 수 있는 면적으로 1결을 정하면, <표 5>와

표 5 세액계산과정 2

연분 \ 토지등급	1등급	2등급	3등급	4등급	5등급	6등급
1결(=20두의 전조를 받을 수 있는 면적) (단위: 무(畝))	38.0	44.7	54.3	69.1	95.0	152.0
세액 (미곡, 두) 상상	20	20	20	20	20	20
상중	18	18	18	18	18	18
상하	16	16	16	16	16	16
중상	14	14	14	14	14	14
중중	12	12	12	12	12	12
중하	10	10	10	10	10	10
하상	8	8	8	8	8	8
하중	6	6	6	6	6	6
하하	4	4	4	4	4	4

같이 1등지는 38무(=57×20/30), 그리고 6등지의 1결은 1백 52무 (=57×20/7.5) 등으로 계산되고, 조세액은 1등지를 기준으로 할 경우 상상년은 20두, 그리고 하하년은 4두가 된다.[7]

⑤ 각 도 감사는 각 고을마다 연분을 살펴 정하되, 재해 피해 외의 곡식의 실(實)·부실(不實)이 비록 다 같지 않더라도 총합하여 10 분으로 비율을 정하고 수전과 한전을 각각 등급을 나누어서, '아무 고을 수전 아무 등년, 한전 아무 등년'으로써 아뢰게 하 고, 1분실은 조세를 면제한다.

⑥ 각 도 감사가 올린 서류를 의정부에나 육조에 내려서 의논한 후에 아뢰어서 그 연분을 정하든지, 혹은 조정의 관리를 파견 하여 다시 심사한 후에 아뢰어서 연분을 정하든지는 그때마다 의논해서 시행한다.

⑦ 재해를 입은 전지의 경우 일부분의 재해는 제하고, 10결 이상

의 넓은 면적이 전부 손상되어 일반 사람들에게 널리 알려진 전지는 수령이 친히 심사하여 감사에게 보고하고, 감사가 위에 아뢴 후에, 파견된 경차관이 재해의 수량을 위에 아뢰어서 분부에 따라 조세를 감면한다.

이상과 같은 내용을 가지는 새로운 제도는 그동안 논의되었던 기존의 공법이 전품, 즉 토지의 등급을 3등급으로 구분하고 정액세를 택했던 것에 비해서, 토지의 등급을 6등급으로 구분하고 다시 매년 풍흉의 정도를 연분 9등에 따라 세액이 계산되도록 하였다는 점에 특징이 있다고 할 수 있다. 이전에는 상중하의 3등급이 있었을 뿐이요, 또 그 가운데에서도 하등전이 대다수를 차지하고 있음으로 하여 토지의 질적 차이에 상응하는 납세상의 차이가 거의 없었다. 이에 비해서 새로운 제도하에서는 부담을 실질적 차이에 상응하게 설정함으로써 납세상의 합리성을 도모하였다.

또한 기존에는 동일한 면적의 토지를 기준으로 전품에 따라 다른 세액을 부과하였던 것에 비해서, 새로운 방식에서는 동일한 생산량을 산출할 수 있는 면적을 기준으로 등급이 정해지고 연분에 따라 세액이 달라지도록 한 것이었다. 즉 <표 5>에 제시된 바와 같이 상상년을 기준으로 20두의 전조를 받을 수 있는 토지 등급별 면적을 1결로 설정하였던 것이다. 새로운 기준에 의한 양전과 함께 공법이 실시된 이후 국고수입이 상당히 증가하였는데, 이는 동일한 생산량을 산출하는 토지 1결의 면적을 산정하면서 '1결'의 실지면적이 전반적으로 축소됨으로써 전국의 전결 총량이 상당히 증가하였다는 점 등에 기인하는 것이다.

그런데 이러한 방식은 연분, 즉 매년도의 손실률을 고려한다는 점에서 과거의 답험손실법과 유사한 것이라고 할 수 있기 때문에 매년의 답험에 따르는 폐해가 그대로 반복될 수 있다는 위험성을 가지는 것이다.

  이러한 위험성을 피하기 위해서 고안한 것이 1읍등제법(一邑等第法)인데, 이는 연분의 사정을 고을 단위로 이루어지도록 한 것이다. 즉 과거의 답험손실이 개개 전답에 대해 손실을 평가한 것을 폐지한 것이다. 이는 제도 그 자체로 본다면 개개의 사정을 반영하지 못하는 것이기 때문에, 오히려 세 부담의 공평성이라는 관점에서 후퇴한 제도라고 평가할 수 있다. 그러나 새로운 공법이 지닌 장점은 답험과정에서 발생한 중간수탈이나 답험을 하는 위관·경차관에 대한 과도한 접대비 등의 폐해를 막고 개별 농지에 대한 자의적인 산정에 따르는 폐해를 막았다는 점에서 찾을 수 있을 것이다. 한편 이와 같이 관리들의 중간착취를 상당한 정도로 감소시킴으로써 국고수입도 크게 증대될 수 있었던 것이다.

이후 공법의 수정

  앞에서 살펴본 바와 같이 공법의 전세감면 규정은 재해에 의한 경우 '일반 사람들에게 널리 알려진 10결 이상의 넓은 면적이 전부 재해피해를 입은 전지'의 경우에 한하여 소정의 절차를 거쳐 면세되도록 하였다. 그러나 이 규정은 너무 엄격한 것이라는 반발에 따라 연이어 있는 5결 전부손실로 하향조정하였으며, 세종 28년에는 다시 1전지 전체가 재해를 입은 것으로 대상이 완화되었다.[8] 그리고 이후 문종에 이르러서는 과반이 재해로 손실을 입은 농지에 대해서 재해 비율에 따라 면세하도록 하였다.

  새로운 공법의 또 다른 특징은 한 고을의 평균적 작황을 기준으로 모든 경지를 단일의 연분율로 사정하는 일읍등제법이다. 그러나 개별 토지의 작황을 고려하지 않고 같은 고을의 모든 토지를 같은 연분율로 사정하는 것에 대해서는 많은 문제점이 지적되었다. 물론 개별 토지의 작황을 고려하는 것은 과거 답험손실법으로 돌아가는 것을 의미하는 것이기 때문에 논란을 거쳐 단종 2년에 읍내와 읍외를 구분하는 사면등제법(四面等第法)이 시행됨으로써 절충을 취했다고 할 수 있다.

이후에도 공법의 운영은 현실적으로 많은 어려움을 겪게 된다. 전분 6등 연분 9등의 총 54등급으로 과세단위를 설정하고 정률세를 바탕으로 하여 작황을 판정하고 조정하는 방식은 그 당시의 세무행정 능력으로는 너무 복잡하고 또 세부담도 상대적으로 무거운 것으로 여겨졌다. 이에 따라 15세기말 이후에는 풍흉에 관계 없이 최저 세율인 4~6두의 전세를 수취하는 것이 관례가 되어 갔다. 조선 후기 인조 12년(1634)에 제정된 영정법(永定法)은 이러한 관례를 제도화한 것으로서, 전세의 수입을 안정시키고 농민의 부담을 경감시키기 위하여, 하지하(下之下) 또는 하지중(下之中)의 연분으로 1결당 4두 또는 6두를 징수하여 오던 관행을 법제화하여 1결당 4두로 고정시키는 정액세 방식이었다.

영조 36년(1760)에는 비총법(比摠法)이 실시되었다. '비총'이란 총액을 비교한다는 것으로서, 당해연도 농사의 풍흉 정도를 파악하고 이것을 이전의 유사한 연도와 비교하여 올해 징수할 총액을 결정하고 그 총액을 할당 징수하는 방식이다. 이러한 비총방식은 전세는 물론 대동(大同)과 삼수미(三手米), 그리고 노비의 신공과 어세(漁稅)와 염세(鹽稅) 등 잡세에도 광범위하게 적용되었다. 이러한 방식은 기본적으로 국가의 수입을 안정적으로 확보하기 위한 것으로서, 고종 31년(1894)의 갑오경장까지 시행되었다.

　한편 조선후기에는 전세를 비롯한 여러 명목의 세금들이 토지로 집중되어 부과되게 되었는데 이를 도결(都結)이라고 한다. 각종 특산물과 수공업품을 직접 조달하는 공납제는 대동법을 통하여 토지의 전결수를 바탕으로 대동미로 부과되었으며, 영조 때 군역의 포 부담을 2필에서 1필로 감하는 균역법의 실시에 따른 재정결손을 보충하기 위하여 결작(結作)이 결당 2두가 부과되었다. 삼수미 등도 토지에 부과되었는데, 이러한 여러 명목의 부담들을 합산하여 토지 1결 단위로 배분하고 또 납부수단도 점차 쌀이나 콩이 아닌 금납(金納), 즉 화폐로 납부하는 형태로 변화되었던 것이다.

　<표 6>은 조선시대 토지에 대한 전세제도의 전체적인 변화과정을 요약하고 있다.

표 6　조선시대 전세제도의 시대별 추이

제정 시기	명칭	1결(結)당 세액	주요 특징
1391년 (고려 공양왕 3년)	과전법 (科田法)	-논: 쌀 30두 -밭: 잡곡 30두	-고려 말 신흥사대부 개혁 -수확량의 1/10 세율
1444년 (세종 26년)	공법 (貢法)	-논: 쌀 4-20두 -밭: 잡곡 4-20두	-토지비옥도 전분 6등 -농사풍흉도 연분 9등
17세기 초반 (인조)	영정법 (永定法)	-논: 쌀 4두 -밭: 잡곡 4두	-토지등급에 따라 일정 징수 -전답 8결단위로 묶어 징수
17세기 말 (숙종 말)	비총법 (比總法)	상동	-농사의 풍흉을 과거의 예와 총액을 비교하여 전세 정함
19세기	도결 (都結)	상동	-여러 명목의 세금을 합하여 토지 1결 단위로 배분

자료: 염정섭(2009)

세종 전세 개혁의 의의

이상에서 살펴본 바와 같이 조선전기의 전세는 과전법에서 출발하여 많은 논의를 거쳐 세종 시대 공법으로 정착되었다. 이러한 개편과정이 오늘날 우리에게 주는 의미는 다음과 같이 요약될 수 있다.

우선 가장 인상적인 것은 세제개편을 위하여 광범위한 의견수렴 과정이 이루어졌다는 것을 들 수 있다. 특히 강력한 왕권시대에서 국정에 참여하고 있는 관료들만이 아니라 지방의 품관이나 농민에 이르기까지 의견수렴의 대상과 범위가 매우 폭넓게 이루어졌다는 점도 시사하는 바가 크다고 할 수 있다. <표 2>에 제시되었던 바와 같이 공법 시안을 마련하고 시행하는 과정에서 폭넓은 의견수렴이 이루어졌는데 이것은 절대군주인 왕 자신이 먼저 요구하였던 것이며, 조사된 인원수도 17만여 명에 이르고 있다는 점은 매우 놀랍게 평가된다.

오늘날 국가정책을 추진함에 있어 여론수렴과 홍보의 중요성이 크게 강조되고 있다. 의견수렴과 조정 과정에 많은 노력이 투입됨으로써 어려운 정책이 성공적으로 수행되었거나 반대로 이러한 과정이 생략됨에 따라 많은 문제가 나타났던 사례들을 우리는 빈번히 보고 있는데, 전세 개편과정에서 세종이 보여 주었던 이러한 노력들은 오늘날 시사하는 바가 크다고 할 수 있다. 조세문제의 경우 특히 국민들의 부담과 직결되고 있으며 계층간 또는 부문간의 재분배와 연계되고 있어 정책의 가시성이 높다고 할 수 있기 때문에 의견수렴의 중요성이 더욱 부각되고 있는 것이다.

조선전기 전세제도의 개편과정에 나타나고 있는 또 다른 특징은 매우 오랜 기간에 걸쳐 이러한 개편작업이 이루어졌다는 점이다. 세종 10년경부터 답험손실법에 대한 문제인식과 공법 제도로의 개편이 논의되기 시작하여 세종 26년 전제상정소를 설치하여 개편방안을 마련하기까지 약 15년 이상의 기간을 두고 치열한 논의과정과 시범사업 등을 거쳐 제도개편이 이루어졌던 것이다.

또한 조선초기의 전세개혁은 조세제도가 제도적인 타당성 못지않게 그 집행가능성이 매우 중요하다는 것을 보여주고 있다. 답험손실법은 개별 경지를 대상으로 손실 정도를 파악하여 세 부담을 경감할 수 있도록 한 것으로서 세 부담의 공평성을 고려할 때 가장 합리적인 제도라고 할 수 있다. 그러나 고을 수령이 모든 토지를 답험하도록 하고, 감사에 의한 재심, 중앙에서의 경차관 파견 등 여러 단계에 걸친 행정으로 인하여 과다한 비용을 야기하는 것이었다. 더욱이 답험 및 사정 기능을 가지는 많은 관계자들이 관련되도록 함으로써 수탈 등 폐해가 발생할 수밖에 없는 구조가 마련되었던 것이다.

그러나 손실 정도에 관계없이 정액의 세액을 부과하는 방식도 현실적으로 받아들이기 어려운 것이라고 할 수 있는데, 많은 논의와 시안들을 바탕으로 전분 6등과 연분 9등으로 구분하여 과세하는 방안이 마련되었던 것이다. 결국 조선초기 전세개혁의 사례는 국가정책을 추진함에 있어 그 정책의 합리성과 집행가능성이 동시에 조화롭게 고려되어야 한다는 것을 보여주고 있다.

참고문헌

김기평·신춘우, 조선전기 전세제도의 조세 정책적 시사점, 『산업경제연구』, 제20권 제5호, 2007년 10월, pp. 2035-2053.

김옥근, 『조선왕조재정사연구 I』, 서울: 일조각, 1992.

박시형, 『조선토지제도사 (중)』, 서울: 신서원, 1994.

영정섭. 조선시대 '땅'에 대한 세금제도, 국세청 조세박물관, 『땅, 나눔과 소유』, 2009.

한국학데이터베이스연구소, 『국역 조선왕조실록』.

한국학중앙연구원, 한국민족문화대백과사전.

미주

1 함경도와 강원도 일부 지역의 동계와 평안도 지역의 북계를 의미한다.

2 과전법은 토지 1결의 생산량을 논(水田)은 조미(糙米) 20석(300斗), 밭(旱田)은 잡곡(黃豆) 20석으로 추정하고, 수조율은 1/10으로 하여 전조(田租)는 공전이나 사전을 불문하고 논 1결에 조미(糙米) 30두, 밭 1결에 잡곡 30두를 최고로 하였다.

3 품계만 있고 관직이 없거나 전직관료 등으로 향촌에 거주하는 관인을 통칭한다.

4 조선시대 조정의 필요에 따라 특정한 임무를 띠고 지방에 파견된 관리로서, 주요 임무로는 왜구소탕 등 국방·외교상의 업무, 전세 부과에 필요한 손실조사 등 재정·산업상의 업무, 이재민 구호·구황의 업무, 옥사·노비추쇄 등을 들 수 있다.

5 "(전략) 공법이 비록 아름답다고 하지만은, 손해에 따라 손해를 보충하여 주게 되니, 선조들께서 이미 이루어 놓으신 법을 경솔히 고칠 수 없는 것이다. 만약 공법을 한 번 시행하게 되면 풍년에는 많이 취하는 걱정은 비록 면할 수 있겠지마는, 흉년에는 반드시 근심과 원망을 면할 수 없을 것이니 어찌하면 옳겠는가. (후략)"(『세종실록』, 10년 1월 16일)

6 "(전략) 연전에 공법의 시행을 논의하고도 지금까지 아직 정하지 못하였으나, 우리나라의 인구가 점점 번식하고, 토지는 날로 줄어들어 의식이 넉넉하지 못하니, 가위 슬픈 일이다. 만일 이 법을 세우게 된다면, 반드시 백성들에게는 후하게 되고, 나라에서도 일이 간략하게 될 것이다. 또 답험할 때에 그 폐단이 막심할 것이니, 우선 이 법을 행하여 1, 2년간 시험해 보는 것이 옳을 것이다. 가령 토지 1결에 쌀 15두를 받는다면, 1년 수입이 얼마나 되며, 10두를 받는다면 얼마나 된다는

것을 호조로 하여금 계산하여 보고하도록 하고, 또 신민들로 하여금 아울러 그 가부를 논의해 올리도록 하라."하였다 (『세종실록』, 11년 11월 16일)

7 각 등전의 1결이 오늘날의 기준으로 대략 1등전 1결은 2,753평, 2등전은 3,247평, 3등전은 3,932평, 4등전은 4,724평, 5등전은 6,897평, 6등전은 11,035평 등으로 추정된다(염정섭, 2009).

8 의정부에서 호조에서 올린 장계에 의거하여 아뢰기를, "지난 6월 일 내리신 말씀에 재해로 피해를 입은 농토가 연 5결 이상이나 되는 것은 사실을 조사해서 아뢰게 하여 그 조세를 감면하게 하였습니다. 그러나 반드시 연 5결 이상이 되어야만 그제야 답험하여 조세를 면제하게 하였으니, 1읍 안에 5결이 차지 않는 곳은 비록 많더라도 조세를 면제받지 못하므로 원망이 일어나게 됩니다. 그 사소한 재해 외에 온 1구역의 전지가 재해피해를 입은 것은 권농(勸農)으로 하여금 몸소 조사하여 수령에게 자세히 보고하게 하고, 수령은 모름지기 즉시 몸소 조사하여 감사에게 보고하게 하되, 감사는 엄격히 사실을 조사하여 장부에 올리고 위에 아뢴 후에 조정의 관리를 보내서 다시 검사하여 조세를 면제하게 하소서."하니, 그대로 따랐다. (『세종실록』, 28년 08월 16일)

대동법
– 백성의 부담을 획기적으로 경감한 100년의 노력

대동법은 개별 가구가 돌아가며 현물로 납부하던 공납의 부담을 각 도 전체의 농지에 배분하여 쌀과 포 등으로 같이 부담하도록 한 것이다. 이를 통하여 방납의 폐해를 없애 양민들의 부담을 줄이고 부담능력에 따른 부담이 이루어지도록 하였다. 전국적으로 시행되기까지 100여년이 소요된 대동법은 조선후기 크게 증가한 양민들의 부담을 획기적으로 경감시킨 조선 최고의 개혁이라고 평가된다. 동시에 국가 재정 확보에도 기여하였으며, 상공업의 발달과 함께 상공인 계층의 성장 등 사회변화에도 기여하였다.

현물납부의 공납제도와 문제점

공납제도의 내용과 운영현황

조선시대 수취제도는 조·용·조를 기반으로 한다. 전답의 수확물인 미곡을 바치는 조(租), 군역이나 직역, 공공토목공사 등에 필요한 인력을 징발하는 용(庸), 그리고 지방의 특산물 등 현물을 납부하는 조(調)가 그것이다.

대동법(大同法)은 조(調), 즉 공납(貢納) 제도에 대한 개혁이다. 현물로 납부하던 수많은 종류의 공물을 쌀이나 포 등으로 납부하도록 전환한 것이다. 또한 기존에는 공물을 돌아가며 개별 민호에 부담시키던 것과 달리 각 도의 전체 토지에 결당 일정액을 부과하여 함께 부담하도록 한 것이다.

왕실이나 관청에서 필요한 물건을 현재와 같이 시장에서 구매하여 조달하지 않고 현물로 납부하도록 한 것은 시장의 형성 등과 같은 경제여건이 완비되지 못한 것이 기본적인 이유라 할 것이다. 사농공상에 대한 차별에 따라 상업의 발달이 억제되었고, 화폐제도나 도로·수레 등 물자 운송체제가 발달하지 못하였기 때문에 다양한 물건들이 매매될 수 있는 효율적인 시장체제가 형성되기 어려웠던 것이다. 또한 왕실 등에 바치는 공물이나 진상은 국왕에 대한 예헌의 성격을 가진다는 점도 지방에서 직접 현물로 납부하였던 이유였던 것이다.

공납은 크게 공물(貢物)과 진상(進上)으로 구분되는데, 공물은 각 궁(各宮)과 중앙의 각 관청(경각사, 京各司)의 수요를 충당하기 위해서 지방의 각 군현(각관, 各官)이 납부하는 것이다. 진상은 국왕의 수라상이나 제사, 명절 등 왕실의 여러 특별한 수요에 충당하기 위한 것으로, 지방수령들이 왕에게 바치는 예물의 의미를 가지는 것이었다.

지방의 군현 등에서 납부해야 하는 공물의 품목과 수량은 공안(貢案)[1]에 기록되는데, 기본적으로 각 지역의 농지 결수와 호구수가 고려되지만 그 부과기준이 명확하지는 않았다. 중앙의 각 궁이나 관청들은 지방의 각 관청에서 납부하는 공물을 월별로 기록한 공안을 가지고 있는데 호조에서는 이를 통합한 공안을 가지고 있었다. 한편 지방의 각 관청에서도 중앙의 궁이나 관청에 납부해야 하는 공물의 품목과 수량 등을 기록한 공안을 가지고 있었고, 각 관찰사는 산하 관청의 공안을 통합한 기록을 보관하였다. 공물을 납부하는 것은 지방수령들의 중요한 의무로서, 경국대전에 따르면 호조는 매 연말마다 중앙의 각 관청에 바친 공물의 수량을 조사하고 여섯 관청 이상에 공물을 바치지 못한 지방수령에 대해서는 임금에 보고하여 파면시킨다고 규정하고 있다(경국대전 호전, 조세와 공물).

공물은 지방의 군현단위로 할당되어 수령이 납부하지만 결국 그 부담은 개별 민호에 배분되어 징수된다. 이 배분과정이 명확하게 규정되지는 않았지만 기본적으로 노동력, 즉 역의 부담과 같이 농지 8결 단위로 배분되고 그 안에서는 돌아가면서 부담이 이루어졌다. 즉 요역의 경우 성종 2년(1471)에 이르러 농지 8결에서 한 사람의 인력을 부담하도록 법제화되었는데, 공물의 경우에도 8결 단위로 배분되고 그 안에서는 차례로 돌아가면서 부담이 이루어졌던 것이다.

공납되는 물품은 기본적으로 해당 지역의 특산물을 중심으로 하였다. 세종실록 지리지에는 각 도와 그 관할하는 부와 목, 도호부, 그리고 그 아래의 군현 등으로 분류하여 공물로 납부하는 품목 등이 자세하게 기록되어 있다. 공물의 품목은 농산물과 해산물은 물론 수공업제품, 광산물, 조수류 등이 다양하게 망라되어 있는데, 약재를 포함한 각 도의 공물 품목은 경기도 191개, 충청도 229개, 경상도 283개, 전라도 258개, 황해도 272개, 강원도 228개, 평안도 138개, 함길도 131개로 나타나고 있다(한국민족문화대백과사전).

한편 공물로 납부하는 물품은 지역의 토산품이 일반적이지만 해당지역에서 생산되지 않는 물품도 납부하게 하는 불산공물(不産貢物)도 빈번하였다. 생산지에만 공물을 부과하면 해당지역의 부담이 무거워지는 현상이 발생하기 때문에 부담을 나눈다는 의미도 있지만, 이는 결국 해당 물품을 구입하여 납부할 수밖에 없게 하는 것이었다. 이러한 과정에서 소위 사주인(私主人)이라고 하는 대리인들의 도움을 필요로 하게 되는데, 이들이 물품을 조달하여 납품하는 소위 방납이 이루어지는 과정에서 상인들은 다양한 이유를 대어 그 값을 높게 부르게 되고 이는 결국 양민들에게 큰 부담을 야기하게 되었다.

공납이 이루어지는 과정에는 다양한 사람들이 관련되게 된다. 공납의무를 지니고 있는 지방의 각 관청들은 서울에 관리를 파견하여 공납 등의 업무 등을 수행하게 되는데 이들을 외방공리(外方貢吏) 또는 경주인(京主人)이라 한다. 이러한 경주인들도 중앙의 각사(京各司)들에 공물을 납부하는 과정을 직접 수행하기보다는 중개인을 활용하게 되는데 이를 사주인(私主人)이라고 한다. 이들 사주인들은 외방공리 등에게 숙식을 제공하고 공물을 매매·보관·방납하는 역할을 수행하였는데, 이들은 결국 경주인과 중앙의 각사에서 공물을 수납하는 하급관리들을 매개하는 역할을 하는 것이다. 이러한 방납 과정에서 필연적으로 결탁이 이루어지고 납품가격 인상 등을 통해 농민들의 큰 부담으로 이어졌던 것이다. 한편 이들 사주인들은 대동법이 시행된 이후 중앙 각사로부터 공물가를 지급받아 현물을 구매 납부하는 공식적인 역할을 수행하는 형태로 전환되었는데 이를 공인(貢人) 또는 공물주인(貢物主人)이라고 하였다.

공납제도의 문제점

수많은 물품을 현물로 납부하도록 하는 공납제도는 제도 자체가 가지는 문제는 물론 그 운영과정에서 관리들과 상인들의 농간 등으로 백성들에게 큰 부담으로 작용하였다. 공물의 부담이 군현 단위로 부과되고 그것이 다시 개별 가구로 배분되는 과정에서 많은 불공평이 야기되었고, 징수과정에서도 방납의 폐해 등에 따라 개별 가구의 세부담은 가혹하게 가중되었던 것이다. 이러한 제반 문제는 조선 초기부터 대두하였으며 임진왜란과 병자호란 등을 거치면서 조선 후기에는 더욱 큰 폐단으로 인식되었고 그에 대한 개선방안을 모색해야 한다는 공물변통의 논의들이 다양하게 대두하였다. 이하에서는 공납제도의 문제를 살펴본다.

첫째, 공물은 각 군현 단위로 부과되고 이는 궁극적으로 각 호별로 할당되는데, 이 과정에서 공평하지 못한 부담의 배분이 이루어지고 힘없는 농민들의 부담은 더욱 가중되었다.

우선 부과의 기준이 되는 전결수를 측정한 양안(量案)이 현실을 반영하지 못하는 경우가 많았다. 인조 즉위년에 시행되었던 삼도대동법이 많은 논란을 불러일으키고 불과 2년 만에 강원도에만 남기고 폐지되었던 것은 오래전에 작성된 부실한 양안에 따라 지역별 전결의 분포와는 크게 차이가 있는 부담이 이루어진 것이 중요한 원인이었던 것이다.

각 군현에 부과되는 공물의 수량은 호구 수나 전결의 크기와 함께 지역의 생산물을 고려하여 정해졌지만 전세 부과에서와 같은 명확한 기준은 설정되어 있지 않았다. 이에 따라 전결수가 적은 군현이 부담하는 공물이 큰 고을의 부담에 비해 반드시 적은 것은 아니어서 작은 고을의 토지 전결당 부담은 큰 고을에 비해서 무겁고, 부과되는 순번도 빨라지는 등 부담수준에 많은 차이가 있었다. 이러한 차이는 이후 대동법의 시행에 대한 찬반논의에서 서로 다른 경향을 보이게 되는데, 전결수가 많아 상대적으로 부담이 적었던 전라도의 경우 대동법 도입에 부정적인 견해가 많았던 것이다.

　각 고을 내에서 공물을 개별 민호로 할당하는 과정에서도 많은 불공평한 배분이 이루어졌다. 앞에서 살펴본 바와 같이 공물의 배분은 요역의 부담과 같이 토지 8결 단위로 배분되고 그 안에서는 차례로 돌아가면서 부담을 하는 것이다.

　그러나 이러한 원칙은 현실에서 잘 지켜지지 않았고 지방수령이나 향리에 맡겨졌기 때문에 자의적으로 배분이 이루어지는 경우가 많았다. 힘 있는 유력자와 연계된 전결의 경우 부담에서 제외되거나 적게 하게 되고 결국 힘없는 농민들의 부담만 가중되었던 것이다. 또한 율곡이 지적하였던 것처럼 도망하는 유민이 발생하는 경우 그 부담을 친척이나 이웃들에게 떠넘기는 일족절린(一族切隣)의 폐단으로 남은 사람들의 부담은 더욱 가중되었던 것이다.

　한편 공물의 품목이나 수량은 기본적으로 왕실과 중앙관청에서 필요로 하는 양을 기준으로 하였기 때문에 생산지에서 전결이 감소하거나 재해 등이 발생하여 생산량이나 가격에 큰 변동이 있는 경우에도 이를 중앙관서 등에서 감면 조정하는 것이 어려웠다. 수많은 품목들이 지역별로 할당되어 징수되는 상황에서 특정지역의 재해여부 등을 인지하는 것은 물론 설정된 공납의 할당량을 조정하는 것이 현실적으로 어려웠던 것이다. 예를 들어, 세종실록은 다음과 같이 쓰고 있다.

　강원도 감사 황희가 아뢰기를, "도내 영서지역 각 고을에 옛부터 내려오고 있는 민호의 원래 수는 9천 5백 9호인데, 근래에 기근으로 인해 떠나 없어진 호수가 2천 5백 67호이고, 현재에 거주 호수가 6천 9백 43호입니다. 이로 인하여 원래 농지 6만 1천 7백 90결 내에서 황폐된 것이 3만 4천 4백 30결이니, 전에 사람과 물자가 번성할 때에 정하였던 공물 수량으로 지금까지 내려오게 되었으니, 기근으로 겨우 살아가는 호구들은 제 집의 공물도 능히 견디어내지 못하거늘, 떠나간 호구의 공물까지 덧붙여 받아들이게 되니, 이 폐를 어찌 다 말할 수 있겠나이까. 일찍이 이 뜻으로 사연을 갖추어 올려서 이미 감면을 받기는 하였으나, 그 감한 것이 겨우 10분의 1이고, 또 감한 것은 모두 갖추기 쉬운 물건들이고 그 중 가장 갖추기 어려운 것은 다 그대로 있으므로, 한갓 감면되었다는 이름뿐이고 혜택이 백성에게 미치지 못하였나이다.

『세종실록』, 6년 3월 28일

둘째, 조선 전기에 국가재정의 기본은 토지 수확물을 징수하는 전세가 담당하였기 때문에 공물이 전체 국가재정에서 점하는 비중은 그리 높지 않았다고 평가된다. 따라서 최종적인 부담자인 각 가구간 부담의 불균형 등의 제반 문제가 심각하게 부각되지는 않았다고 할 수 있다. 그러나 이러한 공납의 비중은 후기로 갈수록 더욱 높아지게 되었는데, 그에 따라 힘이 없는 일반 백성들의 부담은 한층 가중되고 부담의 불공평 문제가 심각하게 되었던 것이다.

토지의 수확물을 징수하는 전세의 경우 농지의 비옥도와 한해의 풍흉의 정도에 따라 정해지는 세율에 따라 일년에 한 번 징수되었는데, 토지 수확물에 대한 부과라는 성격상 농지의 경작권을 많이 보유한 양반 등의 부담이 상대적으로 많았던 것이다. 따라서 힘이 있는 이러한 계층은 전세 부담을 줄이고자 하였고 점차 그러한 방향으로 개편이 이루어졌던 것이다. 앞장의 전세개혁에서 살펴본 바와 같이 세종 시기 전분 6등 연분 9등의 공법 개혁을 통해서 전세는 결당 4~20두를 징수하도록 하였는데, 실제 운영하는 과정에서 많은 토지들이 점차 낮은 세율을 적용받게 되었고, 궁극적으로 17세기 초반 인조 시기에 영정법(永定法)에 의해서 결당 4두로 통일되었던 것이다. 이러한 전세 개편의 효과는 백성들이 아닌 땅을 가진 지주들에게 돌아가고, 줄어든 재정을 조달하기 위해 공납의 부담은 점차 강화되면서 힘없는 백성들의 부담은 더욱 가중되었던 것이다.

셋째, 공납제도가 가지는 가장 큰 특징은 현물로 납부한다는 점인데, 이것은 현실에서 시행하는 데 있어 많은 문제점을 내포하는 것이었다. 우선 운반과정에서 파손되거나 상하는 경우가 많아 납부해야 하는 수량을 채우기 어려운 경우도 많이 발생하게 된다. 특히 현물을 납부하는 특성상 물품의 품질검사 등이 이루어지게 되는데, 공물을 수납받는 중앙 각사에서 공납의 하급실무를 담당하는 서리 등은 의도적으로 불합격시켜 다시 납부하게 하는 점퇴(點退)를 빈번하게 시행하였던 것이다. 이러한 과정을 피하고 납부 편의를 기하기 위하여 공물을 납부하는 지방 각관에서는 중앙 각사와 연결된 사주인에게 납부를 대행시킬 수밖에 없게 되는데 이를 방납(防納)이라고 한다. 이 과정에서 사주인들은 막대한 폭리를 취하게 되고 이는 결국 백성들에게는 엄청난 부담으로 작용하였던 것이다. 또한 이러한 공납과 함께 이를 중앙각사로 운반하는 역의 부담도 같이 졌기 때문에 백성들의 부담은 한층 더 무거운 것이었다.

간원에서 아뢰기를, "…공물을 방납하는 폐단이 날로 더욱 외람되어져 본토에서 생산되는 물건이라도 모리배가 먼저 자진 납부하여 본 고을에서 손을 쓸 수 없게 만듭니다. 행여 정해진 세금을 가지고 와서 납부하는 자가 있으면 사주인들이 백방으로 조종하여 그 물건이 좋은 것이라 하더라도 퇴짜를 놓게 하고 결국은 자기 물건을 납부하도록 도모하였으며, 값을 마구 올려 10배의 이익을 취하니 생민의 고혈이 고갈되었습니다.…" 하였다.

『선조실록』, 40년 10월 3일

한편 생산지역이 아닌 군현에도 공물이 부과되는 불산공물의 경우 지방 각관에서는 백성들로부터 쌀이나 포를 거두어 중간상인을 통해 당해 물품을 구입하여 납부할 수밖에 없게 되는데, 이 또한 상인들의 폭리 등으로 백성들에게는 큰 부담으로 넘어왔던 것이다. 조선왕조실록에서 서술하고 있는 경우를 살펴보면 다음과 같다.

지방 각 고을의 공납하는 물건이 만일 그 지방에서 생산되는 것이 아닐 경우에는 백성들은 모두 미곡으로 사들이어 상납하는 것이 참으로 한 가지뿐이 아닙니다. 그 독촉을 당할 때, 시기를 늦추었다는 책망을 면하기 위하여 오히려 그때에 바치게 된 것만을 다행으로 여기는 바에 어찌 재산이나 양곡이 없어지는 것을 생각할 여지가 있겠습니까. 백성의 고통이 사실 여기에 있습니다. 또한 특별한 예로 공납하는 것이 있을 경우에는 보통 때보다 갑절이나 심하게 독촉하므로 창졸간에 이러한 물건을 마련하기가 어렵기 때문에, 모리배들이 그러한 물건을 미리 저장해 두고, 시기를 이용하여 이익을 노리는 자들이 잘 팔려 하지 아니하여, 반드시 그 값을 갑절이나 주어야만 비로소 팔게 됩니다. 오늘에 한 가지 물건을 바치고 나면 내일에 또 한 가지 물건을 바치게 되어, 봄철이 이르기도 전에 벌써 빈궁하게 되오니 진실로 딱한 일입니다. 그런데 수령된 사람은 도리어 이에 대하여 정신을 쓰지 아니하고, 어떤 한 가지 물건을 징수할 때에는 이에 덧붙여 더 많이 거두고 있습니다.

『세종실록』, 2년 윤 1월 29일

율곡 이이는 선조 3년(1569) 「동호문답」을 통해서 여러 가지 폐단을 고칠 것을 건의하고 있다. 율곡은 백성이 힘들어하는 제일 큰 폐단으로 도망간 사람의 부역과 세금을 친척이나 가까운 사람에게서 대신 거두어들이는 소위 일족절린의 폐단, 너무 많은 진상, 공물의 방납, 불공평한 군역과 요역, 그리고 아전들의 가렴주구를 들고 있다. 방납과 관련해서 율곡은 "무엇을 공물 방납의 폐단이라고 하는가 하면, … 간활하고 엉큼한 아전들이 모든 것을 사사로이 준비해 두고 관청을 우롱하고 백성을 가로막아 백성은 비록 올바른 물건을 가져왔더라도 끝내 억제하고 받아들이지 않고 반드시 자기들이 준비해 둔 물건을 선납한 후에 백성에게 백배의 값을 요구한다"라고 하였다.[2]

대동법의 도입과정

공물변통(貢物變通)의 논의

앞에서 살펴본 바와 같이 공납제도의 폐해가 크고 이에 대한 개선책이 필요하다는 주장은 조선 초기부터 있어 왔고, 16세기 초반 중종 17년(1519) 조광조는 과중한 공물부담과 방납의 폐해 등을 지적하면서 개선책을 마련할 것을 주장하였다. 또한 임진왜란 이전에도 이이는 1569년 동호문답을 통해서 방납의 폐해를 강하게 제기하고 공납을 현물 대신 쌀로 납부하는 대공수미법(貸貢收米法)

을 택하여 토지 1결당 쌀 1말을 납부하는 해주의 방식을 채택할 것을 건의하였다. 공납제도의 현실적인 문제를 인식한 일부 수령들은 일찍부터 공물가격을 현물대신 관내의 토지 전체가 공동으로 미곡으로 부담하는 소위 사대동(私大同)을 시행하기도 하였다.

임진왜란 이후에는 이러한 방식이 사실상 정착되었는데, 공납 부담을 관내 토지 전체로 나누어 결당 일정액을 쌀로 징수하고 이를 가지고 현물을 구매하여 납부하는 것이었다. 특히 전쟁으로 많은 사상자와 함께 유민이 발생하고 농토가 황폐해지는 등 전통적인 공납제도의 운영이 사실상 어려워진 상황에서 군량미를 조달할 수 있는 방안을 모색해야 했기 때문이다. 그러나 비록 농민들은 미곡으로 납부하는 관행이 정착되었다 하더라도, 중앙 각사에 대한 최종 납부는 군현 등 지방 각관에 의해 현물로 이루어지기 때문에 그 과정에서 여전히 방납의 방식이 유지되었던 것이다.

선조 27년(1594) 유성룡은 징수하던 공납에 해당하는 쌀을 도별로 계산하고 이를 도내의 모든 토지에 균등하게 배분하여 토지 1결당 2말을 징수하는 대공수미법을 제시하였다. 국가는 중간상인인 공납 대행업자를 지정하고 이들에게 징수된 공납미를 지급하여 왕실과 관청의 소요물품을 조달하도록 하는 것이었다. 앞에서 논의한 사대동 방식이 특정 군현내 토지들에 적용되었던 것에 비해 그 범위를 도 단위로 확대한 것이었다. 또한 공납업자를 공식적으로 제도화함으로써 방납을 통제하여 양민들의 부담을 덜고 국가재정을 확충하려는 의도였다. 전쟁의 와중에 이루어진 유성룡의 주장은 선조 27년부터 그 이듬해까지 정부로 하여금 대공수미법을 잠시나마 시행하게 하였다. 임진왜란 후 다시 논의를 거쳐 선조 40년(1607)에 충청과 전라도의 해안지역에서 공물을 쌀로 납부하도록 하는 방안이 일정부분 시행되었다. 공물의 부담을 현물이 아닌 쌀로 납부하는 현장에서의 관행을 국가가 확인했다는 의미를 가지며 이는 이후의 대동법 실시로 이어졌던 것이다.

한편 공납제의 개선을 위한 공물변통 논의에 있어 또 다른 한 축은 공안개정론이다. 즉 중앙각사가 지방관청으로부터 징수하는 공물의 수량을 정하고 있는 공안을 개정하여 공물의 납부수량을 조정하고 양민들의 부담을 줄이자는 것이다. 공안은 궁궐 등 중앙각사의 수요를 반영하는 것이기 때문에 이를 조정하기 위해서는 왕실 등의 수요를 줄이는 것이 그 주장의 핵심인 것이다. 각 궁궐 등의 경우 수입을 고려한 지출이 아니라 전쟁 등으로 재정이 어려운 경우에도 지출을 그대로 유지하여 왔기 때문에 이를 줄여야 한다는 것이다. 그러나 왕실의 거부감 등으로 인해서 이 방안은 추진되지 못했고 공물변통의 논의는 대동법 시행으로 귀결되었던 것이다.

광해군 시기의 선혜법

임진왜란으로 전국의 토지는 황폐화되고 많은 유민이 발생함에 따라 남아있는 농민들의 부담은 더욱 가중되었으며 국가재정도 크게 어려워졌다. 이러한 상황에 대처하기 위하여 공물을 쌀로 대체하는 대공수미법이 주장되었는데, 공물 대신 쌀로 징수하는 경우 방납 과정에서의 농간 등을 줄일 수 있어 농민들의 부담을 줄이면서도 국가 재정은 확충될 수 있다는 것이었다. 이러한 주장에 따라 광해군 원년(1608) 영의정 이원익의 주도하에서 선혜법(宣惠法)이라는 이름으로 방납의 폐해가 가장 큰 경기도에서 대동법이 실시되었다. 제도의 집행을 담당하기 위하여 중앙에는 선혜청(宣惠廳)

을 두고 경기도에는 지방청으로 경기청을 두었다.

영의정 이원익이 의논하기를, "각 고을에서 진상하는 공물이 각 사의 방납인들에 의해 중간에서 막혀, 물건 하나의 가격이 몇 배 또는 몇 십 배, 몇 백 배가 되어 그 폐단이 이미 고질화되었는데, 경기의 경우는 더욱 심합니다. 그러니 지금 마땅히 별도로 하나의 청을 설치하여, 매년 봄가을에 백성들에게서 쌀을 거두되, 1결당 매번 8말씩 거두어 본청에 보내면, 본청에서는 당시의 물가를 보아 가격을 넉넉하게 계산하여 정하고 거두어들인 쌀을 방납인에게 주어 필요한 때에 사들이도록 함으로써, 간사한 꾀를 써 물가가 오르게 하는 길을 끊으셔야 합니다. 그리고 두 차례에 거두는 16말 가운데 매번 1말씩을 해당 고을에 주어 수령의 공사 비용으로 삼게 하고, (중략) 1년에 두 번 쌀을 거두는 외에는 백성들에게서 한 되라도 더 거두는 것을 허락하지 마소서. 오직 능 조성과 중국 사신의 일에만 이러한 제한에 구애되지 말고 예전같이 시행하도록 하소서."하니, 따랐다.

『광해군일기』, 즉위년 5월 7일

이 제도의 핵심은 과거의 공납제에서 호 단위로 돌아가며 부담하던 공물을 경기도 전체로 결당 일정한 양의 쌀, 즉 대동미로 징수하는 것이었다. 징수하는 양은 결당 16말로서, 봄과 가을로 각각 8말씩 나누어 징수하도록 하였다. 징수한 16말 중에서 14말은 선혜청으로 옮겨서 중앙의 수요에 충당하였는데 이를 상납미(上納米)라고 하였다. 나머지 2말은 경기청에 남겨두어 경기도 내 관청의 수요에 충당하도록 하였으며 이를 유치미(留置米)라고 하였다. 시일이 지날수록 중앙으로 배분되는 상납미의 비율이 높아지게 되었는데, 원래 2말도 지방수요를 충족하기에는 부족한 상황이었기 때문에 이는 결국 지방 관청의 재정이 그만큼 악화되어 갔음을 의미하며, 지방수령 및 아전들에 의한 농민 수탈이 재발되는 원인으로 작용하였다. 결국 경기도에 시행하였던 선혜법은 실질적으로는 중앙의 공물수요만을 쌀로 납부하도록 하는 경대동(京大同)이었던 것이다.

한편 각 관청에서 필요한 물품을 조달하는 특권을 부여받은 상인인 공인(貢人)을 두어 구입·납부하도록 하였고, 대동미로 그 대금을 지급하도록 하였다. 이러한 공인들은 방납에 참여하였던 사주인인 경우가 많았는데, 대동법 시행으로 공물 조달의 역할을 공식적으로 인정받았다. 이와 같은 대동법의 시행으로 물품조달의 대가를 관청이 대동미를 가지고 지급함으로써 공납제도의 가장 큰 문제였던 방납의 폐단이 없어지게 되는 등 농민들의 부담이 경감되었다.

인조시기의 삼도대동법

반정으로 등극한 인조에게 가장 중요한 현안 중의 하나는 전쟁과 광해군 때 이루어진 많은 궁궐공사 등으로 피폐해진 재정을 회복하고 민생을 안정시키는 일이었다. 이를 위해 자연스럽게 대동법을 확대하는 방안이 제안되었는데, 영의정 이원익 등은 충청과 전라, 경상, 강원 등 4개 도로 확대할 것을 주장하였다. 이후 확대 실시에 대한 많은 찬반 논의가 이루어진 결과 상당부분의 공물을 왜관비용으로 사용하는 경상도를 제외한 3개 도에서 대동법이 실시되었다.

그러나 연이어 흉작이 발생하였고 각 지방의 특수성이 고려된 시행 세칙을 마련하지 못했던 것 등으로 많은 혼란이 초래되었다. 특히 모든 공물 부담을 통합하지 못하고 중앙에 대한 공물분만을 대상으로 하는 소위 경대동이였기 때문에 지방관청의 수요를 위해 추가적인 부담이 이루어지는 등 백성들의 부담이 오히려 가중된 경우도 많았다는 점은 반대의 명분을 제공하였던 것이다. 또한 전결의 수를 기록한 양안에 기록된 각 도별 전결수는 실제 전결수와 많이 달랐고, 각 도 내에서도 소읍과 대읍, 호족과 농민의 차이 등 많은 불균등이 존재함에 따라 우선 전결 수를 정확하게 파악하기 위한 양전을 시행하는 것이 우선이라는 주장도 제기되었던 것이다. 결국 시행상의 많은 혼란과 함께 특히 방납업자의 반발은 물론 이전보다 부담이 무거워지게 되는 전라 등 지역과 향촌의 토착세력의 반대 끝에 인조 3년(1625) 강원도를 제외한 충청·전라도의 대동법은 폐지되고 말았다.

효종 시기의 호서대동법 시행과 이후 확대시행

공물변통에 대한 논의는 병자호란 이후 다시 본격적으로 제기되었다. 특히 병자호란은 정치적인 측면만이 아니라 재정적인 측면에서 조선에 큰 타격으로 다가왔다. 매년 청나라에 바쳐야 하는 세공의 요구는 엄청난 규모에 이르렀고 빈번하게 찾아오는 청나라 사신을 접대하는 비용도 큰 부담으로 작용하였다. 임진왜란 이후 크게 왜곡된 양안과 공안을 바탕으로 이루어지는 공납 등의 부담이 가중되어 백성들의 명줄이 거의 끊어질 지경에 이르게 된 상황에서 이에 대한 대책을 마련할 필요가 있었던 것이다.

공물가 인하와 함께 고을별로 크게 차이가 있는 공물가의 조정 등 공물변통을 위한 근본적인 개혁을 요구하는 상소에 따라 인조 23년 흉년에 따른 진휼과 개혁을 추진하기 위한 기구로서 재생청(裁省廳)이 설치되었다. 재생청에서는 공안의 내용을 세부적으로 심사하여 과도한 부담을 크게 줄이고 이를 지방의 전결 수에 따라 배분하였다. 이때 그 대상은 지방 각관의 수요는 고려하지 않은 경대동이었지만 중앙 각사와 연결되어 방납을 담당하던 사주인을 통하지 않고 관이 직접 공물을 운송하여 중앙 각사에 납부하도록 함으로써 방납의 폐해를 줄일 수 있었다. 이러한 과정을 거쳐 농민들의 부담은 크게 감소하면서도 중앙관서의 공인에게 지불하는 공물가는 적정하게 유지할 수 있게 되는 등 큰 효과를 가져왔던 것이다. 이러한 성과는 효종이 즉위하면서 다시금 대동법의 제도화를 추진하는 출발점이 되었던 것이다.

효종이 즉위하면서 대동법 실시에 대한 논의가 다시 시작되었다. 특히 김육 등은 대동법을 실시하는 것은 방납의 폐해를 줄임으로써 농민들의 부담은 크게 감소하는 반면 재정수입은 줄지 않고 오히려 늘어날 수 있다는 점을 강조하였다. 다양한 논의들을 거쳐 효종 2년(1651) 충청도에 대동법, 즉 호서대동법이 실시되었다. 충청도에 우선 실시된 것은 실제 전결 수에 비해서 공납의 부담이 상대적으로 크게 무거웠기 때문이다. 호서대동법은 처음에는 봄과 가을에 각각 토지 결당 5말씩, 도합 10말을 징수하였는데 이후 2말을 추가하여 12말을 바치게 하였다.

이후 대동법은 지속적인 논의과정을 거쳐 확대되었는데, 전라도의 연해지역에는 효종 9년(1658), 현종 7년(1666)에는 전라도의 산군지역에, 그리고 숙종 3년(1677)에 경상도에서 실시되었다. 한편 함경도와 강원도, 그리고 황해도에는 고을별 상황이나 토지의 등급 등 지역의 실정을 반영하여 세액을 부과하도록 하였는데 이를 대동상정법(大同詳定法)이라고 한다. 강원도의 경우 인조 2년(1624)

년부터 이미 대동법이 시행되었으나 이후 상정법 방식으로 전환하였다. 현종 7년(1666)에 함경도, 숙종 34(1708)에는 황해도에서 대동법을 모방한 상정법(詳定法)을 실시하였다. 이러한 상정법 방식은 결당 12두의 정률로 부과한 대동법과 달리 개별 상황을 고려한 부과가 이루어진 것으로 나름대로의 합리성을 가진 것이지만 그러한 상황을 반영하는 것이 시행상 어렵다는 점 등으로 확대되지는 못하였다.

이와 같이 1608년 광해군 원년에 경기도에 선혜법이라는 이름으로 실시된 이후 숙종 34년(1708) 황해도에 이르기까지 대동법은 100년이라는 오랜 기간에 걸쳐 전국적으로 확대 시행되었던 것이다.

100년 개혁의 의의

대동법은 조선 후기 심각한 재정난에 대처하고 양민들의 가중된 부담을 덜어주는 큰 개혁이었으며, 한 연구자는 이를 '조선 최고의 개혁'으로 평가하고 있다.[3] 임진왜란과 병자호란 등을 거치면서 토지는 황폐해지고 많은 사상자와 유민이 발생하였으며, 큰 재정부담을 야기하는 청나라의 요구 등이 가중되면서 국가재정은 더욱 피폐해졌다. 이러한 상황에서 남아있는 백성들의 부담은 더욱 커지게 되었고, 도망한 유민을 대신해서 남아있는 친척과 이웃들이 그 부담을 떠안게 됨에 따라 이루 말할 수 없는 고통이 가해졌던 것이다.

대동법 개혁의 가장 큰 핵심은 대동이라는 단어에서 표현되는 것처럼 공납의 부담을 전체 전결이 같이 나누어 부담하게 하는 것이었다. 각 도별 공납 부담의 가액, 즉 공납가를 전체 토지 결수에 따라 나누어 부담하게 하였는데, 광해군의 선혜법에서는 결당 16두를 징수하는 등 시행 초기에는 도별로 다소 차이가 있었지만 점차 1결당 12두씩 부담하는 정률제로 통일되었다.

이러한 개편에 따라 이전에는 도별, 군현별, 가구별로 부담의 차이가 발생하고 특히 힘없는 농민들의 부담이 컸었던 불공평한 부담구조가 개선되었다. 보유한 토지 결수에 따라 부담이 이루어지는 지세화가 이루어지게 됨으로써 세부담의 형평성이 크게 제고되었던 것이다. 물론 대동법 실시 이전에도 공물 부담의 기준에 전결이 일정부분 반영되었지만 기본적으로 호에 부과된 것이었다. 또한 부담의 내용에 대한 보다 명확한 기준 등을 갖추지 못했으며 호별로 부담이 배분되는 과정에서 많은 불공평한 운영이 이루어졌던 것이다.

그러나 한편 명확하게 전결을 부과기준으로 설정한 이러한 측면이 대동법의 시행을 그만큼 어렵게 하는 요인이 되었다고 할 수 있다. 즉, 광해군 때 경기도에서 시작하여 숙종 때 황해도까지 전국에 시행되는 과정이 100년이라는 오랜 기간이 소요된 것은 기본적으로 제도변화에 따른 기득권층의 손실에 대한 저항 때문이었던 것이다. 특히 기존의 제도하에서 상대적으로 적은 부담을 졌던 큰 고을과 지주, 그리고 방납을 담당하던 상인 등의 반대가 이유였다고 할 수 있다.

대동법의 또 다른 의의는 중앙 각사의 경비만이 아니라 지방 관청의 제반 경비까지 포함하여 대동미로 징수하였다는 점이다. 농민들은 중앙의 관청들은 물론 지방의 군현과 병영 등 많은 관청들의 경비까지를 따로 납부하는 과정에서 감당할 수 없는 부담을 져온 것인데 이를 대동미에 다 포함하게 됨으로써 부담이 크게 감소하고 납부편의가 도모되었다.

기존의 공납제도하에서 농민들은 중앙각사에 대한 공납 부담은 물론 지방 관청의 경비까지 따로 부담함에 따라 방납 등의 과정에서 부담수준이 크게 높아지고 연중 이루어지는 납부과정도 매우 어려웠던 것이다. 대동법이 본격적으로 도입되기 이전에도 군현들은 사대동 방식을 통해서 중앙각사에 대한 부담은 일괄하여 쌀로 부담하였지만 지방관청의 경비는 여전히 별도로 납부하였기 때문에 실질적인 부담은 여전하였던 것이다. 한편 광해군 때의 선혜법 등 초기 단계의 대동법에서는 대동의 범위가 각 도로 확대되었지만 지방관청의 경비 등은 여전히 별도로 납부하는 등 혼란스러웠다. 그러나 점차 일부 품목을 제외하고는 중앙과 지방 관청에 대한 부담이 일괄적으로 대동미에 포함됨으로써 농민들의 부담이 크게 경감되고 납부편의가 높아졌던 것이다.

토지 1결당 12두로 징수된 대동미는 납부하는 공물 시가의 4~5배 수준으로 알려지고 있다. 물론 이러한 부담 수준이 구입하는 물품가에 비해서 높은 것이 사실이지만 과거의 공납제하에서 부담한 공물가는 대략 1결당 70여 두로 평가되기 때문에 대동법에 의해 민간의 부담은 1/5~1/6 정도로 줄어든 것이다(이정철, 2010: 278). 또한 대동미 부담의 많은 부분은 사환 서비스 등 실제 중앙각사의 운영비용을 충당하는 것이었다는 점에서 비공식적인 예산운영을 체계화했다는 의미를 가지는 것이다.

대동법의 또 다른 의미는 지역의 특산품 등 수많은 종류의 현물로 납부하던 공납이 쌀이나 포 등, 즉 대동미로 통일되었다는 점이다. 물론 별공과 진상은 여전히 남아 있었기 때문에 현물 납부가 완전히 폐지되지는 않았지만 대동법의 시행은 그동안 농민들에게 큰 부담을 야기하였던 방납의 폐해를 줄이는 데 크게 기여하였다. 이미 많은 지방에서는 사대동의 방식을 통해서 쌀로 징수하여 고을의 공납물을 구매하여 납부하였지만, 대동법을 통해서 이러한 방식이 공식화된 것이다.

중앙 각사는 공인을 지정하여 납부 받은 대동미를 가지고 필요한 물품들을 조달하였는데, 이를 통해 중간 방납인들에 의한 폭리가 줄어들게 됨에 따라 과도하였던 물품가가 하락하고 농민들의 부담이 하락하면서도 국가의 재정수입은 오히려 증가하였던 것이다.

대동법의 또 다른 중요한 의미는 1결당 12두라는 정률 부과를 통해 수입을 정하고 그에 맞추어 지출을 정하는 소위 양입제출(量入制出)의 원칙을 반영하였다는 점을 들 수 있다. 12두의 대동미 이외에는 다른 징수는 하지 않고 그 수입의 범위 내에서 지출하도록 하였다는 점에서 궁이나 관청의 필요를 우선하여 수시로 징수하였던 이전과 비교할 때 농민들의 부담이 크게 감소하였던 것이다.

이러한 대동법 시행과정에서 17세기 이후 상공업이 크게 활성화되고 화폐의 유용성이 인식되면서 상평통보가 널리 유통되는 등 경제체제가 전환되는 효과가 나타나게 되었다. 또한 주로 이전의 방납인들이 전환된 공인들은 상인계층으로 발전하였고 상공인층의 성장과 함께 농촌사회가 분화되는 등 종래의 신분질서가 상당히 이완되는 효과가 나타나게 되었다. 이후 대동미는 점차 대동전으로 대치되어 금납화가 진행되었는데, 고종 31년(1884) 갑오개혁을 통해서 모든 대동미도 지세(地稅)에 병합되어 금납제가 이루어졌다.

참고문헌

국사편찬위원회, 신편 한국사, 우리역사넷, http://contents.history.go.kr/
이정철, 『대동법 - 조선최고의 개혁』, 역사비평사, 2010
한국고전번역원, 한국고전종합DB, http://db.itkc.or.kr/
한국학중앙연구원, 한국민족문화대백과

미주

1 현재의 세입예산에 해당한다. 한편 경비지출을 기록한 세출예산은 횡간(橫看)이
  라고 하는데, 대동법 시행 이후 대동사목(大同事目)으로 대체되었다.
2 한국고전번역원, 한국고전종합DB, 율곡선생전서 제15권
3 이정철(2010)

군역 제도와 균역법
- 국왕의 적극적인 노력에도 절반에 그친 개혁

균역법은 군역 부담을 2필에서 절반으로 줄여 양민들의 큰 고통을 덜어 주고 모든 군역 부담을 1필로 통일하는 균역이 이루어지도록 한 것이다. 그러나 국왕인 영조가 "개혁하지 않으면 나라가 망한다"는 표현까지 하며 강력한 의지를 보였음에도 양반들은 여전히 그 부담에서 제외되는 등 반쪽의 개혁이었다. 비슷한 시기 프랑스에서도 어려워진 국가재정 회복을 위해 귀족과 성직자들에게도 세금을 부과하려는 개혁 방안이 거부되자 무거운 세금 부담을 견디지 못한 평민들이 대혁명을 일으켰고 구체제는 몰락하였다. 국가 운영을 위한 경제적 부담을 사회의 특정 계층이 과도하게 부담하는 등 불공평한 부담배분이 한계치를 넘어서는 경우 그것은 사회불안과 국가의 위기로 이어졌다는 것이 역사에서 보는 교훈이라고 할 것이다.

노동력을 이용하는 조세제도

동쪽의 산해관에서 서쪽의 가욕관까지 약 6,700km에 이르는 중국의 만리장성 건설은 기원전 7세기 초 전국시대 초나라부터 명나라에 이르기까지 약 2천여 년에 걸쳐 많은 제후국과 봉건왕조들에 의해 이루어진 대역사이다. 진시황은 30만 명이 넘는 인력을 동원하여 장성을 보수하고 연결하였는데 그 과정에서 백성들이 겪게 되는 큰 고초와 비참함에 대해서는 많은 설화들로 전해지고 있다. 이러한 강제적인 인력동원에 대한 이야기는 우리에게도 친숙하다.

조선 말기 고부군수 조병갑은 주민들을 동원하여 만석보를 쌓았지만 물 사용에 대해 무거운 수세를 부과했고 이에 분노한 주민들이 들고 일어난 것이 갑오동학혁명의 시발점이 되었음은 잘 알고 있다.

국가의 공식적인 수취방식의 하나로서 인력 동원은 인류역사상 가장 일찍부터 활용된 세금의 한 형태이다. 성을 쌓고 다른 나라들과 전쟁을 하며 또 조세로 징수한 곡물이나 물자들을 운반하는 등 국가를 일상적으로 운영하는 과정에서 사람의 노동력과 서비스는 필수 불가결한 것이기 때문이다. 물론 오늘날은 기본적으로 국가가 화폐로 세금을 징수하고 그 재원으로 필요한 인력과 서비스를 충당하고 있지만, 징병제와 같이 아직도 직접적인 인력서비스의 제공이 강제적으로 이루어지고 있는 경우도 여전히 발견된다.

조선시대 수취체계는 조용조(租庸調)를 근간으로 하고 있다. 토지의 수확물을 징수하는 조(租)와 현물을 징수하는 조(調) 또는 공납(貢納)과 함께 용(庸) 또는 역(役)은 사람의 노동력을 징발하였던 것이다.

16세부터 60세까지의 남자, 즉 정(丁)에 대해서 역(役)이 부과되었는데, 이는 크게 호(戶) 단위로 부과되는 요역과 개인단위로 부과되는 신역으로 구분된다. 요역은 각종 물자의 생산이나 수송, 각종 토목공사 등 국가를 유지하는 데 필요한 노동력을 호 단위로 징발하는 것이다. 신역은 특정 인정에 부과하는 것으로 군복무를 하거나 그를 경제적으로 지원하는 군역(軍役), 일정한 직책을 수행하는 직역(職役), 그리고 노비 등의 천역(賤役) 등이 있다.

요역(徭役)

요역은 개별 호에 부과되는 역으로서 궁궐이나 성곽, 제방 및 도로와 같은 시설 축조나 개보수 등의 각종 토목공사, 전세로 징수한 쌀 등의 운송, 그리고 공물·진상물의 생산과 운송 등 노동력이 필요한 다양한 일들에 투입되었다. 이러한 요역은 중앙관청이 제반 국가적인 일을 위해 마을 단위로 징발하거나 지방관청에서 제방을 축조하거나 시설물을 보수하는 등으로 구분할 수도 있는데 후자를 잡역(雜役)이라고 하였다.

호를 단위로 하더라도 차출 인원수의 산정은 조선 초기에는 호의 장정 수를, 그리고 세종 때부터 경작하는 전결의 크기를 기준으로 하였다. 처음에는 농지 전결수에 따라 등급을 나누고 차등하여 차출하였으나 성종 때 이르러 8결당 1명으로 정하였다. 요역에 동원되는 기간은 초기에는 평년 20일을 기준으로 하였으나 아래 경국대전 규정에서 보는 바와 같이 성종 2년(1471)부터 연간 6일간으로 규정되었다.

농지 8결에 1부(夫)를 내되, 1년의 부역은 6일을 넘지 못한다. 만약 길이 멀어 6일 이상이 되면 다음 해의 역을 그만큼 감해 주고 만약 한 해에 재차 부역시킬 경우에는 반드시 왕에게 아뢰고서 시행한다. 수령이 징발을 고르게 하지 않거나, 감독관이 이 일을 지체해서 기한을 넘기게 하는 경우에는 법에 따라 죄를 묻는다. 한양의 도성 밖 10리 안은 모두 한양에서 부역한다.

『경국대전』, 호전 요부(徭賦)

농지 8결에서 한 사람을 차출한다는 원칙이 정립되었지만 그 8결의 구성이 세력이 있는 토호의 토지와 일반 농민의 토지로 구성되어 있는 경우 부담은 힘없는 일반농민에게로 과중하게 귀속되는 경우가 많았다. 또한 특정한 호에 대해서는 잡역 등 요역 부담의 일정 부분을 감면하는 복호(復戶) 제도를 운영하였는데, 왕족이나 궁인, 군인, 양반 등 직역 담당자나 고령자와 일정한 규모 이하의 토지를 가진 자, 재해를 당한 마을의 가구 등 다양한 대상이 포함된다. 이러한 복호 제도는 역 부담의 형평을 기하고 왕족 등을 우대하기 위한 것이었지만 결과적으로 부담이 농민 등에 가중되게 하는 결과를 가져오는 것이었다.

한편 요역은 비록 토지 결수를 기준으로 부과되었지만 어차피 그 부담은 사람이 한다는 점에서 군역 부담과 중복되는 측면이 발생하는 것이었다. 특히 세조 이후 군역을 크게 강화하는 보법(保法)이 시행되면서 각 호 내에 요역을 담당할 수 있는 인력은 사실상 노동능력이 없는 노약자만 남게 되는 현상이 발생하였고, 요역 체제가 서서히 위축되게 되었다. 이에 따라 각종 토목공사나 영선 등 요역들을 군인이 담당하게 되는 등 군역의 요역화가 진행되었던 것이다.

신역(身役)

신역은 개별 인정(人丁)을 대상으로 부과되는 것으로서 국역(國役)이라고도 하는데, 크게 직역(職役)과 군역(軍役)으로 나뉜다. 직역은 정역(定役)이라고도 하는데 기본적으로 중앙 및 지방의 행정 실무 등 특정한 직책을 통해서 항구적으로 인력 서비스를 제공하는 것이다. 중앙에서는 경아전(京衙前)이라고 불리는 중앙 각사의 하급관리와 하급군관, 지방에는 향리와 군교, 봉수대의 봉군 등은 물론 의녀나 악공, 관기, 관노와 같은 천역 등 매우 다양한 직책들이 여기에 해당되며, 이들은 대부분 세습되었다.

　조선시대 16~60세 미만의 남자는 군역과 직역 등 두 가지 국역의 한 가지 업무에 복무하였기 때문에, 직역 담당자들에 대해서는 군역이 면제되었다. 양반의 경우에는 현직의 관직 자체가 신역으로 간주되었고, 성균관 및 향교의 유생도 별도의 군역이 면제되었다. 그러나 유사시에 대비해 광범위한 동원태세의 준비가 필요하다는 인식하에 정규군인과 그 보인, 현직관리와 3품 이상의 전직관리 등을 제외한 사람들을 일종의 예비군인 잡색군(雜色軍)으로 편성하여 운영하였다.

　조선후기 양반들은 다양한 경로를 통해 군역 부담을 면제받았고 따라서 부담은 양민들, 특히 어려운 양민들에게 집중되는 양역으로 전환되었는데 실제 군인의 역무에 종사하는 것보다는 포를 납부하여 재정에 충당하는 부세화가 이루어졌다. 군역의 부담은 전세나 대동미 등 다른 세부담에 비해서 매우 무거웠으며 불공평했기 때문에 그에 대한 개편의 필요성이 강하게 대두되었던 것이다.

　1결에 납입해야 하는 대동미가 12두, 세미(稅米)와 삼수미(三手米)가 6두 정도, 기타 잡비가 2두 정도, 각 지방의 치계가(雉鷄價)[1]가 3두, 사계절 연료대가 1두 정도로 통틀어 계산하면 1결에서 1년에 내야 하는 전세는 쌀 24두에 불과합니다. … 신역(身役)에 대한 일입니다. 베 2필을 바쳐야 하는 경우 풍년에는 쌀 20여 두를 내어야만 2필을 마련할 수 있습니다. 따라서 한 집안에서 만약 아버지와 아들 3~4인이 베를 바치게 될 경우 내어야 하는 쌀이 많으면 6석이나 되니, 지친 백성들이 어떻게 목숨을 보존하여 살아갈 수가 있겠습니까?

쌀 12두를 바치는 것은 베를 바치는 신역가(身役價)에 비하여 보면 매우 경한 것입니다.

숙종실록, 43년 8월 30일

군역 제도의 변천과 가중된 문제점

조선 초기의 군역제도와 보법

조선 초기 군역은 16~60세의 남자 장정 중에서 직역 담당자나 노비, 즉 천역(賤役)을 제외한 모든 신분이 부담하는 일종의 국민개병제를 기본으로 하였다. 또한 매년 2달 정도를 복무하고 돌아와서 농사에 종사하는 병농일치를 기본으로 하였으며, 복무기간의 비용은 본인과 봉족이라고 하는 지원인력이 담당하게 하였다.

그러나 시간이 흐름에 따라 점차 신분제가 강화되고 양반층의 경우 관직과 같은 각종 직역 등을 통해서, 그리고 일부 부유한 양민들은 돈을 내고 명목상의 관직을 매입하는 등의 방식을 통해서 군역이 면제되거나 가벼운 부담을 지는 등 실질적으로 군역을 회피하였던 것이다. 따라서 군역은 양민, 특히 가난한 양민들이 주로 부담하게 되었고 따라서 조선 후기에는 양역(良役)이라고 일컬었던 것이다.

이러한 군역은 가족중심의 자연 호가 기본이 되었다. 3명의 장정이 있는 자연 호 중심으로 군호(軍戶)를 설정하고 그 중 1명은 실제 군역을 담당하고 나머지는 그 군역수행을 지원하는 역할을 하도록 하였다. 군역을 담당하는 사람을 정군(正軍), 또는 호수(戶首)라고 하고, 정군의 임무 수행에 필요한 비용 지원 등을 담당하는 사람을 봉족(奉足), 또는 보정(保丁), 보인(保人), 조정(助丁)이라고 하였다.

　　병조에서 아뢰기를, "제주의 군정(軍丁)에 대한 법은 육지와 같
지 않으니, 비옵건대 지금부터는 육지 군정의 예에 따라, 아버지가
정군이 되면 아들과 사위는 봉족이 되며, 장정이 3명 있으면 그 중 1
명은 정군으로 하는 제도를 시행하게 하소서."…라고 하였다.

『세종실록』, 11년 7월 28일

　　정군은 순번을 나누어 매년 일정기간 직접 군인으로서 복무하
게 되는데, 서울에 와서 근무하는 것을 번상(番上), 그리고 지방에서
근무하는 것을 유방(留防)이라고 하였다. 그러나 정군은 이러한 군인
으로서의 복무에 그치지 않고 실제는 궁궐 보수 등 각종 토목 영선
이나 둔전의 경작 등 농경, 그리고 어로 등 각종 노역에 투입되는
경우도 많았으며 그 노고는 매우 큰 것이었다. 봉족제도는 실제 군
복무를 담당하는 정군들에게 별도로 토지를 지급하지 않았기 때문
에 비용을 지원할 수 있도록 운영하였던 것이다.

　　봉족의 편성기준은 조선 초기에는 기본적으로 정군이 보유한
전결을 기준으로 하였다. 이후 장정 수가 고려되었는데 친족 중심의
자연 호를 단위로 하여 대략 3정(丁)을 1군호로 편성하는 편호제(編
戶制)가 적용되었다. 정군으로 복무하는 호수 이외의 자들은 봉족이
되어 비용 충당에 필요한 포를 바치도록 했던 것이다.

　　그러나 자연 호를 중심으로 군역을 부담하게 하는 제도는 현실
에서 군역의 회피 등 불공평을 초래하는 문제점이 대두하였다. 양반
이나 지역의 토호들은 많은 토지와 노비 등의 장정을 보유하고 있으
면서도 여러 방법으로 군역을 피할 수 있었던 것이다. 즉, 군역을 자
연 호 단위로 부담하였기 때문에 의도적으로 한 호 내에 여러 채의

집을 짓고 여러 세대를 거주하게 하는 등의 편법으로 군역을 회피하였으며, 노비 등까지 여러 명의 인정이 있어도 이를 반영하여 여럿의 군호를 편성하기가 현실적으로 어려웠던 것이다.

이에 따라 자연 호 중심의 편호제는 세조 때 장정 수를 기준으로 산정하면서도 보유토지를 반영하는 보법(保法)으로 개편되었다. 기존의 3정 1호 원칙을 개편하여 2정을 1군호로 편성하고 또 토지 5결을 1정으로 간주했으며, 종전에 군역 부과에서 제외되었던 노비도 봉족으로 간주하도록 했다. 이러한 개편은 기본적으로 국경과 연해 지역의 방위체제이던 진관체제를 내륙까지 확대함으로써 군역의 확대가 필요했기 때문인데, 세조 즉위 이후 추진되어 온 호적과 호패 제도 정비를 기반으로 추진할 수 있었던 것이다.

봉족이 정군의 복무를 지원하기 위한 바치는 포를 봉족가(奉足價), 조역가(助役價) 또는 보포(保布)라고 하였는데, 양자가 친족 간인 경우는 그 부담 수준이 큰 문제가 되지 않았다. 그러나 동거가족이 아니라 인위적으로 같은 군호에 포함된 경우 과도한 보포를 징수하는 경우가 많아 큰 부담으로 작용하였다.

> 병조에서 아뢰기를, "여러 군사의 조정(助丁), 즉 봉족의 조역가에 정해진 금액이 없기 때문에 매번 상경하여 근무할 때에 조정 한 사람당 면포를 8, 9필씩 침탈하므로 이로 인해 파산하고 혹은 도망까지 하니 그 폐단이 작지 않습니다. 청컨대 앞으로는 정군이 상경하여 복무할 때 말을 준비하거나 수행하는 자를 제외하고, 가까운 도에 사흘 길은 한 사람에 면포 2필, 먼 도는 4필을 갖추어 주게 하고, 예전과 같이 함부로 징수하는 자는 조정이 고하기를 허락하여, 서울은 병조에서, 지방은 절도사가 군령에 의해 곤장 90대를 때리고 오지의 군에 충원하여…"
>
> 『예종실록』, 1년 3월 10일

보법 시행 결과 군인의 수가 크게 늘었지만 어려운 농민들에게 오히려 과중한 부담이 지워졌고 또 새로이 부담을 안게 된 대토지소유자나 지방토호들도 크게 반발하였다. 자연 호를 기준으로 하는 경우 장정이 많은 호에서는 여유가 있었으나 장정의 수를 고려하는 보법에서는 그러한 여지가 거의 없어 모두가 군역 종사자가 됨으로써 노인이나 어린이 외에는 요역을 담당할 수 있는 인원이 거의 남지 않게 되었으며, 그에 따라 장정들은 군역과 요역의 이중 부담을 지게 되었던 것이다.

오랜 기간 동안 큰 전쟁이 발생하지 않았고 농번기에는 농민들의 징발을 자제하는 등 여러 가지 요인에 따라 각종 공사에 군인들이 동원되는 경우가 많게 되었다. 또한 다양한 직역에 종사하는 사람들의 경우 군역이 면제되었는데 그에 따라 군역과 직역간의 경계가 겹치는 분야도 많아지게 되었다. 실제 성종 초기부터 각종 요역에 군인들이 동원되는 군사의 역졸화가 일반화되었는데, 이에 따라 군역의 대립제가 나타나는 계기가 되었다. 각종 공사 등에 투입되는 고생을 피하기 위해 대립을 하게 되는 경우가 발생한 것이다.

성종 초기부터 보법에 대한 보완이 이루어졌는데, 정군와 동거하는 친척이 2명을 넘더라도 초과인원 2명까지는 다른 군호에 소속시키지 않는 등 몇 차례에 걸쳐 군인 수의 감축이 이루어졌다. 이러한 보완과정을 거쳐 경국대전에서 정하고 있는 주요내용은 아래와 같다.

서울과 지방의 군사에게 보(保)를 주되 차등을 둔다. 2정(丁)을 1보로 하는데, 갑사(甲士)에게는 2보를 준다. 기병 ⋯ 수군은 모두 1보 1정을 준다. ⋯ 보병 ⋯ 봉수군에게는 모두 1보를 준다. 노비의 경우 반을 감하여 급보(給保)한다. 군사 등과 동거하는 아들, 사위, 동생은 보의 수를 초과하더라도 2정까지는 다른 역으로 충당시키지 않는다.

보인 1인으로부터 매월 면포 1필을 초과하여 거두지 못한다. 보
인으로부터 잡물을 함부로 거두는 자 및 법을 어기면서 보인을 사역
하는 자는 가까운 이웃까지 함께 모두 군령으로 논하고 본인은 강등
하여 보인으로 한다.

『경국대전』, 병조, 급보

그러나 이러한 보완 과정에서 성균관이나 향교 유생 등에 대한
군역 면제, 토지 5결을 1정으로 간주하는 토지준정법의 폐지, 노비
수는 반으로 감하여 계산하는 등 지배 계층에게 혜택이 돌아가고 절
대 다수인 농민층의 군역 부담은 오히려 늘어나는 결과가 초래되었
다. 이에 따라 이 부담을 피하기 위해 농민들은 승려가 되거나 감영
이나 병영에 귀속하는 등 여러 가지 방법으로 군역을 피하거나 도망
하는 경우가 빈번하게 발생하였다. 또한 경국대전에서는 정군을 지
원하기 위하여 보인 1인으로부터 매월 면포 1필을 초과하여 거두지
못한다고 규정하였지만 사실상 부담은 그 몇 배에 달하였다.

한편 이러한 정군과 보인으로 구성된 군호와 병농일치의 국민
개병제를 기반으로 하는 군역제도는 조선후기 용병제가 일부 도입
되는 등 크게 변화하게 된다. 문란한 군정 등 기존 군역체제의 문제
가 나타난 상황에서 임진왜란이 발발하자 이에 대처하기 위하여 훈
련도감과 속오군(束伍軍)이 설치되었다. 중앙에 설치된 훈련도감의
군인은 의무병이 아니라 모병을 통해서 충원하고 일정한 급료를 지
급받는 직업군인이었다. 훈련도감의 재정은 신설된 삼수미세를 중심
으로 군포와 둔전 경작수입 등으로 충당하였다.

결국 정군을 지원하거나 대립가를 지원하던 보인의 역할은 점
차 국가에 직접 군포를 납부하는 관납보(官納保)의 형태로 전환되었

고 이 수입을 이용하여 국가는 훈련도감의 설치 등 필요한 비용을 충당하였던 것이다. 보인이 직접 군역자를 지원하는 기존의 역할은 극히 일부로 한정되었으며, 점차 신역의 대가를 국가에 직접 납부하는 군역세로서의 보포를 납부하는 형태로 전환되었던 것이다. 즉 국가는 정군의 직접적인 역무 서비스와 함께 보인으로부터 보포를 징수하여 재정에 충당함으로써 군역의 부세화가 이루어진 것이다.

군정의 문란

조선 초기 국민개병제를 근간으로 16~60세의 정남들이 해마다 일정기간 정군으로 복무하거나 또는 봉족으로 지원기능을 담당하던 군역은 16세기 이후 그 부담이 양민에게만 지워지는 양역으로 변모하였다. 이는 기본적으로 반상(班常)의 신분제도가 확립되어 가면서 양반들의 특권이 군역의 면제라는 형태로 나타난 것이라 할 수 있다. 이러한 제도의 변화와 함께 양민들에게 과중한 부담이 지워지고 그것도 가난하고 힘없는 하층 양민에게 집중되어 갔다.

조선 후기 군역, 즉 양역의 부담을 회피하려는 시도들이 광범위하게 이루어졌는데 그것을 적절하게 통제하고 관리하지 못했으며 결과적으로 양민들, 그것도 힘없는 양민들의 부담이 견딜 수 없는 수준으로 증가하였던 것이다. 이러한 부담의 편중은 심각한 사회불안을 야기하고 영조가 이야기한 바와 같이 조선은 결국 멸망의 길로 접어들었던 것이다.

첫째, 군인으로서의 복무나 토목공사 등에의 부역 등의 고역을 피하기 위해 일찍부터 다른 사람으로 하여금 군역을 대신하게 하는 대립(代立)이 만연하게 되었고 그 대립가가 크게 증가하였다. 이러한 대립은 초기에는 정군이 봉족 등으로부터 지원받아 대역자에게 대가를 지급하는 은밀한 사적인 거래였다. 조정에서는 이러한 대립을 막기 위해 여러 차례 이를 금하는 조치들을 취하지만 없어지지 않고 지속적으로 성행하였으며 결국은 이를 양성화하였다. 또한 당사자간의 사적거래이던 대립은 점차 하급관리들의 농간에 따라 강제화되고 그 대립가도 크게 상승하였다.

둘째, 다른 직역 등을 통해서 군역을 면제 받거나 가벼운 부담을 질 수 있도록 하는 경우가 지속적으로 확대됨에 따라 실제 군역을 담당할 수 있는 대상자가 축소되었다. 군역 면제 등을 받는 사람은 주로 부유한 계층이었고 따라서 열악한 양민층에게로 부담이 집중되고 가중되었다. 이러한 과정에서 도망하는 양민들이 발생하고 그 부담을 친척이나 인접 주민들이 지게 되는 족징이나 인징이 이루어졌다. 또한 이미 사망한 사람이나 어린이도 군적에 추가하여 부담시키는 소위 백골징포나 황구첨정 등과 같은 수탈행위들이 만연하였다.

대립의 일상화와 부담 증가 | 조선 초기부터 군역이나 직역을 타인이 대신하게 하고 일정한 대가를 지불하는 대립이 성행하였다. 군역을 수행하는 것은 그 자체만이 아니라 어려운 토목공사 사역에 동원되는 등 매우 힘든 고역이었고 또 그 기간 동안 농사를 못하게 되는 등 어려움 때문에 서울에서 번상하는 정군을 중심으로 대립이 일상적으로 이루어졌던 것이다. 대립자에게 지불하는 비용은 기본적으로 봉족으로부터 받은 조역가 등으로 충당하였는데, 그것은 가계에 상당한 부담을 초래하는 것으로 평가되었다.

판중추원사 안순이 글을 올리기를, 도성 밖의 인민이 각 관청에 기인(其人)이나 보충군 같은 것으로 들어가던가, 도부외(都府外)·조례(皀隸)·선상 노자(選上奴子)·선군(船軍)으로 복무할 때 다투어서 대립시키는데, 양반 집에서도 본떠 합니다. 한 장정의 한 달 대가가 면포 3필이니, 1년 대가는 거의 30여 필이나 됩니다. 처음에 대가를 받지 못한 경우 대립자는 일을 마치고 증명서를 받아 가서 받게 되는데, 몹시 독촉하는 데에 몰려 전토를 팔거나 우마를 팔아서 가계가 기울고 파산하게 됩니다. 그 대립으로 받는 금액은 자기가 들인 비용의 갑절 이상 댓 갑절 가량이나 되는데, … 우선 한때의 편한 것만 생각하고 후일의 폐해를 생각하지 아니하여, 다투어 가며 대립시키어 그것이 풍속이 되었는데, 그 폐단을 장차 금하기 어렵게 되었습니다.

『세종실록』, 21년 11월 11일

조선 초기에는 정군이 사사로이 다른 사람에게 대가를 지급하고 책임을 넘기는 것은 엄격하게 금지되었는데, 이를 위하여 본인을 증명하는 패를 소지하게 하고, 대립을 시키거나 대립한 사람 그리고 감독관리도 처벌하는 등 여러 수단들이 강구되었다.

아뢰기를, "선군(船軍)을 대립하지 못하게 하는 방책을 각도에 이첩하옵고 … (중략) … 검은 칠을 한 둥그런 목패를 만들어 한편에는 성명·연령·용모·신장과 부모의 성명이나 칭호를 쓰고, 한편에는 아무 고을 아무 동네에 사는 아무개 임을 써서 깊이 새기고 분을 발라 '선군'이라는 두 글자를 전자(篆字)로 부어 만든 낙인을 찍어서 항상 차고 다니게 하여 점고할 때의 증빙으로 … (중략) … 수시로 사람을 시켜 부정을 감사하여 만일 대리로 세운 자가 있으면 대리시킨 사람과 대리한 사람 모두 율에 따라 논죄하여, 대리시킨 사람은 당해 근무 외에 연속하여 두 달 동안을 번을 서게 하고, 대신한 자는 만일 한가한 소임이면 곧 선군으로 보내고 만약 천인이면 각 포구 염전에 두 달 동안 배치시키며, 관리도 또한 죄를 주어 함부로 행동하는 길을 막도록 하옵소서."

『세종실록』, 29년 4월 11일

병조에서 아뢰기를, "번을 서는 군사가 사사로이 대신 서는 경우 대명률(大明律)의 … 규정을 적용하여 각각 장 1백 대를 때려 죄를 주고 그 값을 관이 몰수하였는데도, 무뢰한 무리가 두려워하지 않고 몰래 값과 물건을 받고서 이름을 거짓 꾸며 대신 서는 자가 많습니다. 이로 인하여 숙위가 날로 허술하니, 금후로 대신 서는 자는 규정에 따라 죄를 주되, 양인은 먼 변방의 군사로 충당하고, 공사 천인은 3천리 유배를 보내 폐단을 막으소서." 하니, 그대로 따랐다.

『성종실록』, 2년 4월 4일

그러나 이러한 대립을 막기는 현실적으로 매우 어려웠고, 더구나 그 양상이 점차 대립을 강요하는 형태로 발전하였다. 처음에는 복무자들이 자신의 편의를 위하여 사적으로 비용을 지불하고 대립을 시킨 것이었으나, 나중에는 실제 군역을 수행하려고 해도 이 과정을 이용하여 이득을 취하려는 관리들이 자신의 노비 등으로 강제로 대립하게 하고 높은 대립가를 받았던 것이다. 즉 각 관청의 하급 관리 등이 대상자가 직접 번을 서고 임무를 수행하는 것을 방해하고 타인을 대립하도록 강요하면서 그 과정에서 개인적인 이익을 추구하였던 것이다.

"정병을 대립하게 하는 값이 많으면 두 달에 열대여섯 필이나 되는데, 대립하는 자는 다들 관원 집안의 종이라 하니, 그렇다면 그 주인이 어찌하여 모르겠습니까? 집안의 종이 대립한 자를 국문하소서.” … “노비는 한 해의 신공(身貢)이 두 필에 지나지 않는데, 이제 정병은 두 달의 값이 많으면 열다섯 필이나 됩니다. … 스스로 입역하려 해도 해당 관서의 노비가 여러 가지로 방해하여 반드시 대립하고야 맙니다. 이 때문에 지방의 정병이 임무 수행할 때가 되면 반드시 가산을 털어 옵니다.”

『성종실록』, 24년 5월 25일

“당초 수군이 영선을 하게 한 뜻은 다 본인 자신이 입역(立役)하도록 한 것인데 폐단이 생겨 거의 모두 대신 세우고 있고, 직접 서고자 해도 관원 및 서원이 대신 서고자 하는 사람의 말을 들어 되도록 본인이 서지 못하게 합니다. 일을 배정할 적에도 열 사람이 하루에 할 일을 한 사람이 하도록 억지로 배정합니다. 하루에 할 수 있는 일은 한정이 있는데 그 수를 채우지 못하게 되면 엄하게 형장을 가하므로, 할 수 없이 애걸하며 대신할 사람을 세워 주기 바란다는 것입니다. 당초에는 대신 세우는 값이 한 달에 면포 15필이었는데 30필이 되었다가 지금은 4배인 60필이 되었는데, 만일 이 수가 차지 못하면 대립자가 허락하지 않는다는 것입니다. 곤궁한 백성은 몇 자의 베도 가지기 어려운데 하물며 60필이나 되는 많은 양이겠습니까. 더러는 소나 말 및 전답을 팔아 보상하게 되고 이런 것이 없는 사람은 할 수 없이 도망한다는 것입니다…”

『중종실록』, 39년 5월 19일

이와 같이 대립, 그리고 더 나아가 강제대립으로 인한 문제가 확산되고 그에 따른 부담으로 가산을 탕진하고 양민들이 도망하는 등의 많은 문제가 발생하였다. 대립가에 의한 폐해가 심각하고 도망자가 발생하면 그 부담을 친척이나 이웃 주민들에게 부담하게 하는 족징과 인징이 성행하였다. 또한 한 사람이 여러 정군의 대립을 중복적으로 담당하여 이득을 취하는 경우도 발생하였는데, 이에 따라

사실상 그 공적인 업무는 수행되지 못하고 개인의 배만 불리는 결과
가 초래되었던 것이다.

> 아뢰기를, 근래 국가가 태평하여 역사(役事)할 때 보병을 부리
> 고 있습니다. 보병이 견디어 내지 못하고 달아나면 그 일족과 인접
> 동네를 침학하므로 그들도 견디어 내지 못하고 흩어져 달아나는데
> 이 때문에 온 고장이 쓸쓸해지고 있습니다. … 부역하는 곳에는 1인
> 이 여러 사람의 부역을 대신하고 있는 자가 있는데 다른 사람이 아
> 니라 바로 병조의 서리들이 하고 있는 짓입니다. 그러므로 이곳에서
> 점고하면 이곳에 와서 점고 받고 저곳에서 점고하면 저곳으로 달려
> 가 점고 받습니다. 그들의 간계가 이와 같으니 그들이 받는 대가가
> 어찌 범연하겠습니까.
>
> 『중종실록』, 31년 1월 11일

이러한 대립의 문제가 심각해짐에 따라 대립을 양성화하고 대
신 그 대가를 통제하는 방식으로 점차 전환되었다. 비록 대립을 인
정하였다 하더라도 병조의 승인을 받도록 하였으며 대립가도 공인
가격을 설정하였다. 대립을 원하는 경우 초기에는 대립가를 거주지
관청에서 수납하여 수행하는 역이 설정된 관청으로 보내고 거기서
대립자에게 지급하도록 하였다. 중종 36년(1541)에는 군적에 있는 지
방별 번상 군인의 수에 따라 포를 할당하고 지방관청이 그 대립가를
징수하여 일괄하여 병조로 납부하는 군적수포제(軍籍收布制)가 시행
되었다.

병조에서 아뢴 대립절목(代立節目)에는 '한 달 대립하는 값은
서울 관청의 노비일은 면포 두 필로 하되, 정병은 일이 고되므로 한

필을 더하고, 함부로 한 자는 지휘관을 죄준다.' 하였다 합니다. …
(중략) … 임금이 말하기를, "대립시킬 수 있게 허가하고 또 그 값을
정하였으니, 검거할 필요는 없다."

『성종실록』, 24년 윤5월 8일

번가(番價)를 대신 입역하는 자가 군사에게서 임의로 받는다면
그 값을 더욱 무겁게 할 것이므로, 그 액수를 짐작해서 정병이면 한
달에 세 필 반으로, 선상[2]이면 두 필 반으로 정하였습니다. 그러나
대신 입역하는 자들이 앞다투어 훨씬 더 많이 거두려고 하여 폐단을
일으키는 일이 많았습니다. 그러므로 병조와 사섬시(司贍寺)에서 그
값을 받아서 나누어 주기로 이미 의논하여 정하였습니다.

『중종실록』, 36년 4월 4일

한편 지방수령들이 군사들로부터 군포를 받고 귀가시키는 방군
수포(放軍收布)의 행태도 성행하였다. 이는 장정들이 귀가하여 영농
등 생업에 종사할 수 있도록 한다는 취지였으나 그 대가를 수령 등
이 개인적으로 착복하기 때문에 군영에는 근무하는 병사들이 없게
되는 결과가 초래되었다.

의금부에서 아뢰기를, "전 평안도 절도사 오순이 군인 1천 2백
34명을 내보내어 쌀과 포백(布帛)을 거두어들인 죄는 율(律)이 곤장
1백 대에 직첩을 모두 추탈하여 군대에 편입시키는 데에 해당합니
다." … (중략) … "다만 그것은 오순이 처음으로 그렇게 한 것이 아
니고 그 유래가 이미 오래 된 것입니다."

『성종실록』, 23년 5월 14일

단지 병사·수사·첨사·만호·권관 등의 벼슬만 설치해 놓고 먹

고 살 녹봉은 주지 않아 군졸들에 의하여 해결하고 있으니, 변방의 장수들이 군졸을 침해하는 폐단이 여기에서 시작되었습니다. … 그런 무리들은 오직 군졸을 착취하여 성공할 줄만 알고 있으니, 다른 일이야 또 어떻게 걱정하겠습니까. 군졸들이 유방(留防, 머무르며 방어)하는 것을 괴롭게 여긴 나머지 면포를 바치고 군역을 면제받으려 하면 반드시 기뻐하며 그것을 허락하고, 진(鎭)에 유방하는 자들에게는 반드시 감당하기 어려운 일들을 강요하고 하기 어려운 부담을 책임지워 마치 기름에 콩 볶듯 하고 있습니다.

『선조수정실록』, 7년 1월 1일

이러한 대립과 강제대립, 방군수포의 대가는 점점 높아지게 되어 정군이나 보인의 구분 없이 큰 부담이 되었다. 더욱이 지불하는 대립가는 국방이나 국가 재정에 실질적인 도움이 되지 못하고 대부분 지역의 부패한 관리들이나 수사나 병사 등 각 지방 군사 지휘관들의 사적인 이익을 채우는 데 충당되었다.

양역 대상의 축소로 부담의 편중 | 군역의 부담을 회피하는 또 다른 방법은 군역의 부담을 면제받거나 부담이 작은 직역을 담당하는 것이다. 우선 조선 초기에는 양반이라도 현직자나 성균관 유생 등 일부만 직역의 수행이라는 측면과 연계하여 군역이 면제되었으나 점차 양반 계급 자체가 군역의 부담을 면제받게 되었다. 이는 조선 후기로 오면서 양반들의 신분적 특권이 강화되고 상민들과의 차별이 더욱 확대된 것을 의미한다. 영조 시대 군역제도의 개혁을 논의하면서 신분과 관계없이 양반들도 호포 등 일정한 부담을 하도록 하자는 제안에 대해서 양반들은 그들의 신분적 특권에 대한 침해로 여겨 극력히 반대하였던 것이다.

군역을 면제받는 또 다른 방법은 양민들이 돈을 주고 양반의 신분을 획득하는 등의 방법을 쓰는 것이다. 예를 들어, 임진왜란 당시 전공을 세우거나 군량미를 바친 사람들에게 공명첩(空名帖)을 발행하여 형식상의 관직을 임명하거나 양역을 면제하였다. 이러한 공명첩은 말 그대로 이름이 비어 있는 백지 임명장으로서 흉년에 이재민을 구제하거나 사찰의 중건 등 여러 목적으로 발행하였고 이는 양민들의 신분상승 수단으로 활용되었다.

부유한 양민들이 대가를 지급하고 각 군현의 향교 교생(校生)이 되거나 서원의 원생(院生)이 되는 것은 또 다른 군역의 면역방법이었다. 국가는 이러한 방법을 통해 군역을 면제받는 것을 통제하기 위하여 정원을 제한하거나 시험을 치러 낙제자는 군역에 편입하는 등 여러 수단을 강구하였다. 그러나 현실에서는 별다른 실효성이 없었으며 그 수가 계속 증가하여 한 고을의 교생 수가 1만 명에 이르는 경우도 발생하였고 사실상 면제자 수는 줄지 않았던 것이다.

나주 고을로 말하더라도 정원은 90인에 불과한데 지금은 5천인이 넘고, 정주의 교생 역시 1만인에 이른다고 합니다. 이로 미루어 보면 다른 고을의 정원외 교생도 얼마가 되는지 모르는 일인데 …

더러는 낙제한 자를 군역에 뽑는 것은 본래부터의 법규이니 법대로 거행해야 한다 하고, 더러는 한 해에 합격하지 못하면 따로 공부하게 하고 다음 해에 또 불합격하면 비로소 군역에 뽑는 것이 마땅하다고 말하기도 하였는데…

비변사등록, 숙종 37년 10월 28일

군역을 완전히 면제받지는 않더라도 양포(良布) 부담 등이 적은 임무를 담당하는 방식을 통해서 군역의 고역을 회피하는 경우도 많았다. 조선 후기 5군영이 설치되면서 군병과 보인 등 자원을 확보해야 하는 문제가 대두하였다. 특히 인조반정 이후 집권층간에 군권을 확보하려는 경쟁관계 등으로 각 군문에서는 양정을 확보하기 위한 치열한 다툼이 이루어졌으며 지방관청을 통하지 않고 직접 보인을 확보하는 등의 편법도 이루어졌다. 또한 각 군문에서 양정을 확보하는 과정에서 수많은 명목의 양역이 설정되었고 또 가벼운 양포 부담 등 유리한 조건을 설정하는 등 부담의 편차도 확대되었다.

　이와 같이 담당하는 역종에 따라 양포의 부담 수준이 달랐기 때문에 가능한 부담이 가벼운 역, 즉 헐역(歇役)으로 배속되기를 원하였다. 예를 들어, 수군의 경우 양포 부담이 3필에 해당하는 무거운 역인 데 비해서 지방의 각 진영의 군관과 장인, 그리고 중앙 각 관청이나 군영의 장인들도 1필을 납부하는 역이었다. 이에 따라 재력이 있는 양민들은 대가를 지불하고 이러한 헐역에 배속되도록 하였던 것이다. 또한 서울의 각 관청이나 5군영, 그리고 지방의 각 관부는 운영재원을 확보하기 위하여 원래 배정된 군액, 즉 정원에 비해서 더 많은 군보들을 사사로이 편입하여 운영하였기 때문에 이를 원하는 양민들과 이해가 맞았다고 할 수 있다. 그러나 결과적으로 이와 같이 적은 부담을 지는 역에 배속되는 양민의 수가 많아짐에 따라 군역에 종사할 수 있는 장정의 수가 줄어들게 되었고 이를 보충하기 위해 황구첨정이나 백골징포 등 부담하는 사람은 더 무거운 부담을 지게 되는 문제가 만들어지게 되었던 것이다.

　서울 아문의 중추부 녹사, 관상감 전의감, 사역원의 생도, 공조의 장인, 이조의 유조서리(留曹書吏), 교서관의 창준(唱准)[3] 등 각 항목의 각종 역에 대해 『대전』에는 그 정원수가 있습니다. 그러나 병조의 도안(都案)[4]과 각기 관아에 있는 문서를 갖다가 보니 그 숫자가 서로 다를 뿐만 아닙니다. 중추부의 녹사가 『대전』에는 정원수가 4명뿐인데 도안에는 1백 64명이며 관아 문서에는 6백 명입니다. 공조의 장인은 『대전』에는 2백 50명인데, 도안에는 4천 2백 68명이요, 문서에는 6천 9백 68명입니다.

비변사등록, 숙종 25년 7월 26일

도승지 송성명이, "북한산의 수첩군관(守堞軍官 – 성을 지키는 군관)은 역이 헐하기 때문에 경기도민이 많이 투속(投屬)하여 갓 낳아 머리털이 마르기 전에 거짓으로 임명사령서를 얻으니 군액은 많아지면서 양정은 줄어들고 있으니 큰 민폐가 된다고 아뢰니…

『영조실록』, 7년 5월 14일

이상과 같이 양반들은 그 특권을 강화하여, 그리고 부유한 양민들은 양반으로 신분을 전환하는 등의 방식으로 군역을 면제받았으며, 여유가 있는 양민들은 부담이 적은 역을 담당하는 방식 등을 통해서 군역을 피해갔다. 그러나 필요한 군사의 총수는 줄어들지 않았기 때문에 그 부담은 고스란히 가난하고 힘없는 백성에게 전가되었던 것이다.

군사의 총수가 줄어들지 않은 것은 조선 후기에 오면서 양정의 확보 등이 용이하지 않자 양역의 부과를 군현단위로 변경하였기 때문이다. 즉 개인 신역으로서 군역은 개별 인정의 상황을 반영하여 부과하는 것이 원칙이지만 전쟁과 각종 군정의 문란으로 도망자나 피역자가 늘어나게 되면서 양정 확보가 어려워지자 군현별로 고정된 수의 군액을 배정하였던 것이다. 각 군현의 장은 배정된 군액을 확보하지 못하는 경우 징계되기 때문에 갖은 방법을 통해서 이를 확보하기 위하여 노력하였다. 결국 그 부담은 힘없는 양민들에게 귀속되었고 부담이 견딜 수 없는 수준으로 증가함에 따라 파산하고 도망하는 농민들이 발생하였다. 군역을 담당할 만한 양정이 부족해지는 상황에서 한 가구에 여럿의 군역이 부과되고, 어린아이나 사망한 사람을 군적에 올리는 소위 황구첨정이나 백골징포, 그리고 친척이나 동내사람에게 부담을 물리는 족징과 인징 등 다양한 형태의 폐해가 나타났던 것이다.

> 임금이 되어 다섯 살 미만의 어린아이를 군적에 올려 군역을 부과하는 황구첨정하는 것을 측은히 여기고 있는데 어찌 나의 백성 가운데 남아인지 여아인지도 분간할 수 없는 뱃속의 아이를 갑자기 군정에 올릴 줄을 어찌 생각이나 하였겠는가? …아, 그 젖먹이가 역정(役丁)에 뽑히고도 알지 못함을 생각할 때에 가엾은데, 저 뱃속의 아이가 아직 태 속에 있어 미처 세상에 태어나기도 전에 장부에 기록이 된다는 것이 어찌 차마 할 수 있는 일인가?…
>
> 『비변사등록』, 영조 22년 3월 12일

양역 개편 논의 - 양역변통론

임진왜란 이후 조선 후기 군정의 문란으로 인하여 군역의 부담은 더욱 가중되었고 특히 그 부담은 일부 힘없고 가난한 양민들에게 집중되어 시급히 개선책을 제시해야 하는 국가적 문제가 되었다. 또한 청나라와의 갈등이 심화되고 병자호란의 피해와 북벌계획의 추진 등은 국가 재정을 더욱 어렵게 만드는 계기가 되었다. 임란 시기 훈련도감을 설치한 이후 숙종 초기 금위영 설치까지 5군영 제도를 통해 중앙의 군사조직이 강화되었는데, 확대된 군사의 재정을 확보하기 위해 군역을 확보하는 것이 더욱 필요해졌다. 더욱이 현종 11년(1670) 경신대기근과 같은 반복되는 자연재해와 기근으로 농민들의 삶은 표현할 수 없을 만큼 열악한 상황이었던 것이다. 한편 같은 시기에 군현단위로 현물을 수납하던 공납제도의 문제는 대동법 개혁으로 점진적으로 개선되어 갔기 때문에 군정의 문란과 가중된 양역 부담에 대한 개편의 필요성은 더욱 증가하였던 것이다.

양역의 개혁논의, 즉 양역변통론은 크게 두 가지로 구분될 수 있다. 첫째는 기존의 제도를 개선하여 양역의 부담을 줄이고 공평하게 하는 것으로 소변통론이라고 한다. 각 관청들이 임의대로 늘려서 운영하던 양역을 축소 조정하고, 금위영 폐지 등 군제의 개편이나 관서 통폐합 등을 통해서 군사비 지출을 줄이는 것 등이다. 둘째는 군역제도에 대한 근본적인 개편으로서 기존의 양역제를 폐지하고 양반계층을 포함하는 보다 넓은 계층에 그 부담을 지우는 새로운 부과방식을 모색하는 것으로 대변통론이라고 한다. 또한 이미 부세화되어버린 양역의 부담기준을 인정기준에서 농지결수 등 부담능력을 고려하는 방안도 고려하는 것이다. 이 과정에서 호포(戶布)·구전(口錢)·결포(結布)·유포(遊布) 등 여러 방안들이 논의되었는데, 오랫동안의 논의와 설득에도 불구하고 이러한 방안들은 양반 등 지배계층에 의해 모두 거부되었다. 조선 초기에는 누구나 모두 군역의 의무를 지고 있는 일종의 국민개병제였으나, 이후 점차 신분제가 확립됨에 따라 지배 계층은 사실상 군역에서 제외되고 있었기 때문에 이 특권이 축소되는 것을 거부했던 것이다.

기존 제도의 개선을 통한 양역 폐해 완화

조선 후기 군정의 문란으로 양역의 부담이 극심해지고 사회적인 혼란이 초래되자 제도적 개선을 통해 이를 시정하려는 조치들도 계속되었다. 인조 4년 호패제도를 다시 도입[5]하여 누락된 군정을 확보하려 하였고, 인조 이래 군병을 보충하는 작업인 세초(歲抄)를 정기적으로 시행하였는데 부족한 궐액을 군현의 크기에 따라 지방수령에게 할당하여 충당하도록 하였다. 그러나 할당된 궐액을 충당하는 과정에서 어린아이나 이미 사망한 사람도 군적에 추가하는 소위 황구첨정, 백골징포의 문제들도 대두하였다.

숙종 때에는 이정청(釐正廳)을 설치하여 양역의 부담을 2필로 통일하도록 하였다. 이전에는 각 관아에서 각종 명목으로 사사로이 추가하여 운영하는 각종 헐역의 경우 1필을 납부하는 반면 수군의 경우 3필을 납부하는 등 큰 차이를 보였던 것이다. 물론 이러한 개편을 통해 각 관청의 헐역이 다 정비된 것은 아니지만 과도한 부담을 하고 있던 각종 역종의 부담이 2필로 인하되었다.

또 다른 조치로서 중앙과 지방의 각 관청이나 병영, 그리고 서원이나 향교 등에서 임의로 확대하여 각종 헐역에 편성되어 있던 한정(閑丁)[6]들을 조사하여 군역의 대상으로 복귀시키는 양역사정 작업이 진행되었다. 양역사정 작업은 병조나 5군영 등 중앙의 각 군사조직은 물론 영(營)·진(鎭)·읍(邑) 등 지방의 각 관청에서 배정된 군액을 임의로 초과하여 모집한 후 부담이 낮은 각종 헐역 등에 편성하고 있던 한정을 찾아내서 군역에 충원하는 것이다. 이러한 작업은 17세기 후반부터 시작되었는데, 예를 들어 숙종 25년(1699)의 사정에서는 6도의 장정으로 서울의 각 관청에 속한 양역 중에서 그대로 둘 정원을 넘어서는 장정은 각 도에 다시 배정하였는데, 총 27,794명 중에서 17,436명을 정원으로 하고 10,358명을 감하여 각 도의 부족한 궐액에 충당하도록 하였다(비변사등록, 숙종 25년 8월 25일). 이후에도 4차례에 걸쳐 이러한 사정작업을 진행하여 정원을 초과하는 양정을 줄이도록 하였으나 초과된 역을 임의로 충원하는 각 관청의 행태는 크게 달라지지 않았고 양민들의 부담은 계속되었던 것이다.

가중되는 양역의 폐해는 과도한 군사비 지출이 중요한 원인 중의 하나이기 때문에 군사 조직이나 행정구역을 통폐합하고 불요불급한 관리를 줄이는 것이 중요하다는 주장도 제기되었다. 숙종 초 송시열은 많은 비용이 초래되는 훈련도감을 축소하고 대신 어영청을 확대하는 군제개혁을 통해서 재정소요를 줄일 것을 주장하였으며, 이후 소론에서는 금위영의 혁파를 제기하기도 하였다. 이러한 군제 개혁의 논의는 지속적으로 이루어졌는데, 대표적으로 호조판서 박문수는 불필요한 관리의 축소, 주현의 통합, 지방의 군영인 진보 축소, 금위영 혁파, 불필요한 수군 폐지 등을 통해서 양역의 고역을 쌀 몇 말을 내는 것으로 감할 수 있다고 주장하였다.

호조 판서 박문수가 상서하기를, "지금 양역의 폐단은 하늘에 사무쳤으니, 어찌 소소한 변화로 구제할 수 있는 일이겠습니까? 당초에 양역의 혁파를 제안한 것은 전부를 제감하자는 것이었지 1필만 감하자는 것이 아니었으며, 크게 변통하자는 것이었지 조금만 추이하자는 것은 아니었습니다. 반드시 용관(冗官, 중요하지 않은 관리)을 줄이고 주현을 합치며, 진보를 감하고 불급한 군병을 도태시키며, 그 위에 어염세를 더 증설하여 부족한 양만을 헤아려서 아주 가볍게 호구마다 거두고 2필의 양역은 혁파하자는 것입니다.

관원이 잡다하면 정사만 방대하여집니다. 지금의 각사에서 전혀 맡은 직무가 없는 곳은 전부 없애야 합니다. 같은 업무를 나누어 맡은 곳이 있으니 합쳐야 합니다. 인원은 많고 일은 없는 곳은 줄여야 합니다. 주현을 합친다 함은 무엇을 말함이겠습니까? 고을이 작으면 부역은 많아져서 백성이 감당하지 못합니다. … 우리나라의 진보는 매우 많아서 소소한 진보가 겹겹이 잇대어 있으나, 있고 없고가 별 상관도 없이 앉아서 호령하고 병졸만 못살게 굴며 제 욕심만 채워 백성에게 폐만 끼치고 있습니다. … 이제는 그 중 긴요치 않은 진보 4, 50곳을 혁파하고 필요한 곳에 큰 진영을 두어 수비할 수 있도록 하는 것이 옳습니다. 국고를 고갈시킴은 쓸데없는 군병보다 더함이 없습니다. 지금 서울에 군영이 너무 많고 쓸데없는 비용도 많아 깊은 걱정거리가 되어 왔습니다."

『영조실록』, 26년 7월 3일

군사비 등 국가의 경비를 줄임으로써 무거운 양역을 폐지하고 대신 호구마다 가볍게 부과할 수 있다는 주장은 일부 군영의 개혁 등으로 연계되었다. 그러나 논리적으로는 타당한 주장이라 하더라도 양역부담의 많은 부분이 관리들 개인의 사익추구에 이용되고 또 관행적으로 이어져온 여러 관청들의 인력을 감축하고 지출을 줄이는 것은 현실적으로 매우 어려운 일이었던 것이다. 시행초기 잠깐의 변화가 있다하더라도 이내 다시금 이전의 관행으로 회귀하였던 것이다.

양역폐지와 새로운 부담방식의 도입 논의

양역제도 자체를 폐지하고 근본적인 개혁방안을 모색하는 대변통론의 논의들은 숙종 이후 본격적으로 이루어졌다. 양민에만 부담이 집중되는 양역을 폐지 또는 크게 줄이고 양반을 포함하는 모든 호나 인정, 농토에 대해 과세하는 호포나 호전, 구전, 결포와 결전 등을 부과함으로써 기본적으로 신분의 차이를 고려하지 않고 부담 능력을 반영하여 보다 공정한 부담이 이루어지도록 하는 것이다.

숙종 7년(1681) 병조참판 이사명이 상소를 올려 호포(戶布)의 시행을 주장하였다. 인정을 대상으로 하는 것과 달리 호는 전결과 마찬가지로 신분을 반영하지 않기 때문에 포를 부과하는 것이 양반사족과 양민을 같이 대우하는 것은 아니어서 명분을 어지럽히지 않는다고 하였다. 전체 100만 호 가운데서 천민이나 병자 등을 제외하고 실제 포를 징수할 수 있는 호는 70여 만 호이고, 이에 대해서 8명을 넘는 가구는 2필, 그리고 8명 이하의 가구는 1필을 징수하면 8~90만 필의 수입이 생기게 되는데 양포를 폐지하더라도 중앙과 지방의 비용을 충당하고 남는다고 주장하였다. 이러한 방식은 간편하면서도 균등한 부담을 이룰 수 있으며 국가운영에 필요한 충분한 재원을 획득할 수 있는 방식이라고 주장하였다(『숙종실록』, 7년 12월 15일).

한편 유포(遊布)를 거두는 방식도 제안되었는데, 기존에 2필을 부담하는 양역을 1필로 줄이고, 선무군관이나 교생 등 지금까지 각종 명목으로 양역을 부담하지 않았던 소위 유호(遊戶)에 대해서 1필을 부담시키면 총경비를 충당하는 데 부족함이 없다는 것이다.

결포(結布)는 인정에 부과하는 용(庸)인 군역 부담을 토지에 부과하는 조(租)로 전환하는 것으로서 부담능력이 고려되는 것이다. 그러나 전결에는 이미 대동미는 물론 삼수미(三手米) 및 제반 잡역이 부과되고 있기 때문에 전결에 추가적인 부담은 과중하다는 반대가 이루어졌는데, 특히 많은 토지를 보유하고 있던 권세가의 입장에서는 극히 불만스러운 방책이었던 것이다.

이러한 양역변통에 대한 논의들은 숙종 37년(1711) 이후에도 활발하게 이루어졌지만 사대부에 대해 포를 징수할 수 없다는 양반층의 주장은 완강하였다. 특히 호포를 징수하려는 방안에 대해서 양반 사대부들이 양민과 같이 포를 낼 수는 없다는 신분적인 이유가 제기 되었다. 또한 체모를 생각하는 양반들은 현실적으로 농사를 짓는 등 의 경제생활을 하기가 어렵고 따라서 대다수의 양반들은 포 납부를 감당할 수 없을 정도로 생활이 곤궁하다는 점도 반대논리로 제기되 었다. 또한 이로 인해 양반 사대부들의 불만이 커지면 국가 안위의 문제가 발생할 수 있다는 주장도 제기되었다.

숙종은 직접 백골징포와 같은 양역의 폐단을 없앨 방안을 마련 할 것을 지시하였고 호포나 구전 등을 중심으로 광범위한 논의가 이 루어졌지만 집권 양반계층의 완강한 반대를 극복하기는 어려웠다. 특히 노론과 소론의 당쟁이 격화되는 상황에서 집권계층 어느 누구 도 사대부의 반발을 불러일으키는 방안을 찬성하지 않았던 것이다.

이후 논의는 영조 즉위 이후에도 계속되었다. 영조 즉위년부터 시작된 논의들도 신분을 구분하지 않고 과세하여야 한다는 영조의 강한 의지 표명에도 불구하고 진척을 이루지 못하다가 결국 영조 26년(1750) 균역법을 통해서 절반의 개혁이 이루어졌던 것이다.

영조는 "양역을 끝내 변통하지 못한다면 조선은 반드시 망할 것이요, 호포·결포·구전이 모두 폐단이 있다고 하지만, 현명하고 명철한 임금으로 하여금 맡게 한다면 어찌 변통할 방도가 없겠는 가?"(『영조실록』, 9년 12월 20일)라고 하면서 양역을 폐지하고 대신 호 포나 호전 등을 징수할 것을 주장하였으나 대신들의 완강한 반대에 부딪쳤다. 아래는 논의과정에서 이루어진 일부의 주장들을 살펴본 것인데, 양역의 개편과 균역법과 관련하여 영조실록에 등장하는 논 의의 회수만 해도 150여 차례가 넘는 것으로 나타나고 있다.

임금이 말하기를, "경은 처음에는 호포를 주장했었는데, 어찌하여 결포에 찬성하여 의견을 고치는가?" 하니, 홍계희가 말하기를, "사람 수의 많고 적음으로 호(戶)의 크고 작음을 정했으나, 사람이 많은 것이 반드시 부유하고 사람이 적은 것이 반드시 빈핍한 것은 아닙니다. 결포는 전지(田地)를 위주로 하는 것인데, 전지는 숨길 수도 없고 변경할 수도 없기 때문입니다."

… 유포(儒布)에 대해 … 이의철이 말하기를, "이것은 나라를 망하게 할 술책입니다. … 지금 국가가 유지해가는 것은 오직 명분을 정하고 유학을 숭상하는 데에 힘입고 있는 것인데, 만약 이와 같이 한다면 명분이 무너지고 수치스러움과 원망을 부르는 결과가 되니 시행할 수 없습니다. 그리고 모든 유생이 빈궁한 자가 많은데, 베를 바치지 않는 자는 가두어서 하층민과 같이 형벌을 가하겠다는 말입니까? 이와 같이 한다면 비록 베 천만 필을 얻는다고 하더라도 유교를 무너뜨리고 국가의 명맥을 해치는 화를 일으킬 것입니다."

『영조실록』, 25년 8월 7일

우참찬 원경하가 상서하였는데, "…호전의 액수를 계산해 보니 54만여 냥입니다. 전에 쌀·베·돈 세 가지 중에서 원하는 대로 내도록 하여도 거두기 어려웠는데 하루아침에 순전히 돈으로만 54만 냥을 궁핍한 백성에게 재촉하면 거두어들이면 근심과 괴로움은 더하여, 양역의 폐단을 고치려 하다가 도리어 폐단만 낳게 될 것입니다.

『영조실록』, 26년 6월 22일

지돈녕 이종성이 상서하였는데, "호전을 시행할 수 없는 네 가지 논거로, 첫째는 고르지 못한 것, 둘째는 모자라는 것, 셋째는 전결의 역을 증가시키는 것, 넷째는 사대부의 마음을 잃는 것입니다. … 조선의 양반은 한 번 장인이나 상인이 되면 당장에 상놈이 되니 될 수 없고 살아갈 길은 단지 농사밖에는 없는데, 만일 몸소 농사를

짓고 아내는 들에 밥 나르기를 농부가 하는 것처럼 하면 한정이나 권
농의 직첩이 바로 나오니 이 짓은 죽어도 할 수 없습니다. 공·상·농
업은 모두 할 수 없어 겉으로는 관복을 입고 관혼상제에는 양반의
체모를 잃지 않으려하니, 어떻게 가장 가난하지 않을 수 있겠습니
까? 양역을 지는 백성은 비록 애처롭기는 해도 힘써 농사를 짓고 뗼
감을 져 나르고 해서 그래도 마련할 길이라도 있지만, 만일 이 양반
들에게 돈이나 베를 내라고 하면 한 푼, 한 실오라기인들 어디서 구
하겠습니까?

결포와 관련하여, 전결의 수량은 최근 50년 이래로는 75만 결이
가장 많았고, 각종 면세전 12만 결까지 합하면 86만 결이 되었습니
다. 매 결에 베 1필씩을 내면 86만 필이 되지만 경외의 경비 1백 만
필보다 부족한 것만도 이미 14만 필이나 됩니다. 더구나 50년 만에
한 번 있을까 말까한 큰 풍년을 매년 기대할 수 있겠습니까? 그러니
쓸 데는 많고 수입은 적어 맞추지 못하는 것은 호전과 다름이 없습
니다.

『영조실록』, 26년 6월 22일

이상에서 살펴본 바와 같이 양역 폐지의 대안으로 주장된 여러
방식들에 대해서는 오랜 기간 동안 많은 찬반논의가 이루어졌다. 그
러나 논의의 결론은 기본적으로 당시까지 면역의 혜택을 받고 있던
양반 등 기존의 특권층에 대해 새로운 부담을 지우는 것을 반대하는
것으로 귀결되었다.

균역법의 시행

　양반 사대부들도 부담을 져야 한다는 양역변통론에 대한 강한 저항에 따라 대안은 양민들의 부담을 줄이는 방향으로 전개되었다. 숙종 이후 양민들이 납부하는 2필의 양역부담을 1필로 감면하는 소위 감필론(減疋論)이 제시되어 왔는데, 기본적으로 양반사대부의 반발을 야기하지 않으면서도 양민들의 부담경감이라는 실질적인 효과를 얻을 수 있다는 점이 강점이었다. 문제는 그 감면에 따른 재정결손을 어떻게 충당할 것인가에 있었다. 물론 군제개혁 등을 통한 지출 축소가 필요하다는 주장도 제기되었고, 전결에서 추가적인 재원을 확보할 수 있다는 주장 등 다양한 방안들이 제기되었지만 최종적인 시행에 이르지는 못했던 것이다.

　영조가 즉위한 이후 양역변통 논의는 또다시 광범위하게 이루어진다. 대변통론은 물론 소변통론, 그리고 감필론까지 기존에 논의되었던 모든 대안들이 다시금 토론되었고, 영조는 양역을 개혁하지 않으면 나라가 망한다는 표현까지 하면서 강력한 의지를 표명하였지만 시행에 이르지 못했던 것이다.

　양역변통에 대한 논의가 또다시 점화된 계기는 영조 25년 8월 충청감사 홍계희가 책자를 작성하여 올린 상소이다. 홍계희는 양역의 폐단이 큼에도 사람들이 고치는 것을 주저하고 있어 나라가 망하고 난 뒤에야 없어질 것이라고 하면서 개혁을 주장하였다. 구체적으로는 5군영을 혁파하여 훈련도감과 어영청만을 남겨서 비용을 줄이면서 결포제를 시행할 것을 건의하였다. 호포제의 경우 식구 수를 기준으로 호의 대소를 정할 수밖에 없는데 식구 수의 다과가 반드시 부유함 여부를 결정하지는 않는다는 점을 지적하였다.

한편 영조 26년 5월 박문수는 호전을 주장하면서 호를 대중소로 나누고 호당 5전 이하의 호전을 징수하면 양역을 혁파하여도 그 결손된 재정을 확보할 수 있다고 주장하였다. 이 주장에 따라 영조는 창경궁 홍화문에서 신하들과 백성들에게 결전과 호전에 대한 의견을 물었는데 대부분 호포제 시행을 찬성하였다. 이에 따라 영조는 호포제의 시행을 명하였는데 준비과정에서 5전 이하의 호전으로 충분하다는 박문수의 주장은 계산착오로 판명되었고 시행에 필요한 호적 정비도 이루어지지 않은 등 그 시행은 사실상 어렵다는 것으로 인식되었던 것이다.

　　이러한 상황에서 양역의 완전 철폐가 아닌 감필론이 다시금 제기되고 감필에 따른 재정결손을 호전을 통해 보충하는 방안 등이 논의되었지만 양역철폐에 대한 영조의 의지는 아직도 강하게 남아있었던 것이다.

　　영조는 26년(1750) 7월 3일 또다시 창경궁 홍화문에 나아가 양역 폐지에 대한 의지를 강력히 표명하고 대소 신료와 유생, 백성들의 의견을 물었다.

　　'백성은 나라의 근본이니 근본이 튼튼해야 나라가 태평하다.' … 아! 양민은 지금 도탄에 빠져 있다. … 몇 십만의 백성이 바야흐로 못살겠다고 아우성인데 임금이 되어 구제해 주지 못하고 있으니, 이 어찌 백성의 부모된 도리라 하겠는가? … 위로 삼정승에서부터 아래로 사대부와 서인에 이르기까지 부역은 고르게 해야 한다. 또 백성은 나의 동포이니 백성과 함께 해야 한다. 너희들 처지에서 백성을 볼 때에는 너와 나의 구별이 있을지 모르나, 내가 볼 때에는 모두가 나의 백성인 것이다. … 한 집에서 노비나 주인이 똑같이 호전을 내는 것은 명분을 문란시키는 일이라고 말하지만, 호(戶)가 있으면 역(役)

이 있는 것이 상례이다. 또 양민은 오래도록 고역에 시달려 왔으니, 부역을 고르게 하고자 하는 것이다.

『영조실록』, 26년 7월 3일

그러나 이러한 영조의 의지표명에도 불구하고 관리와 유생들의 반대는 여전히 극심하였다. 영조실록에서 당시 상황을 서술한 사관들은 이렇게 탄식하였다.

임금이 재차 궐문에 임하여 폐단을 다룰 대책을 널리 물었으나, 여러 신하들 가운데 한 사람도 묘책을 내어 임금의 걱정을 덜어주는 사람이 없었고 … 대신이라는 사람들이 혁파를 청하지도 못했으면서 도리어 소속된 자들의 돌아갈 곳이 없음을 말하니, 그렇다면 이율곡이 선조에게 혁파하기를 청한 것은 과연 오늘날의 대신만 못해서 그랬겠는가? 대신이 이러하니, 어떻게 나라 일을 도모하겠는가? 균역(均役)이란 동쪽에서 쪼개서 서쪽에 보태주는 것으로 근본은 버리고 끝만 취하니 경장의 이름만 있고 실속이 없어 돌아서기도 전에 폐단만 매우 컸으니 슬픈 일이다.

『영조실록』, 26년 7월 3일

양반들은 지금까지 자신들은 면세되던 양역을 폐지하고 양반도 과세대상이 되는 새로운 방식에 대하여 집요하게 반대하였다. 결국 영조는 7월 9일 기존의 양역을 2필에서 1필로 감하는 소위 균역법의 시행을 명하고 그 감면에 따른 대체방안을 강구하도록 하였다.

그달 초 9일 명정전에 나아가 … 여러 신하들을 인접하고 특별히 양역에 대해 1필씩을 영구히 감면시키라고 명하였습니다. 눈물을 흘리면서 신하들에게 말하기를, '호포·결포는 비록 시행할 수 없지만 포를 감하는 조처는 하지 않을 수 없다. 경들은 대신할 방책을 마련하여 가지고 오라. 그렇게 하지 않으면 나를 만날 생각을 말라.' 하였습니다. … 오늘부터 양역(良役)에 관한 절목(節目)을 정하되 구관당상(句管堂上)[7]과 삼공(三公)이 총괄하여 살피라.

『영조실록』, 28년 1월 13일

이에 따라 균역청(均役廳)이 설치되어 업무를 담당하도록 하였는데, 처음에 시행하였던 재원 대체방안은 다음과 같다. 우선 선혜청의 대동미 저축미나 진휼미 일부를 균역청으로 넘기고, 그때까지 왕실에 귀속되던 어·염·선세(魚鹽船稅)를 국가 재정에 귀속시켰으며, 선무군관 등에 대해 포 1필의 군관포(軍官布)를 징수하도록 하였다. 또한 경작이 이루어짐에도 과세대상에서 빠져 있는 은여결(隱餘結)을 찾아 과세하도록 하였으며, 그래도 남는 부족분에 대해서는 각 도의 감영이나 병영에서 돌아가며 부담하도록 하고 또 각 고을로 하여금 수군 군량미를 부담하도록 하는 등의 분정(分定)이 이루어졌다.

그러나 새로 군관포를 부담하게 된 한량들이나 은결을 이용해서 사사로운 이익을 챙기던 지방수령, 그리고 분정을 통해 추가적인 부담을 하게 된 지방관서 등 여러 곳에서 불만과 거센 반발이 제기되었다. 영조 27년 5월 영의정 김재로는 '각 처에 분정한 것은 혁파하지 않을 수 없고 어염과 군관에 관한 것은 바로잡지 않을 수 없다.' '고친 법에서 도리어 한없는 폐단이 속출되고 있으니 도로 옛법을 보존시키는 것이 바람직하다'고 주장하였다.

이러한 반발에 대해 영조는 '나라가 비록 망한다고 하더라도 결코 백만의 군민(軍民)에게 신의를 잃을 수 없다'고 하면서 '… 대신과 여러 신하들이 이미 하교를 받았는데도 근래에는 더욱 해이하여 임금의 마음이 안정되지 못하게 하였음은 물론 임금 한 사람에게만 미룬 채 소매에 손을 넣고 곁에서 구경만 하고 있다'고 강하게 질책하고 실무자들과 같이 숙직을 해서라도 대안을 마련할 것을 지시하였다.

이러한 과정을 통해서 양역을 절반으로 감한 조치가 시행된지 1년이 넘어선 영조 27년 9월에 균역절목(均役節目)이 반포되었다. 이미 재원의 대체방안으로 시행하였던 어염선세와 군관포 징수, 은결의 과세 등을 유지하고 지방관서로 하여금 비용의 일부를 부담하게 하던 분정은 폐지하였다. 대신 토지 1결당 쌀 2두나 화폐 5전을 징수하는 결미(結米) 또는 결전(結錢)을 도입하였다.

> 9월에 절목이 완성되어 재가하여 반포하였다. 양포(良布) 반을 감면한 것은 모두 50여 만 필, 또는 돈으로 1백여 만 냥이다. 각 관청과 군사의 비용을 줄인 것이 50여 만 냥으로 따라서 대체해야 하는 것이 40여 만 냥이다. 작년에는 어염선세와 선무군관에게 받는 것, 은여결에서 받아들이는 것을 모두 합하여 십수 만 냥, 그리고 부족한 것은 각 영읍(營邑)에 분정하여 충당시켰다. 그러나 뒤이어 이의가 제기되어 중단하였다. … 결포에 관한 논의는 오래되었는데, 서북 양도 이외 육도의 전결 1결마다 쌀 2두나 혹은 돈 5냥씩을 거두면 30여 만 냥으로 부족한 숫자와 대략 같다. 또 각 도의 회록(보관미)을 계산하여 군량미 10만 석을 균역청에 이속시키고 반은 재난시 빈민을 구제하는 데 대비한다.
>
> 『영조실록』, 28년 1월 13일

균역법의 의의

균역법은 조선 후기에 이르러 양민들의 큰 어려움으로 작용하였던 양역 부담을 2필에서 1필로 절반을 경감함으로써 양민들의 고통을 덜어 주었으며, 모든 양역의 부담을 1필로 통일함으로써 균등한 군역, 즉 균역이 이루어지도록 했다는 점에서 의의를 찾아볼 수 있다. 또한 그 시행에 따른 대체재원을 마련하는 과정에서 과거 왕실에 속했던 어염선세의 국고 귀속, 선무군관에 대한 포의 징수, 은여결에 대한 과세 등 과세의 합리화와 함께 토지에 대해 결미를 부과함으로써 인정에 대한 부담을 토지로 전환하여 세부담의 공평성도 제고되었다고 할 수 있다.

그러나 양반사대부들의 반발로 양역을 폐지하는 근본적인 개혁을 실시하지 못하고 반쪽의 개혁이 이루어졌기 때문에 양반들은 여전히 그 부담에서 제외되는 등 실질적인 균역을 달성하지 못한 한계를 가지는 것이었다.

임진왜란 이후 양역의 제반 문제점이 사회문제로 대두하면서 개편의 필요성과 함께 많은 방안들이 제기되었지만 1750년 균역법으로 귀결되는 데까지는 100여 년의 기간이 소요되었다. 이와 같이 오랜 기간 동안 논의가 이루어졌다는 것은 양역의 문제가 그만큼 심각한 것이었지만 동시에 그만큼 개혁방안에 대한 저항과 어려움도 컸다는 것을 의미하는 것이다.

양역 개편에 대한 본격적인 논의를 주도했던 영조의 경우 변통하지 않으면 나라가 망한다거나 호포를 자신도 납부하겠다는 등 강력한 의지를 표명하면서 근본적인 양역개혁을 추진했지만 양반 사대부의 반대를 뛰어넘지 못하고 미완의 개혁에 그치고 말았다. 결과적으로 당시 조선이 직면하였던 가장 큰 문제 중의 하나를 선제적으로 개혁할 수 있는 기회가 무산되었고 조선은 점차 쇠락의 길로 접어들었던 것이다.

비슷한 시기 프랑스에서도 과도한 왕실지출과 전쟁 수행 등으로 어려워진 국가재정을 회복하기 위해 귀족과 성직자들에게도 세금을 부담하게 하려는 재정개혁 방안이 거부되었고 결국 무거운 세금 부담을 견디지 못한 평민들이 대혁명을 일으켰으며 그 결과 구체제는 몰락하였다. 국가 운영을 위한 경제적 부담이 사회의 특정 계층에 과도하게 부과되는 등 불공평한 부담배분이 그 사회가 견딜 수 있는 임계치를 넘어서는 경우 그것은 국가의 위기로 이어졌다는 것이 역사에서 보는 교훈이라고 할 것이다.

한편 균역법 시행 이후 일시적으로 양역 부담 체계의 개선이 이루어졌지만 얼마가지 않아 군정의 문란은 다시금 확대되었다. 19세기에 들어 안동 김씨 등의 세도정치가 이루어지고 왕권이 약화되는 등 정치적인 혼란 상황에서 매관매직을 통해 관직에 임명된 부패한 관리들이 전정과 군정, 환곡 등 삼정(三政)을 이용하여 사리사욕을 채우는 데 급급했기 때문이다. 결국 양민들의 생활은 더욱 곤궁해졌으며, 이는 민란의 촉발과 함께 궁극적으로 조선의 붕괴를 촉진시키는 원인이 되었다.

참고문헌

국사편찬위원회, 신한국사
김옥근, 『조선왕조재정사연구 (I, II)』, 서울: 일조각, 1987
한국학데이터베이스연구소, 『국역 조선왕조실록』
한국의 지식콘텐츠(KRPIA) (역), 『경국대전』
한국학중앙연구원, 『한국민족문화대백과사전』

미주

1 각 지방관서의 여러 가지 비용을 마련하기 위해 징수하는 부가세로서 결역가(結役價)라고도 함

2 지방의 노비를 뽑아 서울의 관아에 올리는 것

3 교서관에서 원고를 소리 내어 읽으며 교정을 담당하던 잡직

4 조선시대에 전국 각도 제색의 군병에 대하여 정기적으로 조사하여 만든 군안(軍案)으로, 이를 바탕으로 결원을 보충하거나 보포를 징수하였음(한국고전용어사전)

5 호패는 주민들의 인적사항 등을 기재한 패로서 태종 때 처음 시작하였으나 현실에서 운영이 매우 어려워 여러 차례 중단되었음

6 15세부터 60세 사이의 장정으로서 신역에 나가지 않는 사람

7 비변사에서 각 도의 군사업무를 맡아보던 벼슬

유럽의 교회세
- 종교와 국가간의 관계변화와 재원조달

독일과 이탈리아, 스위스 등 유럽의 여러 국가들은 교회세를 징수하고 있다. 그 형태와 수준, 그리고 배경도 다양하게 나타나고 있는데 대표적으로 정교분리의 진행과정에서 교회재산의 국가귀속 등에 따라 교회에 대한 재정지원의 필요성이 발생했다는 점, 그리고 공익목적을 수행하는 공법인이라는 점과 함께 일부 국가에서 현재까지 유지되고 있는 국교에 대한 지원 등을 중요한 요인으로 들 수 있다. 이러한 교회세는 교회의 관점에서는 안정적이고 용이하게 재원을 조달할 수 있다는 장점이 있지만 신자의 관점에서는 그만큼 강제성이 수반되고 또 자신의 종교에 대해 명확하게 밝혀야 한다는 등의 문제점이 지적되고 있다.

주요국의 교회세

2012년 9월 독일의 카톨릭 주교회의는 교회이탈(Kirchenaustritt)에 관한 일반 칙령을 발표[1]하고 교회세를 납부하지 않는 사람은 더 이상 카톨릭 교인으로 인정받지 못한다는 것을 분명히 했다. 즉 교회세를 납부하지 않는 행위는 공동체에 대한 심각한 위협이기 때문에, 이 사람은 각종 성사나 교회매장 등 교인으로서의 누릴 수 있는 제반 혜택을 받지 못하도록 한 것이다. 이는 교회세를 납부하지 않기 위해 교회를 떠나는 사람의 숫자가 점차 많아짐에 따라 내려진 카톨릭 교회의 자구책이라고 할 수 있다. 한편 2013년에는 림버

그(Limberg)의 테바르츠(Tebartz) 주교의 사치한 생활이 알려지면서 교회를 떠나는 사람들이 한층 더 많아지는 소위 '테바르츠 효과'가 나타나자 교회세에 대한 관심도 더욱 커지고 있다.

독일을 비롯하여 이탈리아, 오스트리아, 스웨덴, 스위스 등 유럽의 여러 국가들은 다양한 형태의 교회세를 부과하고 있다. 예를 들어, 독일의 경우 소득세 신고서에 본인의 종교를 선택하여 신고하게 되는데, 등록한 신자들은 소득세의 8~9%를 교회세로 납부하게 된다. 또한 이탈리아의 경우 납세자가 특정 종교를 선택하지 않는 경우 그 세수는 국가로 귀속되어 사회사업에 사용되고, 스위스의 경우 법인에게도 교회세가 징수된다. 이하에서는 주요 국가들의 교회세를 살펴본다.

독일의 교회세(Kirchensteuer)

독일의 교회세(Kirchensteuer)는 1827년 Lippe 주를 시작으로 주별로 과세되기 시작하였는데, 이는 기본적으로 1806년 이후 이루어진 광범위한 성직자 제후국의 폐지 및 세속화, 교회재산의 국유화 등에 따라 운영이 어려워진 교회재정을 지원하기 위한 것이었다. 이후 교회세는 1919년의 바이마르 헌법에 그 근거가 설정되었다. 바이마르 헌법은 국교를 인정하지 않는 대신 지금까지 공법인(public law corporation)으로 인정되어 온 종교단체들은 그 지위를 유지하며, 다른 종교단체들도 존속성과 신도수 등을 근거로 공법인의 지위를 신청할 수 있도록 하였다. 이후 1930년대 교회세의 국가징수가 이루어졌고, 1949년 기본법(the Grundgesetz, Basic Law)에서도 종교의 자유와 함께 과세의 근거를 규정하는 내용이 포함되었다. 기본적으로 공법인은 사회복지서비스의 공급 등 공익활동을 수행한다는 점에서 과세상 여러 가지 특례가 부여되고 있다. 특히 교회기능(kirchliche Zwecke)을 수행하는 공법인은 교회세를 부과할 수 있도록 하였는데, 과세의 기본적인 내용은 각 주별로 주법을 통해 규정하도록 하고 있다.

주법에서 정한 범위 내에서 각 종교목적의 공법인, 즉 교회공동체 등은 교회세를 부과할 수 있는데 소득세액을 과세표준으로 하여 주에 따라 8~9%의 세율[2]로 부과된다. 교회세 세수는 2011년의 경우 93억 유로로서 독일 GDP의 0.36%에 이르고 있으며, 그 중에서 카톨릭은 50억 유로를 배분받은 것으로 나타나고 있다.[3] 한편 납부된 교회세는 소득세 산출시 소득공제가 적용된다.

각 종교 공동체는 교회세의 징수를 위해 두 가지 방식 중 하나를 선택할 수 있다. 하나는 과세당국으로 하여금 소득세를 징수할 때 같이 징수하여 교회에 이전하도록 하는 것으로서 과세당국은 일정한 징수수수료를 공제하게 된다. 또 다른 방법은 공동체 자신들이 직접 징수하는 것인데, 통상 소규모 공동체의 경우 징수수수료를 절약하기 위해 자신들이 직접 징수하는 경향을 보인다.

첫 번째 방식이 선택되는 경우 개별 납세자들은 소득세 신고서에 소속하는 종교를 표시하여 고용주에게 제출하고 고용주는 소득세 원천징수시에 교회세도 원천징수하며 주의 과세관청은 최종적인 소득세 정산과 함께 교회세도 정산하게 된다. 만약 공동으로 소득세를 신고하는 부부가 서로 다른 종교에 속하는 경우 교회세는 반씩 나누게 되며, 만약 한 사람만 교인인 경우 교회세는 그 사람의 소득에 해당하는 부분만큼 안분 계산된다. 한편 자영자의 경우에는 과세당국이 소득세와 같이 교회세를 징수하게 된다. 만약 종교 공동체 스스로가 교회세를 징수하는 경우 공동체는 과세당국에게 해당 신자들의 과세자료를 요구할 수 있다.

한편 교회세를 납부하는 신자들이 정부의 등록관청을 통해 비신자(non-religious)로 등록함으로써 교회이탈이 이루어지는 경우 세금납부 의무는 해소된다. 최근 이러한 절차를 통해 비신자로 등록함으로써 교회세를 납부하지 않는 사람들이 많아지고 있다. 그런데 이들 중 상당수는 미사나 각종 종교활동에는 여전히 참여하기를 원하는 것이다. 이러한 교회이탈이 증가하고 교회수입에 상당한 감소가 이루어짐에 따라 앞에서 언급하였던 것처럼 2012년 독일 주교회의는 바티칸의 추인하에 교회를 부분적으로만 이탈할 수는 없으며, 교회세를 납부하지 않는 경우 각종 성사에의 참여 등 신자로서의 권리도 누릴 수 없다는 포고를 발표하였던 것이다.

이와 같이 비신자가 많아지고 따라서 교회세 징수액이 줄어들게 됨에 따라 일부 주에서는 소위 '교회납부금(Kirchgeld, Church money) 제도'를 도입하고 있다. 이는 일종의 지방교회세(local Church tax)로서 그 재원은 전적으로 납부자가 출석하는 교회만을 위해 사용된다. 교회납부금은 통상 정액으로 부과되며 소득기준이 아니기 때문에 소득세를 납부하지 않는 연금소득자나 미취업 배우자도 납부하게 된다.

이탈리아의 종교세(8 per mille religious tax)

이탈리아의 경우 소득세액의 0.8%를 종교세로 납부한다. 납세자는 카톨릭과 신교 등 공인된 종교단체 또는 국가를 재원의 귀속처로 선택할 수 있는데, 국고로 귀속된 부분은 각종 사회복지사업 또는 문화지원 등에 사용된다. 한편 귀속처에 대한 납세자의 명시적인 선택이 없는 경우 다른 납세자들의 선택비율에 따라 귀속이 이루어지게 되는데, 과거의 통계로 보면 절반 이하의 납세자만 귀속처를 선택한 것으로 나타나고 있다. 2000년의 경우 카톨릭과 국가 등 총 7개의 귀속처로 배분되었는데, 세액의 87.2%가 카톨릭으로, 그리고 10.4%가 국가로 배분된 것으로 나타나고 있다.[4]

스웨덴의 교회세

스웨덴의 경우 스웨덴 교회(Church of Sweden)가 국교이던 2000년까지 교인들에 대해서 교회세를 부과하였다. 정교분리가 이루어진 현재 교회세는 납세자의 선택에 따라 소득세액을 과세표준으로 1%의 세율로 징수되는데, 징수된 금액은 납세자가 국세청(Swedish Tax Agency: Skatteverket)에 신고하는 바에 따라 해당 종교로 이관된다. 한편 스웨덴에서는 종교 선택여부에 관계없이 0.22%의 매장세를 부과하고 있는데, 이는 장례 등에 필요한 교회 등의 비용을 충당하기 위한 것이다.

스위스의 교회세

스위스의 경우 주(canton)에 따라 주법으로 교회세를 징수할 수 있도록 규정하고 있는데, 그 내용은 26개의 주에 따라 다양하게 나타나고 있다. 일부 주에서는 완전히 자발적인 선택이지만, 일부 주에서는 교회세를 납부하지 않기 위해서는 공식적으로 교회를 이탈하는 절차를 거치도록 하는 주도 있다. 카톨릭이나 스위스 개혁

교회 등 각 종교 공동체는 신도들에 대해서 교회세를 부과하게 되는데 이는 각 지방소득세와 같이 징수된다. 한편 스위스의 경우 법인에도 교회세를 부과한다는 점에 특징이 있다. 현재 20개 주에서 법인에 대해 교회세를 부과하고 있는 것으로 나타나고 있는데, 최근 이를 폐지하고자 하는 운동이 일어나고 있다.

덴마크의 교회세

덴마크 교회(Church of Denmark, Evangelical Lutheran Church in Denmark)는 국교로서 그 신자들은 교회세(Kirkeskat)를 납부한다. 세율은 지방정부마다 다르게 설정하게 되는데, 2013년의 경우 0.42~1.46%가 부과되고 있으며 평균 0.73%로 나타나고 있다. 한편 신자들이 납부하는 교회세에 추가하여 국가는 국교에 대한 지원을 하고 있는데, 교회수입의 약 12%를 국가로부터의 보조금이 담당하고 있다. 징수는 지방소득세와 같이 징수되며 세수는 해당 지방정부 내에 위치한 교회에 배분된다. 총세수는 2011년 GDP 대비 0.32%로 나타나고 있다.[5]

핀란드의 교회세(Kirkollisvero/Kyrkoskatt)

핀란드는 루터복음교회(Evangelical Lutheran Church of Finland)와 정교회(Finnish Orthodox Church)를 국교로 하고 있는데, 이들 국교의 신자들은 교회세를 납부한다. 세율은 비례세로서 매년 각 지방의 종교위원회에서 결정하는데, 2011년의 경우 1~2% 범위에 있고 평균 1.33%로 나타나고 있으며, 세수는 2009년의 경우 GDP의

0.5% 수준이다.[6] 한편 핀란드에서는 법인세의 2.55%를 국교들에 지원하고 있는 점도 특징으로 나타나고 있다.

십일조와 교회세 도입

십일조와 교회세

국가가 카톨릭 등 종교단체를 대신하여 교회세를 징수하는 것은 십일조의 전통에서 이해될 수 있을 것이다. 십일조(tithe)는 구약시대 유대교의 율법에서 연유한 것으로 말 그대로 땅으로부터 얻은 수확물 등의 1/10을 여호와께 바치도록 한 것이다. 신약시대 초기에는 신자들의 자발적인 신앙행위로 여겨졌으나 점차 강제화되었고, 8세기에 카롤링거 왕조의 칼 대제 등에 의해 의무화되었다.

십일조는 다양한 형태를 띠게 되는데 곡물이나 목재 등 땅으로부터의 수확물(predial tithe)과 땅에서 사육된 가축과 우유 등 수확물(mixed tithe), 그리고 정미소나 어업 등 사람의 노동이나 제반 영업 활동으로부터의 이익(personal tithe)에 대해 부과가 이루어졌다. 또 십일조는 부과자인 교구사제(rector)에게 가는 대십일조(great tithe)와 업무를 보좌하는 보좌신부(vicar) 등에 대한 소십일조(small tithe)로 구분되는데, 통상 전자는 곡물이나 건초, 나무와 같은 땅으로부터의 수확물, 그리고 후자는 그 이외의 나머지가 배분되었다. 이러한 십일조는 기본적으로 성직자의 급여 등 지원과 교회의 유지 관리, 그리고 빈민구제와 같은 자선사업 등 세 가지의 목적에 사용되었다.

십일조는 이후 농민들에게 많은 부담을 야기하였고, 강제징수에 대한 불만, 교회조직의 권력화 및 부의 집중 등 다양한 문제들에 직면하게 되었다. 이러한 십일조는 근대 이후 정교 분리와 종교의 세속화 등을 바탕으로 나라별로 다양한 형태로 발전하였다. 크게 본다면 프랑스와 같은 전면적인 폐지, 영국과 같은 보상을 통한 폐지, 그리고 교회세로의 변천 등으로 구분될 수 있다. 교회세를 징수하는 나라들도 그 논거는 다양하게 나타나고 있는데, 스웨덴이나 덴마크 등의 경우 국교에 대한 지원, 독일의 경우 세속화 등의 과정에서 교회비용에 대한 충당과 함께 공법인으로서의 사회적 기능에 대한 고려 등을 들 수 있다.

한편 독일과 오스트리아 등을 중심으로 과세되고 있는 교회세의 뿌리는 기본적으로 기독교가 전파되기 이전부터 족장이나 영주들이 종교와 성직자를 관리하는 아주 오랜 전통에서도 찾을 수 있다. 기독교가 전파된 이후 이러한 전통은 소위 영주에 의한 사유교회(proprietary church, Eigenkirchen) 개념으로 이어졌다. 이는 영주가 자신의 영지에 교회를 설립하고 관리하며, 그에 대한 재산권적인 권리를 유지하는 것으로서 특히 성직자 지명권도 행사하는 것이다. 이러한 영주소유의 교회라는 개념은 로마교황청의 교회조직과 대비되면서 특히 성직자 임명권을 둘러싸고는 중세시대 황제와 교황간의 오랜 갈등을 야기했던 소위 서임권 논쟁(Investiture Controversy)의 단초가 되기도 했다. 기본적으로 영주가 교회를 관리한다는 개념은 독일 지역에서 강하게 유지되어 왔는데, 종교개혁 시절 독일의 지방영주들은 신교지역에서는 교회수장이 되었고 따라서 교회의 관리에 대한 책임도 가지게 되었다.

프랑스 대혁명 이후 정교 분리가 이루어지고 교회재산 등이 국가에 귀속되는 등 변화가 이루어지면서 교회재정을 지원하기 위한 교회세가 도입되었던 것이다.

독일에서의 합병(mediatization) 및 세속화(secularization)를 통한 영토조정

프랑스 혁명의 확산을 방지하는 등을 목적으로 1792년부터 이어진 프랑스와 대 프랑스 동맹군간의 전쟁에서 프랑스 군대가 라인강 서안의 제국영토를 점령하고 프로이센과 오스트리아 등이 전쟁을 지속하는 것을 포기함으로써 강화가 이루어졌다. 이에 따라 체결된 1795년의 바젤 조약(Treaty of Basel)과 1797년의 캄포 포르미오 조약(Treaty of Campo Formio)에 따라 라인강 서쪽의 알사스 지역이 프랑스에 할양되었다. 신성로마제국 내에서는 프랑스 혁명 정부와 나폴레옹의 영향하에 영토상실 등의 피해를 본 영주들에 대한 보상을 목적으로 1795년부터 1814년까지 광범위한 영토조정이 이루어졌는데,[7] 이러한 조정은 주로 성직자 제후국[8]의 폐지를 통한 세속화(secularization) 및 군소국의 합병(mediatization) 등을 통해 이루어졌다.

1803년 제국의회는 1801년의 루네빌 조약 등을 바탕으로 영토상실에 따른 보상은 세습귀족에 대해서만 인정하고 나머지 성직자 제후나 자유제국도시(Free Imperial City) 등은 보상에서 제외하는 보상의 기본원칙을 규정한 법률을 통과시켰다. 구체적으로 1803년의 조치에 따라 Rosenburg 대교구 등 3개를 제외한 모든 성직자 제후국(ecclesiastical principality)들이 폐지되어 인접 제후국 등으로 합병

되는 등 세속화되고 자유제국도시 거의 모두가 합병되는 등 1945년 이전 독일역사에서 가장 광범위한 영토조정이 이루어졌다.[9]

이러한 조정으로 인하여 독일의 카톨릭은 큰 타격을 받게 되었는데, 제국 내에서 헌법상 지위를 상실하였을 뿐 아니라 수천 개의 수도원과 대부분의 카톨릭계 대학들이 폐지되고 수많은 카톨릭 재단들이 폐지되었다. 한편 남아있는 성당이나 수도원 등의 경우에도 운영이 어려워지게 되어 보상측면에서 국가는 보조금을 지급하도록 하였으며, 또 교회세를 징수할 수 있도록 하였다.

1871년 통일국가 건설 이후 종교와 국가간의 갈등은 지속되었는데, 국가와 카톨릭과의 관계는 비스마르크가 주도한 소위 문화투쟁(Kulturkampf)으로 크게 악화되었다. 1871년에는 설교에서 정치를 논의하는 것을 금지하였고, 1872년과 1873년 프러시아의 모든 카톨릭 학교와 교회 관리권, 그리고 성직자의 교육과 임명을 국가의 통제하에 두었으며, 1875년에는 카톨릭에 대한 국가의 보조금이 정지되었다. 이러한 문화투쟁의 직접적인 계기는 1870년 제1차 바티칸 공회의에서 발표된 교황무오류성(Papal infallibility) 교서라고 할 수 있는데, 이 교서에 대한 카톨릭 교회의 맹목적인 충성이 통일국가의 내적 통합을 저해한다고 여겨졌기 때문이었다(강정인 외, 2010). 카톨릭 신자들은 독일 통일이 신교 중심의 프러시아 주도하에 이루어지면서 제국 내에서 소수파로 전락하게 되는 상황에 처하게 되자 정치적인 결사체인 중도당(Zentrum, Centre)을 설치하여 이러한 상황에 대처하였다. 이러한 국가와 카톨릭간의 갈등은 1880년경 신임 교황과 프러시아와의 타협이 이루어짐으로써 완화되고 이후 카톨릭에 대한 탄압이 일정 부분 완화된 이후 중도당은 비스마르크의 각종 정책들을 지지하게 되었다.

프랑스 대혁명과 구체제의 개혁

프랑스 대혁명 당시 카톨릭은 프랑스에서 막강한 권한과 재산을 보유하였다. 교회는 십일조를 징수할 뿐만 아니라 프랑스 영토의 20~25%를 보유하고 있었는데, 이러한 카톨릭 성직자들은 귀족들과 함께 혁명의 주요 대상이 되었던 것이다. 1789년 7월 바스티유 감옥 점령으로 본격화된 프랑스 대혁명은 8월 국민의회가 귀족들의 봉건 특권을 폐지하고 동시에 교회에 대한 십일조를 폐지하는 것 등을 시작으로 구체제에 대한 개혁을 본격화하였다.

또한 11월에는 교회수입 창출의 중요한 원천이던 카톨릭 재산의 국유화가 이루어졌다. 기본적으로 교회재산은 교회가 소유한 것이라기보다는 종교목적의 비용을 충당할 수 있도록 왕이나 신도들이 맡긴 것이라는 관점에서, 만약 국가가 비용을 지불한다면 굳이 재산을 보유할 필요가 없다는 것이었다. 1790년 2월에는 수도서원(monastic vows) 금지 및 아동의 교육과 양육목적을 제외한 모든 카톨릭 조직의 해산, 1790년 4월에는 모든 카톨릭 재산의 관리를 국가로 전환하는 등의 조치들이 발표되었다. 이후 카톨릭 재산의 국유화 등과 함께 기본적으로 카톨릭 교회를 로마 교황청이 아닌 프랑스 정부의 관할하에 두는 등의 일련의 정책들을 발표하였는데 그것이 1790년의 7월에 제정된 성직자법(Civil Constitution of the Clergy of 1790)이다.

이 법의 핵심은 카톨릭 교회를 프랑스 정부의 관할하에 두는 것으로서 주요 내용은 주교와 성직자들은 지역별로 선거를 통하여 선출하며 이들은 공무원으로서 국가와 헌법에 충성할 것을 서약하도록 하는 것이었다.[10] 또한 모든 성직자들은 보임된 지역에 거주할 것을 엄격하게 규정하였는데, 이는 과거 귀족들의 장남 이외의 자식들이 성직자로 임명받아 경제적 이득을 취하면서도 해당지역에 거주하지도 않는 상황들에 따른 것이었다.

이후 과격한 혁명의 주역이었던 로베스피에르(M. Robespierre)의 처형 등 공포정치에 대한 1794년의 소위 테르미도르 반동(Thermidorian Reaction) 이후 종교 자유는 일정부분 회복되었지만 프랑스 정부와 카톨릭간의 갈등은 1801년 나폴레옹과 교황청에 의해 협약(the Concordat)이 체결되면서 해소되었다. 이 협약은 카톨릭을 국교는 아니지만 프랑스의 절대 다수가 믿는 종교로 인정하였다. 그러나 성직자들의 국가와 헌법에 대한 충성맹세와 함께 급여가 지급되고 1790년 이후 혁명과정에서 국가에 몰수되었던 재산들에 대한 카톨릭의 권리 포기가 협약의 주요내용으로 반영되었다.

이후 프랑스는 1905년 국가와 교회의 정경분리를 입법화하였는데, 그에 따라 국가가 특정 종교를 인정하거나 보조금 지급, 성직자에 대한 급여 지급 등이 금지되었다. 1905년 이전에 납세자의 비용으로 건축된 종교건물은 국가와 지방정부가 소유하되 해당 종교에서 무상으로 사용할 수 있도록 하였다. 따라서 대부분의 카톨릭 성당들은 현재 국가가 소유하고 있다.

바티칸 시국의 성립과 이탈리아의 종교세

이탈리아의 종교세는 비교적 최근인 1986년에 도입되었는데, 그 배경과 과정을 살펴보면 다음과 같다. 19세기 중반 이후 진행된 이탈리아 통일과정은 1870년 9월 이탈리아 군대가 로마에 입성함으로써 완료되었다. 로마는 이미 1861년 3월에 수립된 통일 이탈리아의 수도로 선포되었지만 1867년 이래 나폴레옹 3세의 군대의 지원하에 교황청이 계속 지배하여 왔던 것이다. 1870년 7월부터의 시작된 보불전쟁의 여파로 프랑스 군대가 철수함으로써 교황청의 지배지역(papal states) 전체가 이탈리아에 통합되었는데, 이후 60여 년 동안 바티칸의 교황청과 이탈리아는 그 정치적 지위 등과 관련한 심각한 논란에 휩싸이게 된다. 이러한 논란을 소위 로마문제(Roman Question)라고 하는데, 이 시기 교황들은 자신을 바티칸의 죄수(Prisoners in the Vatican)라고 일컬을 정도로 심한 갈등이 지속되었던 것이다. 교황청의 지위 등에 대한 논란은 1929년 무솔리니 치하에서 체결된 라테란 조약(Lateran treaties)을 통해서 합의되었다.

라테란 조약의 주요한 내용은 기본적으로 바티칸 시국의 설치와 교황청의 주권 및 대상지역, 그리고 1870년 로마점령으로 인한 영토 및 재산 손실에 대한 보상 등의 정치적 조약과 함께 카톨릭을 이탈리아 국교로 설정하는 등 카톨릭과 이탈리아 정부간의 관계에 대한 협약으로 구성된다. 이 협약에서 카톨릭은 이탈리아의 유일한 국교로 인정되었으며, 국가는 이탈리아 통일과 함께 국유화된 카톨릭 재산에 대한 보상으로 성직자들에게 소액의 월급여를 지급하였다. 이러한 라테란 협약의 내용은 1948년의 이탈리아 공화국 헌법에 의해서도 계승되었다.

1984년 이탈리아 정부와 교황청은 카톨릭을 이탈리아의 유일한 국교로 인정했던 라테란 협약을 수정하고 카톨릭에 대한 국가지원도 1986년부터 종료하였다. 대신 0.8% 종교세(8 per mille religious tax)를 도입하고 그에 대한 배분대상으로 카톨릭뿐만 아니라 비카톨릭도 포함하였던 것이다.

영국의 십일조 개편

영국의 경우 전통적인 현물 등에 의한 십일조는 점차 현금으로 전환되었는데, 1836년 십일조 전환법(Tithe Commutation Act)은 현물 십일조를 십일조 지대부담(tithe rentcharge)으로 전환하는 것이었다. 1846년 십일조법(Tithe Act of 1846)은 이후 미래의 십일조 지대부담금을 일시불로 지불함으로써 사실상 십일조를 폐지하였는데, 1918년 십일조법에서는 이를 50년 이내의 연부금(annuity)으로 납부하도록 하였다. 1936년의 십일조법(Tithe Act of 1936)에서는 최종적으로 이러한 연부금 납부기간을 60년으로 하여 1996년에 종료되도록 하고, 이 연부금은 국가에게 납부하고 국가는 십일조 권리소유자에게 국가채권을 지급하도록 하였다. 그러나 이러한 십일조 상환(Redemption of the Tithe Rentcharge)은 1976년에 종료되었는데 이는 충분한 상환기금이 적립되어 더 이상의 연부금을 면제하였기 때문이다.

교회세의 함의

지금까지 살펴본 바와 같이 종교와 국가의 관계, 특히 재정적인 측면에서의 관계는 나라마다 다양한 형태로 발전되어 왔다. 기본적으로 왕건신수설과 봉건체제를 바탕으로 하는 구체제는 '주권은 국민으로부터 나온다'는 철학을 바탕으로 하는 혁명세력에 의해서 빠르게 붕괴되어 갔다. 이러한 과정에서 정교분리와 교회재산의 국가귀속 등 교회의 세속화가 이루어졌고, 보유한 많은 재산으로부터의 수입과 십일조 등에 의존하던 교회의 재정도 새로운 전기를 맞게 되었다.

교회세는 이러한 새로운 재원조달 방식의 하나로서 교회와 성직자를 국가의 관리하에 두고 교회재산을 국유화하는 등 교회에 대한 통제를 강화하는 과정에서 또는 국가와 교회를 분리하는 과정에서 그에 대한 보상과 타협 등의 측면으로 도입되었다고 할 수 있다.

교회세에 대해서는 다양한 찬반논의들이 이루어지고 있는데, Barker(2000)에 따르면 그 장점으로는 우선 부담능력에 따른 부담이 이루어지기 때문에 공평하다는 점, 소득세를 납부하는 많은 사람들이 나누어 부담하기 때문에 일부 부유한 사람들에 의존하지 않고 따라서 재원의 사용처도 그들의 영향을 받지 않는다는 점, 그리고 교회재정의 안정성 등을 들고 있다. 또한 이 재원을 가지고 교회가 사회복지나 교육 등 많은 사업들을 수행하고 있기 때문에 국가부담을 덜어주고 있다는 점, 징수과정이 간단하고 또 교회가 직접 징수하는 것에 비해서 비용이 적게 들게 되며, 또 전체적인 교회시스템 등을 통해 세입의 배분이 이루어지기 때문에 신자들이 소득을 교회에 알릴 필요가 없다는 점 등도 장점으로 제시되고 있다.

교회세의 문제점으로는 다음과 같은 점들이 지적되고 있다. 우선 세금으로 강제성을 띠기 때문에 신자들의 선택이 무시된다는 점과 함께 교회와 신자들간의 개별적 접촉과 연계성이 약화된다는 점이 지적된다. 또한 소득세를 납부하지 않는 많은 신자들은 결국 교회세도 납부하지 않게 되고 따라서 부담이 일부에게 집중된다는 점과 함께 소득세 결정과정에서 이루어지는 제반 정책이나 정치적 고려들이 결국은 교회세에도 영향을 미치게 된다는 점이 지적된다. 또한 재원의 사용측면에서도 교회가 수행하는 각종 복지서비스 등은 국가가 더 싸고 효율적으로 수행할 수 있으며, 많은 급여를 받는 직원들로 교회의 관료화가 심화되고 또 국가와의 연계성 강화로 교회의 정치적 중립성도 훼손된다는 점 등이 지적되고 있다.

우리가 앞에서 살펴본 바와 같이 교회세의 가장 큰 특징은 그 징수를 국가가 담당하고 있다는 점이라고 할 수 있다. 교회의 관점에서는 신도들의 자발적인 헌금을 바탕으로 하는 시스템에 비해 보다 안정적이고 손쉬운 재원조달 방안이라고 할 것이지만, 신도들의 관점에서는 일정한 강제성이 수반되며 또 자신의 종교를 명확히 밝혀야 하는 문제도 크다고 할 것이다.

한편 종교와 관련된 과세문제의 또 다른 핵심이슈는 종교단체 등의 면세 범위와 함께 성직자 개개인의 소득 또는 사례금에 대한 과세문제라고 할 수 있다. 대부분의 선진국들이 일정한 기준을 충족하는 종교단체에 대한 면세를 인정하지만 동시에 성직자 소득 및 각종 사례금에 대한 소득세 과세를 하고 있음은 우리에게 시사하는 바가 크다고 할 것이다.

참고문헌

강정인 · 오향미 · 이화용 · 홍태영, 「유럽 민주화의 이념과 역사 — 영국 · 프랑스 · 독일」, 서울: 후마니타스, 2010.

Barker, Christine R., Church and State Relationships in German "Public Benefit" Law, *The International Journal of Not—for—Profit Law*, Vol. 3, Issue 2, December 2000

European Commission, Taxation and Customs Homepage, http://ec.europa.eu/taxation_customs/tedb/taxDetail.html?id=255/1313712000&taxType=PIT

Gross, Michael B., *The War against Catholicism: Liberalism and the Anti—Catholic Imagination in Nineteenth—Century Germany*, University of Michigan Press, 2005.

West End Local History Society, History of Tithes, http://www.westendlhs.co.uk /home/history—of—tithes/

Wikipedia, http://en.wikipedia.org/

미주

1 Allgemeines Dekret der Deuschen Bischofskonferenz zum Kirchenaustritt (General Edict of the German Bishops' Conference on Church—leaving), 2012. 9. 20

2 Bavaria주와 Baden—Württemberg주의 경우 8%, 그리고 나머지 주들에서는 9%이다.

3 European Commission, Taxation and Customs Homepage.

4 Wikipedia, Tithe, http://en.wikipedia.org/wiki/Tithe

5 European Commission, Taxation and Customs Homepage.

6 European Commission, Taxation and Customs Homepage.

7 독일의 합병(German mediatization)이라고 한다.

8 유럽, 특히 신성로마제국에서는 주교나 수도원장, 대주교, 추기경 등 고위 성직자들이 종교적인 의미에서만이 아니라 세속적인 측면에서도 일정한 관할 구역을 통치하였는데 이들을 통상 Prince - Bishop 또는 Prince - Archbishop으로 부른다. 이들 중 특히 세력이 강력했던 마인츠 대주교(the Archbishop - elector of Mainz), 쾰른 대주교(the Electorate of Colonge), 트리에 대주교(the Electorate of Trier) 등 3명의 성직자 제후들은 제국의 황제를 선출하는 7명의 선제후(the Prince - electors)의 일원이었다.

9 이때 제외된 3개의 성직자 제후국도 1806년 신성로마제국이 멸망함에 따라 폐지, 세속화되었다.

10 성직자들은 선서 여부에 따라 선서자(jurors)와 선서거부자(non - jurors)로 나뉘었는데, 선서거부자들에 대해서는 설교금지와 투옥 등 많은 박해가 가해졌다.

독일의 관세동맹
-통일로 이어진 경제통합

19세기 초반 독일은 39개의 크고 작은 영방국으로 나뉘어 별도의 관세체계와 상이한 화폐 및 도량형이 적용됨에 따라 국내시장의 발달이 어렵고 또 국력이 집약되지 못했다. 프러시아 왕국은 나폴레옹과의 전투에서 패배한 이후 농업과 정치 행정, 군사, 교육, 재정 등 여러 분야에서 개혁에 착수하였는데, 그 하나인 국내관세 철폐를 바탕으로 독일 관세동맹을 출범시키고 이를 확대함으로써 경제적 통합을 이루었다. 이러한 관세동맹은 궁극적으로 독일의 산업발달과 1871년의 독일제국 성립이라는 정치적 통일을 이루는 기반으로 작용하였던 것이다.

독일 관세동맹의 의의

관세동맹이란 회원국간 관세폐지 등을 통해서 동맹국간의 역내무역을 자유화하는 것은 물론 역외국에 대해 공동관세율을 적용하는 등 대외관세까지도 공동보조를 취하는 것을 의미한다. 이러한 관세동맹 중에서 역사상 가장 유명한 것 중의 하나가 1834년 프러시아의 주도로 창설된 독일 관세동맹(Deutscher Zollverein, German Customs Union)이다.

1818년 프러시아 왕국이 국내관세를 철폐한 이후 독일 내의 영방국들간에는 다양한 조합으로 여러 지역별 관세동맹들이 체결되고 확대되어 왔는데, 이들이 독일 관세동맹으로 통합되었던 것이다. 그에 따라 참여지역 내에서의 관세가 철폐되고, 화폐와 어음, 도량형은 물론 철도 등 교통시스템이 연계되는 등 경제적 통합이 이룩되었다. 또한 철도망의 발전과 더불어 광범한 국내시장이 형성됨으로써 이제 막 싹트기 시작한 독일의 산업혁명을 진전시키고 독일 자본주의가 본격적으로 발전하는 계기가 되었다. 한편 관세동맹의 역외지역에 대해서는 높은 수준의 공통관세가 적용되었는데 이는 영국 등 선진국에 비해서는 아직 유치단계였던 독일의 국내산업을 보호하고 시장을 확대함으로써 경제가 성장할 수 있게 하는 데 기여하였다.

이러한 경제적 통합으로서의 독일 관세동맹은 궁극적으로 통일이라는 정치적 성과로 이어졌다. 독일 관세동맹의 성립 당시에는 18개 영방국들이 참여하였으며, 점차 그 범위가 확대되어 1871년 독일제국[1]이 출범할 당시에는 오스트리아를 제외한 독일 국가들 가운데 한자 자유도시인 함부르크와 브레멘을 제외하고는 모두 관세동맹에 참여하였다. 이로서 관세동맹은 독일제국이라는 정치적 체계 틀 속으로 통합되었다.[2]

프러시아 개혁과 관세동맹의 발전

프러시아 개혁(Prussian reforms)

프러시아는 1805년 나폴레옹의 프랑스군과 예나-아우어슈테트(Jena-Auerstedt) 전투에서 크게 패배한 후 굴욕적인 틸지트 조약

(Tilsit Treaty)을 체결하게 된다. 이 조약에 따라 엘베강 서쪽의 공업지역을 상실하는 등 영토의 거의 절반을 잃게 되었고 상비군 수를 제한받으며, 막대한 배상금을 지불하게 되었다. 이러한 패전의 충격과 심각한 경제난에서 다시 국력을 회복하기 위하여 프러시아는 광범위한 개혁을 단행하게 된다.

이 개혁은 지식인들을 중심으로 하는 위로부터의 개혁으로서 주도한 재상들의 이름을 따라 쉬타인 - 하르덴베르크(Stein-Hardenberg) 개혁이라고 부르기도 하는데, 1807년 농업개혁으로 시작하여 1820년경까지 정치·행정개혁과 함께 군사개혁, 대학개혁, 그리고 재정개혁 등 광범위한 분야에서 단행되었다.

프러시아 개혁은 1807년 10월 포고령(Edict of October 1807)에 의한 농노해방에서부터 출발하였다. 자유주의적 농업개혁을 통하여 농노제를 폐지하고 농민의 인격적 자유를 보장하며, 이후 토지취득과 직업선택의 자유를 부여함으로써 근대 시민사회로 발전될 수 있는 토대를 마련하였던 것이다. 군사분야의 경우 많은 비용이 소요되는 용병제를 폐지하고 징병제의 도입을 통하여 근대적인 상비군 제도를 정립하였으며 예비군 제도를 도입하였다. 전문적인 군사교육과 함께 신분보다는 군사적 능력과 지식을 바탕으로 하는 진급제도를 도입하고, 악명이 높았던 사병 구타제도를 폐지하였다. 1808년에는 지방의 체계개편을 통해서 시민의 개념을 정의하고 지방의 지주들을 중심으로 시민의 권리와 지방자치권을 확대함으로써 이들이 능동적으로 지역행정에 참여할 수 있도록 하였다. 또한 정치·행정 측면에서는 기능별로 구분된 5개 전문 부처를 설치하는 등 국왕중심의 행정체제를 근대적 관료체제로 전환하였다. 1808년 이후 훔볼트가 주도적으로 제시한 교육개혁을 통해서는 초등학교에서 김나지움, 대학으로 이어지는 교육체제를 제도화하였다. 또한 대학은 단순히 직업 교육기관이 아니라 고전 등 일반지식 교육과 함께 연구기능을 강화함으로써 베를린 대학과 같이 세계적인 석학들을 배출하는 유럽의 대표적인 대학을 육성하였다. 1810년에는 장인제도에 바탕을 둔 길드체제의 독점권을 폐지하고 영업의 자유(Gewerbefreiheit)를 보장하였다. 즉 장인이 아니라 하더라도 일정한 면허를 받으면 영업을 할 수 있도록 함으로써 경쟁을 통한 산업의 발전을 도모하였다. 1812년에는 해방령(Edict of Emancipation)을 통해서 유태인의 토지소유와 종교자유를 인정하였다.

재정개혁은 전쟁배상금의 지급 등을 위해 가장 시급한 사안이었다. 지역별로 잡다하게 구성되어 있던 세제를 표준화하고 간소화하였으며 세금의 인상과 함께 세부담이 모든 계층에 고르게 분포하도록 노력하였다. 소비세를 강화하였는데 지역별로 부과되던 다양한 소비세를 맥주나 포도주, 담배 등에 대한 과세로 전환하였으며, 토지매각 등을 통해서 추가적인 재원을 조달하였다. 또한 소득세와 함께 재산에 대한 과세도 도입하였다. 처음에는 인두세 형식으로 도입되었으나, 곧 사회계층에 따라 다른 세율을 부과하는 계급세 형태로 변화되었고, 1821년에는 이 2가지 형태를 결합하여 4그룹의 사회계층별로 3가지의 세율을 부과함으로써 총 12가지의 세율이 부과되는 누진세적 소득세가 도입되었다.

한편 관세개혁은 나폴레옹이 몰락하고 유럽국가들의 새로운 경계를 설정한 1815년의 빈 회의 이후에 본격화되었다. 빈 회의 결과 프러시아는 라인강 유역의 라인란트는 물론 작센의 일부와 베스트팔렌 등 이전에 상실하였던 영토들을 회복하였다. 이러한 프러시아의 영토는 라인란트 중심의 서부 공업지역과 엘베강 동쪽의 농업지역으로 크게 구분되는데 지역별로 서로 다른 관세정책이 추진되고 있어 상품의 이동과 경제통합에 큰 장애요인으로 작용하였다. 이에 따라 관세개혁은 매우 중요한 과제였던 것이다. 기본적으로 농업지역의 토지소유자들의 경우 자유무역을 선호한 반면, 영국 등 선진국들에 비해서 아직 경쟁력이 약한 산업들의 경우 관세부과를 통해 외국상품과의 경쟁으로부터 보호받기를 원했던 것이다. 특히 나폴레옹 시대에 적용되었던 영국에 대한 대륙봉쇄가 1814년 해제되면서 영국으로부터의 공산품 수입이 증가함에 따라 이러한 경쟁은 더욱 심화되었다. 반면 영국은 자국의 곡물가 하락을 우려하여 대륙으로부터의 곡물수입을 금지하는 곡물법을 1815년에 시행하였는데, 이는 동프러시아 농장들의 곡물수출을 위축시키는 결과를 초래했다. 1818년 발표된 관세개혁안은 프러시아 국내에서의 상품 이동에 따른 관세는 폐지하고 외국과의 경쟁에서 국내산업을 보호하기 위하여 높은 수준의 대외관세를 부과하였다.

관세동맹으로의 확대

관세개혁의 필요성은 다른 공국들에서도 중요한 과제로 대두하였다. 그러나 많은 공국들이 재정수입의 상당부분을 국내의 관세수입으로 조달하여 왔다는 점은 이러한 관세개혁을 어렵게 만드는 요인으로 작용하였다. 영주들이 그러한 관세수입을 포기하기가 현실적으로 어려웠던 것이다.

개혁의 중요한 출발점은 외부충격에서 찾을 수 있다. 빈 회의에 따라 많은 영토들이 새로 병합되고 경계가 바뀌게 됨에 따라 영토내부에서의 조정 필요성이 증가하였다. 수많은 종류의 관세와 서로 다른 화폐 및 도량형을 가지고서는 경제의 부흥을 꾀하기 어려웠던 것이다. 또한 나폴레옹의 몰락으로 대륙봉쇄령이 사라지게 됨에 따라 영국상품이 전 유럽시장에 범람하는 등 경쟁이 한층 치열해지게 되고 아직 초기단계의 독일 산업을 보호해야 한다는 주장이 강하게 제기되었다. 이에 따라 결국 프러시아에서 추진한 바와 같이 내부적으로는 상품이동에 따른 관세를 철폐하고 외부에 대해서는 높은 수준의 보호관세를 적용하고 수출입에 제한을 가함으로써 국내산업 보호를 추진하였던 것이다.

1818년의 프러시아 관세개혁은 이후 10년간 성공적으로 실행되었으며 강력하게 추진된 재정계획과 연계하여 예산흑자를 만들어내는 것과 같은 상당한 성과를 만들어냈다. 이러한 성과에 따라 헤세 - 다름슈타트(Hesse-Darmstadt) 공국과 프러시아간의 협상이 진전되어 1828년 북부관세동맹이 결성되는데, 통상 이것은 독일 내에서 프러시아의 경제적 우위가 시작된 사건으로 인식되고 있다.

한편 바덴(Baden)이나 뷔르템베르크(Würtemberg), 바바리아(Bavaria) 등 소위 제3의 독일(Third Germany)이라고 하는 중간 규모의 국가들은 프러시아나 오스트리아 등 강대국들을 제외하고 자신들만의 관세동맹을 맺는 것을 추진하였다. 그러나 이들간에도 산업의 특성이나 발전단계들이 달랐기 때문에 서로 성격이 부합하는 국가들끼리 부분적인 동맹을 맺게 되었다. 프러시아 - 헤세 - 다름슈타트간의 북부관세동맹이 결성된지 한 달 후에 뷔르템베르크와 바바리아가 중심이 되어 창설한 남부독일관세동맹이 그 대표적인 것이다.

이러한 지역들과는 반대로 중부의 작은 국가들은 북부와 남부 관세동맹 사이에서 정치적으로나 경제적으로 위협을 느끼게 되는

데, 따라서 이들은 중부독일상업연맹(Middle German Commercial Union)을 결성하게 된다. 하노버(Hannover)나 작센(Saxony), 프랑크푸르트 암마인(Frankfurt-am-Main), 헤세 카셀(Hesse-Cassel) 등이 주축이 된 이들은 가입국간에는 관세장벽을 높이지 않으며, 프러시아 - 헤세 - 다름슈타트 조약이 만료되는 1834년까지는 어느 관세동맹에도 가입하지 않기로 합의하였으나, 그렇다고 자신들의 독자적인 관세동맹을 추진하지도 않고 현상유지를 추구하였던 것이다.

관세체제를 통합하려는 프러시아는 많은 수단을 동원하여 이러한 중부독일상업연맹을 와해시키려는 노력을 경주한다. 우선 프러시아 - 헤세 - 다름슈타트간의 북부독일관세동맹은 1829년 남부독일관세동맹과 통상조약을 체결하고, 중부지역을 우회하는 철도와 도로 등을 건설하여 통행료를 받지 않는 등의 방법으로 압력을 가하였다. 특히 중부의 헤세 - 카셀(Hesse-Cassel)은 베를린을 중심으로 하는 동부 프러시아와 라인 유역의 서부 프러시아 사이에 위치하여 지정학적으로 중요하였는데 프러시아로부터의 많은 경제적 제재로 인한 불황으로 소요가 발생하는 등 혼란이 야기되자 1831년 프러시아와 협약을 체결하게 된다. 이로서 동서를 연결한 프러시아는 중부연맹 국가들이 북해로 진출하는 통행에 고율의 통행료를 부과하는 등의 방법으로 이들이 협상의 장으로 나오도록 했다. 이러한 노력을 바탕으로 1834년 북부독일관세동맹과 남부독일관세동맹 및 중부독일상업동맹 등 3개의 지역별 동맹이 연합하여 18개 영방국들이 참여하는 독일 관세동맹(der Deutsche Zollverein)이 출범하게 되었다. 이후 바덴이나 프랑크푸르트 등 많은 국가나 지역들이 참여함으로써 더욱 확대되어, 1848년 독일혁명 발발 이전에 39개 영방국들 중에서 28개국이 참여하는 큰 규모로 발전하였다. 한편 국내산업을 보호하는 정책을 취한 오스트리아는 관세동맹에 참여하지 않았고 이는 궁극적으로 프러시아 중심으로 독일이 통일되는 과정으로 이어졌다.

독일의 통일

1848년은 유럽 각지에서 시민혁명이 일어난 해이다. 이러한 혁명의 열기는 특히 1840년대 후반 유럽을 휩쓴 경제불황에 따른 민중들의 불만들이 표출된 것이라고 할 수 있다. 프랑스의 2월 혁명에 의해 루이 필립이 퇴위하고 제2공화정이 시작되었는데 이러한 혁명의 여파는 독일, 오스트리아, 덴마크 등 대부분의 유럽국가는 물론 남미까지 파급되었다. 오스트리아에서는 메테르니히가 실각하고 체코와 헝가리 등 오스트리아 제국 전역으로 혁명이 확산되었다.

독일의 경우 남부와 서부 지역에서 지식인과 학생들을 주축으로 대규모의 집회와 시위가 일어났다. 이들은 독일의 국가적 정체성을 확립하고 헌법제정을 통해서 전제적 정치구조를 개혁하고 언론과 결사의 자유를 보장할 것을 주장하였다. 이러한 혁명 결과 프랑크푸르트에서 국민의회가 소집되어 독일의 통일과 헌법 제정을 논의하였다. 이러한 국민의회는 온건파와 급진파의 대립과 함께 통일방식에 대해서도 신성로마제국 황제를 겸임했던 오스트리아를 참여시키자는 대독일주의와 여러 민족들로 구성된 지역을 통치하는 오스트리아의 합스부르크 왕가는 제외하고 프러시아 중심으로 통일해야 한다는 소독일주의가 대립하였다. 궁극적으로 국민의회는 제국헌법을 제정하고 프러시아의 빌헬름 4세를 황제로 추대하였으나 그는 이것이 다른 영방군주들에 의해 승인되지 않았다는 이유로 거부하였고, 국민의회는 더 이상의 추진력을 잃었던 것이다. 독일의 1848년 혁명은 결과적으로 실패했다고 할 수 있지만 헌법 제정을 통한 법치확립과 함께 통일을 향한 제도적 기반을 다지는 계기가 되었다.

1866년 프러시아와 오스트리아간의 전쟁은 오스트리아 중심의 대독일주의와 프러시아 중심의 소독일주의의 충돌이었다. 이 전쟁에서 승리한 프러시아는 전쟁에서 오스트리아를 지지한 하센-카셀이나 나소우, 프랑크푸르트 자유시 등을 합병하고 북부 22개 영방국들을 규합하여 1867년 북독일연방(North German Confederation)을 출범시키게 되며, 이후 오스트리아는 독일연방 내에서 발언권을 상실하게 된다. 이후 1871년 에스파니아 국왕 선출문제를 둘러싸고 일어난 프랑스와의 보불전쟁에서 승리한 프러시아는 막대한 배상금과 함께 알사스-로렌 지방을 할양받게 된다. 또한 베르사이유 궁전에서의 대관식을 통해서 빌헬름 황제가 독일제국(German Empire, 1871~1918)의 출범을 선언하게 되었던 것이다.

이때 관세동맹 참여국 중에서 룩셈부르크 대공국(Grand Duchy of Luxemburg)과 네덜란드령 림버그(Limburg) 등은 제국에서 제외되고, 또 반대로 제국의 일원인 한자동맹의 자유시이던 함부르크와 브레멘은 17년 후인 1888년에야 관세동맹에 참여하였다. 한편 룩셈부르크는 1918년에 관세동맹에서 탈퇴하였다.

다음 <표 1>은 이러한 관세동맹과 독일제국 성립의 주요 과정을 요약하고 있다.

표 1 독일 관세동맹과 독일제국의 성립과정

연도	주요 사건
1815	빈 회의에서 독일연방(Deutcher Bund, German Confederation, 1815-1866) 창설 - 오스트리아와 프러시아 등 39개의 영방국으로 구성되며, 경제와 관세권에 대한 문제는 추후 협상과제로 남겨둠
1818	프러시아는 남서부 독일의 호헨졸레른가의 영지까지 포함하는 전영역에서 내부관세를 폐지하는 관세개혁 단행
1828	Prussia-Hesse-Darmstadt 북부관세동맹(PHCU) 창설 Bavaria-Württemburg 남부관세동맹(BWCU) 창설 중부독일상업동맹(CGU) 창설
1829~1831	각 지역관세동맹 등 구성원 변화
1833	CGU의 일부 국가가 관세 및 상업동맹(TCCU) 창설
1834	독일관세동맹(Zollverein) 출범 - BWCU, PHCU, TCCU의 18개국 가입
1835~	Baden, Nassau, Frankfurt, Saxony 등 많은 국가들 추가 가입
1848	1848년 독일혁명 결과 프랑크푸르트 국민의회가 구성되고 헌법제정과 프러시아 중심의 소독일주의가 제안됨
1866	오스트리아 - 프러시아 전쟁에서 오스트리아가 패배하고 22개 연방국으로 북독일연방(North German Confederation; 1866-1871) 출범
1871	프랑스-프러시아 전쟁 이후 알사스 - 로렌 프러시아 귀속 및 독일제국 (German Empire: 1871~1918) 출범
1888	브레멘과 함부르크 관세동맹 가입

독일 관세동맹의 성과

1834년에 성립된 독일 관세동맹은 기본적으로 동맹국간 역내 관세의 철폐와 대외적으로는 공통의 관세율을 적용한다는 것을 기본으로 한다. 동맹의 모든 결정은 3년마다 소집되는 총회에서 모든 회원 국가의 만장일치로 승인되는데, 세관비용을 제외한 순수입은 인구비례에 따라 회원국에 배분하도록 하고 있다. 이러한 관세동맹은 상호 경제적인 이익을 목적으로 하는 것으로서 중앙의 집행조직을 가지지 않는 비정치적인 특성을 가지는 것이다. 이러한 측면에서 독일통일이 이루어진 이후에도 관세동맹은 별도의 실체로서 유지되었다. 그러나 실제적으로는 오스트리아가 참여하지 않은 상태에서 프러시아의 주도권이 확립되는 중요한 통로로 작용하였다. 프러시아가 1828~1833년 기간 동안 독일 관세동맹을 적극 추진하면서 독일 내에서 오스트리아의 영향력을 배제하려는 정치적인 의도를 가지고 추진하였는가에 대해서는 역사학자들간에 의견이 갈리고 있다. 전통적으로는 이러한 정치적 의도가 있었다는 해석이 주를 이루었으나 이후 프러시아의 주요 목적은 경제적인 것이었다는 해석이 강하게 대두하였다(Murphy, 1991).

한편 프러시아가 관세동맹의 확충을 강하게 추진했던 것은 이러한 경제적인 이유와 함께 프랑스의 군사력에 대한 독일의 공동대응을 위한 것이라는 의미도 발견할 수 있다. 독일의 영방국들간의 긴밀한 정치적 관계는 위기시 훌륭한 군사적 안보를 위한 보호막을 제공해주게 되는데, 관세동맹을 통한 긴밀한 경제적 협력은 이러한 정치적 관계를 형성하는 데 기여할 것으로 생각되었다. 1825년부터 프러시아의 재무상이었던 모츠(Friedrich von Motz)는 정치적으로 여러 국가로 분할된 것이 수출과 수입, 관세와 통관요금 등의 문제를 만들어냈다면 반대로 그 분리된 국가들을 하나의 관세와 무역협정으로 뭉치게 한다면 결과적으로 하나의 정치체제로 이어질 수 있다고 주장하였다.

앞에서 살펴본 바와 같이 독일의 관세동맹은 많은 영방국가들로 분할된 독일을 경제적으로 통합함으로써 1840년대 이후 진행된 산업혁명이 보다 원활하게 이루어지게 하는 기반으로 작용하였으며, 궁극적으로 독일 통일로 이어졌다는 점에 큰 의의를 찾을 수 있다. 참여국간의 내부 관세장벽을 철폐하고 대외적으로는 관세장벽을 설치함으로써 국내시장을 확보하고 국내산업을 보호·육성함으로써 독일 산업혁명의 경제적 기초를 다졌다. 관세동맹의 기반을 바탕으로 프러시아는 유럽의 강국으로 도약할 수 있었고 관세동맹에서 배제된 오스트리아에 비해 절대적인 우위를 점하면서 독일 통일의 주역으로 등장하게 되었다.

관세동맹이 상품의 원활한 유통을 통한 경제발전이라는 목적을 달성하기 위해서는 관세 이외에도 화폐와 도량형의 통일 및 교통시설의 발전 등이 필요했다. 독일의 경우 관세동맹이 체결된 다음해인 1835년 최초로 뉘른베르크(Nürnberg)와 퓌르트(Fürth) 사이 6km에 철도가 부설되었는데 이후 철도는 매우 빠른 속도로 확장되어 1848년 혁명이 발발하기 이전까지는 거의 5,000km에 달하는 철도망이 건설됨으로써 관세동맹의 경제적 통합효과가 발휘될 수 있도록 하였다. 예를 들어, 1843년에는 프러시아에 속하는 라인지역의 쾰른(Cologne)과 벨기에의 앤트워프(Antwerp)가 철도로 연결되었는데, 이듬 해 독일 관세동맹은 벨기에와 무역협정을 체결함으로써 기존에 네덜란드의 로테르담을 이용하던 많은 화물들이 앤트워프로 이동하였다.

화폐의 경우 남부의 굴덴(Gulden)과 프러시아의 탈러(Thaler), 그리고 한자 자유시에서 사용되는 실링(Schilling) 등으로 나뉘어 있었는데, 1837년 프러시아 탈러를 가치의 기준이 되는 표준화폐로 설정하였으며 1850년까지는 대부분의 영방국에서 이 표준을 사용하였다. 1857년에는 동맹화폐(Vereinsthaler, Union Thaler)가 도입되어 1871년 독일제국 출범시까지 사용되었다.

1850년 이후에는 급속히 산업화가 진행되었는데, 1807년 이후 프러시아 개혁(Prussian reforms)의 일환으로 추진된 농업개혁을 통해서 이루어진 농노 해방과 신분적 의무의 폐지, 그리고 지주계급인 융커들에 의한 농업자본 형성이 중요한 역할을 담당하였다. 거주이전의 자유와 함께 해방된 농노들은 농촌지역에서 농업노동자가 되거나 도시로 몰려들어 도시빈민층을 형성하였다. 동부 농촌지역에서 수많은 이주자들이 베를린이나 루르지역 등 산업화 지역으로 이주하였고 이들은 공장에서 필요한 풍부한 노동력을 제공하였다. 결국 독일의 산업화는 프랑스 등과 같이 격렬한 정치적 혁명이 아니라 관세동맹과 같은 경제적 통합과 농업·정치행정·교육·재정 개혁 등을 바탕으로 진행되었다는 특징을 보였다.

1866년 오스트리아와의 전쟁과 1871년 프랑스와의 전쟁을 승리로 이끈 프러시아 왕국은 결국 독일제국이라는 통일된 독일을 성취하였다. 1818년 프러시아 국내의 관세개혁으로부터 시작하여 1834년의 독일 관세동맹의 출범과 확장을 통한 경제적 통합은 이러한 정치적 통합을 달성하는 밑받침이 되었던 것이다.

국가간 관세 및 경제협력 관계의 구분

국가간 관세 및 경제협력 관계는 회원국간의 무역자유화를 기본으로 하는 자유무역협정(FTA)으로부터 관세동맹, 공동시장, 경제동맹, 완전경제통합 등과 같은 5단계로 구분할 수 있다. 한편 아래 그림에서 보는 바와 같이 역내회원국간 공동정책을 수행하는 단계(예: EU)를 완전경제통합 단계로 구분하기도 한다.

① 자유무역협정(FTA: Free Trade Agreement): 회원국간 무역자유화를 위해 관세를 포함하여 각종 무역제한조치 철폐하는 등 배타적 무역특혜를 서로 제공(예: NAFTA)

② 관세동맹(Customs Union): 회원국간 역내무역 자유화 외에도 역외국에 대해 공동관세율을 적용하여 대외적인 관세까지도 역내국들이 공동보조를 취함(예:

남미공동시장(MERCOSUR), 과거 독일 관세동맹(German Customs Union)

③ 공동시장(Common Market): 관세동맹 수준의 무역정책 외에도 회원국간 노동, 자본 등 생산요소의 자유로운 이동 가능(예: 구주공동체(EC), 중앙아메리카 공동시장(CACM))

④ 경제동맹(Economic Union): 회원국간 금융, 재정정책, 사회복지 등 모든 경제정책을 상호 조정하여 공동의 정책 수행(예: 유럽연합(EU))

⑤ 완전경제통합(Complete Economic Union): 회원국들이 독립된 경제정책을 철회하고, 단일경제체제하에서 모든 경제정책을 통합/운영, 회원국간에 단일 의회 설치와 같은 초국가적 기구 설치

	역내관세 철폐	역외공동 관세부과	역내생산요소 자유이동보장	역내공동 경제정책수행	초국가적기구 설치·운영
1. 자유무역협정 (NAFTA, EFTA)					
2. 관세동맹 (베네룩스 관세동맹)					
3. 공동시장 (EEC, CACM, CCM, ANCOM 등)					
4. 완전경제통합 (마스트리히트조약 발효 이후의 EU)					

출처: 관세청 홈페이지, 산업통상자원부 자유무역협정 포탈

참고문헌

강정인·오향미·이화용·홍태영,「유럽 민주화의 이념과 역사 - 영국, 프랑스, 독일」, 후마니타스, 2010

Henderson, William O., *The Rise of German Industrial Power: 1834~1914*, University of Berkeley Press, 1975.

Murphy, David T., "Prussian Aims for the Zollverein, 1828~1833," *Historian*. Winter 1991, Vol. 53, Issue 2, pp. 285~302.

Wikipedia, http://en.wikipedia.org/

미주

1 독일은 신성로마제국(971~1807)을 제1제국, 1871년 프러시아의 주도로 성립되어 1919년 바이마르 공화국이 탄생되기 이전의 독일제국(Deutsches Reich, 1871~1918)을 제2제국이라고 한다. 독일제국은 프러시아를 중심으로 4왕국, 18공국과 3개의 자유시 등 25개의 국가와 2제국령으로 구성된 연방국가였다. 한편 나치스는 히틀러가 1933년 정권을 잡은 이후 제3제국이라고 칭하였다.

2 함부르크와 브레멘은 독일제국이 세워진 뒤 17년이 지난 1888년에야 가입했다. 한편 룩셈부르크는 독일제국의 일원이 아니지만 독일 관세동맹의 일원이었다.

투표권과 납세의무
- 보통선거에 의한 대표선출

많은 역사적 사건들을 거치면서 '대표 없이 과세 없다'라는 현대 조세의 기본원칙이 확립되었다. 그러나 그 대표를 누가 어떻게 선출하는가의 방식도 많은 변천과정을 거쳐 왔는데, 특히 모든 국민들에게 투표권을 부여하는 보통선거로의 발전은 현대 민주주의의 핵심적인 특징의 하나라고 할 수 있다. 대표를 선출하는 권한을 독점하던 귀족이나 기득권층은 당연히 그 범위를 확대하는 것을 억제해왔다. 투표권의 인정여부를 결정하는 데 있어 재산이나 연령, 성별, 종교는 물론 납세여부 등 많은 기준들이 적용되었는데, 조세납부 여부는 일부 국가에서 상당히 최근까지 투표권 인정여부를 결정하는 기준으로 적용하여 왔다.

민주주의와 참정권

'대표 없이 과세 없다'라는 현대 민주주의의 기본 원칙은 국민들이 대표를 선출하고 선출된 대표를 통해 과세에 동의할 때 조세를 부과할 수 있다는 것을 의미한다. 여기서 물론 대표에 의한 동의라는 점이 가장 핵심이라고 할 수 있지만, 과연 누가 그 대표를 선출하는지, 그리고 어떠한 사람이 대표가 되는지 등 선거권과 피선거권 또는 공무담임권이라는 참정권의 문제도 현대 민주주의 발전과정에서 오랜 기간 동안 중요한 쟁점이 되어 왔다.

과거 대부분의 국가들에서 대표를 선출하는 선거권은 종교나

인종, 성별, 사회적 신분, 일정한 수준의 재산보유 여부, 그리고 세금납부 여부 등 다양한 기준에 따라 제한적으로 부여되었던 것이 일반적인 현실이었다. 또한 국민의 대표로서 공무를 담임할 수 있는 피선거권의 경우 일반적으로 그 제한의 정도가 선거권에 비해서 더 강했다고 할 수 있다.

그러나 현대 민주주의가 발전하는 과정에서 이러한 선거권이나 피선거권에 대한 제한은 점차 완화되어 왔으며, 보통선거는 물론 평등·직접·비밀 선거라는 네 가지의 원칙을 가지는 선거제도로 발전하였다. 이제 보통선거를 실시하는 현대 민주주의 국가 대부분에서 선거권에 대한 제한은 연령이나 거주요건 등 아주 일부로 국한되고 사실상 거의 남아있지 않다고 할 수 있다. 우리나라의 경우를 살펴보면 금치산선고를 받거나 수형자, 법원의 판결이나 법률에 의해 선거권이 제한된 경우 등 일부 예외적인 경우를 제외하고 19세 이상의 모든 국민은 선거권을 가진다.

이하에서는 과거 참정권을 제한하던 여러 기준들에 대해 살펴보고, 특히 보통선거의 이념을 중심으로 조세납부와 관련된 선거권 제한과 그 완화과정을 중심으로 알아본다.

참정권 제한의 여러 기준

대부분의 현대 민주주의 국가는 일정한 연령에 도달하는 모든 성인에게 성별·인종·종교·신분·재산의 소유나 납세 정도 등에 관계없이 투표권을 부여하는 보통선거 제도를 채택하고 있지만,

아직도 선거권이나 피선거권 등에 여러 기준에 따른 일정한 제한이 유지되고 있는 경우도 많이 발견된다.

역사적으로 보면 직접 민주주의를 택한 아테네의 경우 남성 자유민만이 투표권을 가졌고, 17~18세기의 영국의 경우 일정한 수준 이상의 재산을 보유한 국교도인 남성에게만 투표권이 주어졌다. 1832년 개혁법(Great Reform Act 1832)에 의해 선거제도에 대한 상당한 개혁이 이루어졌는데, 산업혁명 이후 발달한 대도시들에 선거구를 설치하고 일부 작은 선거구들은 폐지하였으며, 일정한 규모 이상의 토지를 임차한 사람들에게도 투표권을 부여함으로써 성인 남성 약 6명 중 한 사람이 투표권을 가지게 되었다.

1848년 유럽을 휩쓴 시민혁명은 비록 성공하지는 못했지만 선거권 확대 등 자유주의적 사상의 확대를 가져왔다. 19세기 후반부터 제2차 세계대전이 일어나는 1939년까지 오스트리아, 덴마크, 이탈리아, 프랑스, 독일, 스페인 등지에서 남성에 대한 보통선거가 확대되었으며, 이미 상당한 수준의 투표권이 인정되었던 영국이나 노르웨이, 스웨덴 등의 국가들에서는 거의 전체 남성으로 투표권이 확대되었다. 또한 이 시기에 특히 전쟁에서 기여를 한 여성 등에 대해서 제1차 세계대전 이후에 선거권이 확대되었지만, 스위스 등 일부국가의 경우 20세기 후반이 되어서야 여성투표권이 인정되었다.

물론 나라에 따라서 다소 차이가 있기는 하지만 일반적으로 유럽국가들에서 투표권에 대한 제한이 완화되는 과정은 19세기 후반 재산기준이 완화되었으며, 20세기 초반 연령기준, 그리고 20세기 중반이 되어서야 여성과 교육 등에 의한 기준이 완화되었다고 할 수 있다.

재산기준

　　1689년의 권리장전이나 1789년 프랑스 대혁명 등 근대 시민 혁명은 인간의 평등과 기본권 보장, 그리고 주권재민에 따른 일반 국민들의 정치참여 등의 정신을 점차 유럽 전역으로 확산시켰다. 그러나 혁명 등을 통해 귀족 등 특권층을 대신해 정치적 주도권을 장악한 부유한 부르조아 및 지주 계층은 자신들의 영향력을 유지하기 위하여 투표권을 보다 많은 대중에게 확대하는 것을 반대하였다. 이러한 반대의 수단으로 적극적으로 활용된 것이 바로 투표권 부여의 기준으로 일정한 기준 이상의 재산을 보유하거나 세금을 납부해야 한다는 것이다. 이러한 기준을 적용한 논거는 기본적으로 일정한 재산을 보유한 사람들이 국가의 제반 입법 등에 의해서 주로 영향을 받게 되고 또 세금을 납부함으로써 국가에 기여하는 것인 만큼 그 사람들을 중심으로 투표권이 부여되어야 한다는 것이다.

　　그러나 시민사회가 점차 성숙해짐에 따라 국민의 기본권으로서 참정권에 대한 요구가 높아지고 특히 사회의 일원으로서 일반 국민들의 역할에 대한 인식이 강화됨에 따라 이러한 재산기준 등에 의한 참정권의 제한은 점차 완화되어 갔다. 특히 제1차 세계대전을 거치면서 많은 젊은 군인들과 여성들이 국가를 위해 희생하고 기여한 것에 대한 평가가 이루어져야 한다는 인식을 바탕으로 이들에게 투표권을 부여해야 한다는 주장은 점차 힘을 얻었던 것이다.

　　영국의 경우 헨리 6세의 통치기간이던 1430년과 1432년에 설정된 선거구와 투표권에 대한 규정이 1832년에 큰 개혁이 이루어질 때까지 기본적으로 유지되었다. 선거권과 관련해서는 농촌지역 카운티의 경우 연간 40실링 이상의 임대료를 받을 수 있는 재산보유자(forty shilling freeholders), 그리고 도시지역의 버로우(borough)에서는 재산이나 납세 여부를 기준으로 선거권이 부여되었다. 1832년의 개혁법에서는 농촌지역에서는 40실링 기준에 추가하여 일정한 기준 이상의 토지소유자와 장기임대자에게, 그리고 도시지역에서는 일정 기준 이상의 임대료를 지불하는 모든 남성가구주에게 투표권을 확대하였다.

그러나 1832년의 개혁에서 투표권을 얻지 못한 노동자들의 불만은 1838년 인민헌장(People's Charter)의 발표와 함께 투표권 확보 등을 위한 청원, 서명운동과 집회, 그리고 시위와 행진 등을 통한 차티스트 운동으로 이어졌다. 이 헌장은 6개의 개혁요구를 담고 있는데, 21세 이상 남성의 보통선거권, 비밀투표, 의원 출마자의 재산자격제한 폐지, 의원에 대한 보수지급, 균등한 선거구 설정, 그리고 매년 선거 등이다. 많은 지도자들이 체포되고 구금되는 과정에서도 1848년까지 줄기차게 이어진 이 운동은 결국 성공을 거두지는 못했지만 이를 통한 사회인식의 변화는 이후의 개혁으로 이어지게 된다.

이후 이루어진 1867년의 개혁에서는 도시지역의 투표자격을 재산세인 레이트를 단독으로 납부하는 모든 남성으로 크게 확대하였는데, 보수주의자들은 대학생이나 전문인, 그리고 50파운드 이상의 저축을 보유한 사람들에 대해서는 추가 투표권을 인정하는 차등투표제를 도입함으로써 투표권의 대중적인 확대가 자신들에 불리한 결과를 가져올 것을 완화하고자 하였다. 1884년 개혁에서는 농촌지역에도 도시와 같은 기준을 적용함으로써 투표권자를 크게 확대하였다. 제1차 세계대전 이후 이루어진 1918년의 개혁은 마침내 21세 이상의 모든 남성에게 투표권을 확대하였고, 30세 이상의 일정한 재산기준을 충족하는 여성에게도 투표권을 인정함으로써 기존에 770만명이던 투표권자가 2,140만명으로 대폭적으로 확대되었던 것이다. 이러한 개편은 전쟁기간 국가에 충성한 사람들에게 재산이나 세금 납부 여부를 이유로 투표권을 부여하지 않는다는 것이 옳지 않다는 인식에서 출발한 것으로서 여성에게도 같은 논거가 적용되었다. 그리고 1928년의 개혁을 통해서 재산기준 없이 21세 이상의 모든 성인에게 투표권을 부여하였다.

연령 기준

연령 기준은 기본적으로 국민의 대표인 공직자 선출이나 국민투표 등 정치활동에 참여할 수 있는 연령 기준을 설정하는 것인데, 그 기준은 지속적으로 낮아져 왔으며, 현재 16~21세의 범위에서 나라에 따라 다르게 적용하고 있다. 예를 들어, 핀란드의 경우 1906년에는 선거가 있는 해의 첫 날을 기준으로 24세 이상의 성인에 참정권을 부여하던 것을, 1944년에 21세, 1969년 20세, 1972년 18세로 낮추어 왔으며 1996년에는 18세의 적용기준을 투표일로 설정하였다. 우리나라의 경우 2005년 공직선거법 개정을 통하여 기존 20세이던 선거권 부여 연령기준을 19세로 낮추어 적용하고 있다. 한편 영국의 경우 1928년까지 21세 이상의 모든 성인에 투표권이 부여되었는데, 1969년에 18세로 하향조정 되었다.

미국의 경우 1971년 제26차 수정헌법을 통해서 21세이던 투표권 연령을 18세로 낮추었다. 이는 당시 베트남 전쟁 수행을 위한 징집 대상을 18세 이상으로 하였는데, 국가에 기여하는 이들에게 당연히 투표권이 부여되어야 한다는 주장과 함께 18세 이상 21세 미만 청년들의 경우 자신의 생명을 위협하는 정책결정에 대해서 의사를 전달할 수 있는 투표권이 인정되지 않는 것은 불합리하다는 점이 강하게 지적되었기 때문이다.

거주요건

선거권에 대한 거주요건은 일정 기간 이상을 투표가 이루어지는 지역에 거주할 것을 규정하는 것으로서 통상 지역적인 성격을 가지는 지역구 국회의원이나 지방선거에 적용된다. 우리의 경우 선거인명부 작성일 현재 해당 선거구 안에 주민등록이 되어 있어야 하며, 재외동포의 경우 3개월 이상 국내거소 신고가 되어 있어야 한다.[1] 한편 지방선거에서는 영주권 취득 후 3년이 경과한 외국인에게도 선거권이 부여되고 있다. 영국의 경우 선거인명부에 등재되어 있는 영국거주의 EU 국가 시민에 대해서 지방선거권을 부여하고 있다.

종교

16세기 이후 이루어진 유럽의 종교개혁은 종교를 둘러싼 많은 갈등과 반목은 물론 30년 전쟁과 같은 참혹한 전쟁을 불러일으켰다. 이러한 상황에서 주류에 속하지 않은 종교를 믿는 사람들에 대한 탄압은 끊임없이 지속되었으며, 참정권의 제한도 그 하나로서 이루어졌다.

종교에 따라 참정권을 제한한 대표적인 국가는 영국이다. 영국의 경우 국교회 성립이라는 종교개혁 자체가 왕의 이혼문제와 함께 상당히 정치적인 이유에서 이루어졌으며, 국교회를 기반으로 하는 의회가 정치의 핵심이었다는 점에서 영국에서의 정치와 참정권의 문제는 종교와의 연계하에서 많은 변화를 겪었던 것이다.

　　헨리 8세의 이혼문제로 인한 로마 교황청과의 갈등으로 1534년 수장령을 통해서 왕을 수장으로 하는 영국국교회가 출범하고 카톨릭과 결별하였으며, 엘리자베스 1세의 통일령 등을 통해서 확고하게 정착하게 되었다. 이후 국교회를 공고하게 하고 다른 종교 특히 카톨릭을 억누르기 위한 많은 조치들이 취해졌다. 카톨릭 미사를 집전하거나 참가하는 사람들에 벌금이 부과되고 국교회에 참석하지 않는 경우에 벌금이 부과되었다.

　　1593년 엘리자베스 1세는 카톨릭 교도에 대한 탄압을 더욱 가중하였는데, 직업을 가질 수 없고 집안에 무기를 지닐 수 없으며, 재판 등 법률의 보호를 받을 수 없고, 허가받은 경우 이외에는 집에서 5마일 이상 여행할 수 없도록 하는 등 많은 제재들이 가해졌다. 1661년 단체법(Corporation Act)을 통해서는 지방관직에서 비국교도를 배제하였으며, 1673년과 1678년의 심사법(Test Acts)들을 통해서는 중앙관직과 의원직에서도 배제하였다. 관직을 맡는 경우 국교회의 절차에 따른 의식과 교회의 수장으로서 왕의 최고성을 인정하고 충성을 맹세(Oath of Allegiance and Supremacy)하도록 요구하였던 것이다.

　　이러한 카톨릭에 대한 차별은 명예혁명 이후에도 지속되었다. 1689년 이후 관용법(Toleration Act)을 통해서 국교회의 성찬식에 참여한다는 조건하에 비국교도의 종교적 활동 범위가 점차 확대되었으나 카톨릭에게는 인정되지 않았다. 카톨릭 교도들은 런던과 웨스터민스터에서 10마일 이내에서 거주하지 못하였고, 카톨릭 신부나 주교를 처벌받도록 고발한 사람에게 포상금이 주어졌다. 18세 성인이 된 후 6개월 이내에 왕의 최고성과 국교회에 대한 충성맹세를 하지 않고 교황을 거부하는 선언을 하지 않는 경우 토지취득이나 보유가 금지되고 가장 가까운 친척이 상속재산에 대한 소유권을 주장할 수 있도록 하였다. 1714년에는 카톨릭 의심자 등에게 왕의 최고성 및 충성맹세를 제시하여 따르지 않는 경우 카톨릭에 대한 모든 처벌이 적용될 수 있도록 하는 등 지속적인 박해가 이루어졌던 것이다. 피선거권에 이어 1728~1793년 기간 동안에는 아일랜드의 카톨릭 교도들에게는 선거권도 거부되었으며, 기타 의사나 법률가가 되거나 토지구입과 장기임차 등도 금지되었다.

이러한 종교에 따른 정치적 차별에 대한 강한 반발이 18세기 중반 이후 활발하게 전개되었다. 비국교도인 윌키스(John Wilks)가 여러 차례 하원의원으로 당선되었지만 의회가 당선을 취소하자 도시지역을 중심으로 반정부 및 반국교회 운동이 전개되었다. 이후 왕권신수설과 국교회의 권위를 부정하는 급진적인 시민운동은 미국의 독립전쟁이나 프랑스 대혁명 등 외부적인 상황에 의해 더욱 활발하게 전개되었다.

1791년 페인(Thomas Paine)은 그의 저서 「인간의 권리(Rights of Man)」에서 인간의 권리는 정치적 헌장에 의해서 부여되는 것이 아니라 천부적인 것으로서, 정부의 유일한 목적은 인간의 양도할 수 없는 자연권을 보호하는 것이며 이를 지키지 못하는 어떠한 사회적 제도도 정당하지 않으며 이 경우 대중의 정치혁명은 정당화된다고 주장하였다. 이와 같이 기존의 차별적 제도들에 대한 활발한 비판과 반대가 강해짐에 따라 19세기 이후에는 비국교도에 대한 차별이 완화되기 시작하였다.

한편 명예혁명에 의해서 폐위된 카톨릭 교도인 제임스 2세의 아들이 1766년 사망하고 교황이 국교도인 하노버 왕조의 정통성을 인정한 것도 영국과 카톨릭의 화해를 가능하게 하였다. 이후 1829년까지 카톨릭에 대한 제반 억압 규정들을 완화하기 위한 여러 법안들이 의회에서 논의되었던 것이다.

1778년 카톨릭 구제법(Catholic Relief Act 1778)은 국왕에 대한 충성 등을 서약하는 경우 토지 상속과 구입을 가능하게 하고, 카톨릭 성직자에 대한 처벌조항을 폐지하였다. 1791년의 구제법을 통해서는 법률가 업무수행을 가능하게 했고 종교 및 교육활동을 가능하게 했다.

1828년 심사법이 폐지되면서 비국교도들에게 하원의원 피선거권이 인정되었으며, 1829년에는 카톨릭 구제법(Catholic Relief Act 1829)에 의해 카톨릭에게도 피선거권이 인정되었다. 이후 기타 다른 제한들도 서서히 해제되었는데, 아일랜드에서는 1920년의 아일랜드정부법(Government of Ireland Act 1920)에 의해 모든 제한이 해제되었다.

미국의 경우 독립 이후에도 여러 주에서 종교에 따른 투표권이나 피선거권의 차별이 이루어졌다. 예를 들어, 1776년 델라웨어주 헌법은 공직에 취임하면서 신앙고백을 하도록 하였고, 사우스캐롤라이나주의 1778년 헌법은 신교도가 아니면 공직을 맡을 수 없도록 하였다. 미국에서 종교의 자유는 1791년 헌법에 포함된 권리장전을 통해서 보장되고 있다. 즉, 수정 헌법 제1조는 "의회는 국교를 정하거나 종교 행위를 금지하는 법을 제정하여서는 아니된다"라고 규정하고 있다.

수형자 등

많은 국가들은 교도소에 수감되어 있는 수형자의 경우나 선거법 등 관련 법령이나 법원의 판결에 의한 경우 선거권이나 피선거권 등에 대해 제한을 가하고 있다. 이는 선거란 기본적으로 대표자를 선출하거나 국민투표를 하는 등 공적인 기능을 담당하는 것인데 범죄를 저지른 수형자의 경우 이러한 공적인 기능을 담당하기에 적절치 않다는 것을 기본적인 이유로 한다. 그러나 그 제한의 범위는 나라에 따라 다양하게 나타나고 있는데, 캐나다나 아일랜드의 경우 수형자에 대한 선거권 제한은 위헌으로 판정되어 투표권을 인정하고 있다. 프랑스나 독일 등의 경우 선거법 위반 등 일부에 한하여 투표권이 제한되며, 미국 일부 주에서는 중범죄로 기소되는 경우 투표권이 제한되기도 한다.

우리나라의 경우 그동안 수형자는 물론 집행유예자에 대해서도 투표권을 제한하였는데, 미주[2]에 제시한 바와 같이 헌법재판소는 2014년 1월 집행유예자에 대한 투표권 제한은 위헌으로, 그리고 수형자에 대한 제한은 헌법불합치로 판결하여 2015년 말까지 수형자에 대한 세부적인 기준을 마련하도록 하였다.

여성 참정권

여성에 대한 투표권은 19세기 중엽 이후 스웨덴이나 영국 등 일부 국가를 중심으로 문자해독능력을 가진 여성들의 투표권을 인정하는 등 제한적으로 허용되어 왔는데, 최초로 전체 여성으로 그 대상을 확대한 국가는 1893년 뉴질랜드이다. 미국의 경우 1920년에 최종 비준된 제19차 수정헌법에서 성별에 따라 투표권에 차별을 두는 것을 금지함으로써 모든 여성에 투표권을 부여하게 되었다. 한편 서구 국가 중에서 스위스는 가장 늦게 여성참정권을 인정하였는데 1971년 국민투표를 통해서 연방선거에서, 그리고 1991년 연방대법원의 판결을 통해서 지방선거에서도 여성참정권이 인정되었다.

미국에서 여성참정권 운동은 19세기 초반부터 시작되었는데 본격적으로 조직화한 것은 19세기 중반에 이르러서였다. 1848년 뉴욕에서 여성권리총회가 개최되어 투표는 물론 교육과 고용 등 제반 분야에서 법 앞의 양성평등을 주창하는 인식선언과 함께 관련 결의안을 채택한 것이 그 시초라고 할 수 있다.

이후 입법청원과 항의, 투쟁, 그리고 소득세 납부거부와 같은 시민불복종 운동은 물론 대중들에 대한 교육 등 다양한 방식으로 끈질기게 전개되었다. 일부의 경우 개별 주별로 입법을 추진하였는데 1912년까지 서부의 9개 주에서 주 입법을 통해 여성 투표권이 인정되었다. 또 법원을 통해 남성에 대해서만 투표권을 인정한 법률에 대한 위헌성을 다투기도 하였고, 행진이나 시위, 단식투쟁의 방법을 사용하였는데 이로 인해 많은 사람이 투옥되기도 하였다.

20세기에 들어서면서 헌법개정을 통한 투표권 쟁취라는 목표 하에 대중운동이 시작되었는데, 1916년경까지 모든 관련 단체들이 헌법개정이라는 목표 아래 단결하였고 윌슨대통령도 1917년 뉴욕주가 여성참정권을 채택하면서 찬성으로 돌아섰던 것이다.

영국에서도 19세기 초반부터 여성참정권 운동이 본격화되었다. 그러나 1832년 이후 이루어진 여러 번의 선거법 개혁에서도 여성들의 투표권은 인정되지 못했고 이에 따라 19세기 후반부터 조직화된 운동이 이루어지게 되었다. 1897년 많은 여성참정권 운동그룹들이 연합하여 전국여성참정권연합(National Union of Women's Suffrage Societies: NUWSS)을 결성하여 토론회나 청원 등 법적인 틀 내에서 조직적인 운동을 전개하였다. 그러나 이러한 온건한 노선에 불만을 품은 일부가 팬크허스트(Emmeline Pankhurst)의 주도하에 1903년 여성사회정치연합(Women's Social and Political Union: WSPU)을 결성하였다. 이들은 하원 진입시도와 방화, 투옥 등 보다 공격적인 투쟁방법을 택함으로써 여성참정권에 대한 사회의 낮아진 관심을 되살리려고 노력하였다. 제1차 세계대전 기간중에는 이러한 투쟁적인 방법이 중지되고 전쟁을 수행하는 데 여성들도 적극 참여하였는데, 종전 후 그에 대한 보상적인 측면까지 고려됨으로써 여성참정권이 제한적으로나마 인정되기 시작하였던 것이다.

1918년 대표법(Representation of the People Act)을 통해서 30세 이상의 일정한 최소재산기준을 충족하는 여성들에게 투표권이 부여됨으로써 약 840만 명의 여성들이 투표에 참여할 수 있게 되었다. 또 1928년 대표법에 의해 그 투표권이 21세 이상의 모든 여성들에게 부여되었던 것이다.

우리나라의 선거권과 공무담임권

우리나라 헌법 제24조와 제25조는 각각 "모든 국민은 법률이 정하는 바에 의하여 선거권을 가진다"와 "모든 국민은 법률이 정하는 바에 의하여 공무담임권을 가진다"라고 규정함으로써 선거권과 공무담임권을 국민의 권리로서 보장하고 있다. 다만 그 구체적인 내용이나 범위는 법률에 의해서 결정하도록 하고 있는데, 공직선거법 제15조와 제16조가 그 내용을 규정하고 있다. 또한 헌법 제41조와 제67조는 국회의원과 대통령의 선거는 보통 · 평등 · 직접 · 비밀 선거에 의하도록 하고 있다.

선거일 현재 19세 이상의 모든 국민은 선거권을 가진다. 피선거권의 연령은 대통령의 경우 선거일 현재 40세 이상의 국민이고 국회의원, 지방의회의원 및 지방자치단체의 장의 경우에는 25세 이상의 국민이다.

한편 일정한 지역을 대상으로 하는 지역구 국회의원이나 지방자치단체 의회의원과 장의 선거권과 관련해서는 선거인명부 작성기준일 현재 해당지역에 주민등록이 되어야 한다는 등의 거주요건이 추가된다. 피선거권의 거주요건을 살펴보면 대통령의 경우 선거일 현재 5년 이상 국내에 거주해야 하며, 지방의회의원 및 지방자치단체장 선거의 경우 해당 지방자치단체 관할구역 안에 60일 이상 주민등록이 되어 있어야 한다.

결격사유를 살펴보면 선거권의 경우 ① 금치산선고를 받은 자, ② 1년 이상의 징역 또는 금고의 형을 선고 받은 수형자, ③ 선거범, 정치자금법위반자 또는 재임 중 알선수뢰 등 직무 관련 특정법 위반자, 그리고 ④ 법원의 판결 또는 다른 법률에 의하여 선거권이 정지되거나 상실된 자 등이다. 피선거권의 경우 위에 추가하여 국회 회의방해나 정당후보자추천 관련 금품수수 등의 죄를 범한 경우가 포함된다.

참정권과 조세납부 조건

조세납부 여부도 일정한 사람들의 참정권을 실질적으로 제한하는 수단으로 사용되었다. 대표적인 사례가 남북전쟁 이후 미국의 남부 주들에서 설정된 인두세 납부조건이라고 할 수 있다.

1865년 남북전쟁이 종결된 후 재건시대(Reconstruction Era)가 시작되었다. 연방의회는 1865년 제13차 수정헌법을 통해 노예제를 폐지하고, 1868년 제14차 수정헌법을 통해서 시민권의 보장과 법에 따른 정당한 절차(due process of law), 동등보호(equal protection),[3] 전체 인구에 따른 의원수의 결정 등을 규정하였는데 이는 자유민이 된 흑인들을 염두에 둔 것으로서 이를 받아들이는 것을 남부

주들이 연방에 재편입되는 조건의 하나로 설정하였던 것이다. 또한 1870년에는 인종이나 피부색, 그리고 이전 노예상태 여부 등을 이유로 투표권을 부인하는 것을 금지하는 제15차 수정헌법이 비준됨으로써 남성들에 대한 보통선거권이 확립되었다.

흑인들의 투표 참여는 선거결과에 상당한 영향을 미치게 되었다. 1868년 실시된 대통령 선거에서 북부에 기반을 둔 공화당의 그랜트 장군은 아주 작은 표 차이로 당선되었는데, 흑인들의 지지가 큰 영향을 미쳤던 것으로 평가된다. 또한 민주당의 아성이던 미시시피 주에서 공화당은 1874년 주지사 선거에서 승리하는 등 거의 모든 남부 주에서 공화당 중심의 세력들이 정권을 장악하고 개혁을 주도하게 되었던 것이다.

이러한 흑인들의 정치 참여에 대해서 남부의 민주당을 중심으로 하는 백인들은 정치적 주도권을 상실할 것을 두려워하였고 이에 따라 Ku Klux Klan(KKK) 등의 조직들을 통한 갖은 협박과 폭력, 암살 등 여러 방법을 동원하여 흑인 및 흑인들에 동조적인 백인들의 투표 참여를 방해하였다. 이에 대해 공화당 주도의 연방의회는 1870년 흑인들의 참정권을 방해하는 제반 음모들에 대한 처벌과 함께 제14차 수정헌법에 의해 보장된 제반 권리를 침해하는 조직을 진압하기 위해 대통령은 군대를 파견할 수 있도록 하였고, 연방관리가 주정부의 투표자등록이나 투표를 감독하도록 하였다.

그러나 이러한 재건시대의 노력은 논란이 된 1876년 대통령 선거결과를 민주당이 수용하는 대신 연방군을 남부에서 철수하는 것을 연계하는 소위 1877년의 타협(Compromise of 1877)[4]에 따라 막을 내리고 남부는 다시 백인우월주의자들의 지배하에 들어가게 된다.[5] 연방군대가 철수함으로써 남부의 공화당 주정부들은 민주당의 집요한 공세를 버틸 수 없었던 것이다.

정치적으로 남부의 민주당은 광범위한 부패와 주 정부의 과도한 지출 및 무거운 세금을 강하게 공격하였는데, 이를 북부의 뜨내기 정치인들에 의해 초래된 것으로 주장하였다. 동시에 폭력과 살인 등을 동원한 노골적인 투표방해와 함께 인두세 납부나 문자해독능력 조건 등을 설정하는 등 흑인들의 투표를 방해하기 위한 법적인 장애물들을 동원하였다. 그 대표적인 것이 1875년의 미시시피 계획(Mississippi Plan)이다. 이는 백인 우월주의의 민주당이 다시 정권을 되찾기 위하여 실행한 전략으로서 북부에서 내려온 정치인들[6]을 회유하여 자기 편으로 돌아서게 하고, 또 붉은 셔츠단(Red Shirts)이라는 준군사조직을 동원한 폭력과 테러를 공공연하게 자행하는 등의 방법을 통하여 흑인들의 투표를 저지하는 방법을 사용했던 것이다.

주정부와 의회를 다시 장악한 남부의 민주당은 흑인들의 투표권 참여를 제도적으로 저지하기 위한 작업에 착수하였다. 즉 남부의 주정부들은 1877년 조지아주의 인두세로부터 출발하여 흑인과 가난한 백인들의 투표권을 제한하기 위한 관련 법들을 제정하게 되는데, 투표권자 등록제도나 절차의 강화 등을 포함한다. 그리고 마침내 1890년 미시시피는 주 헌법을 개정하여 투표권을 행사하기 위해서는 인두세를 납부하고 또 문자해독능력이 있어야 한다는 조건을 포함하도록 하였는데, 1908년까지 모든 남부 주들이 유사한 조치를 담고 있는 주 헌법을 도입하였다.

이러한 주 헌법조항들과 관련하여 연방대법원에 제기된 위헌소송에서 연방대법원은 제15차 수정헌법을 좁게 해석하였는데, 인두세나 문자해독능력 조건, 할아버지 조항(grandfather clause)[7] 등은 인종에 중립적인 조건들로서 합헌이라는 것이다. 1903년의 가일 대 해리스(Giles v. Harris) 사건에 대한 판결에서 투표등록과 일정한 투표자격을 규정한 주 헌법은 비록 실질적인 차별이 이루어진다 하더라도 그 조건은 모두에게 적용되는 것이라는 점에서 합헌이며, 또 결과의 차별여부를 검토하는 것은 연방법원의 권한이 아니라는 점 등을 판시하였다.

이로 인해 남부 흑인들은 투표를 하기 위해서는 인두세 납부조건이나 문자해독능력 검증(literacy test)을 통과해야 했는데, 통상 1~2달러로 정해진 인두세의 경우 투표일보다 상당한 기간 이전까지 납부하도록 함으로써 높은 부담수준에 따른 어려움은 물론 납부기간을 맞추지 못하는 경우가 많이 발생하였다. 또한 문자해독능력 테스트의 경우에도 흑인들에게는 자의적으로 어렵게 적용하는 경우가 많았던 것이다. 한편 할아버지가 투표권을 가지고 있었던 경우 위의 조항들이 면제되어 투표권을 가진다는 소위 할아버지 조항에 의해서 백인들에게는 이 조건들이 실질적으로 면제되었다.

이후에도 인두세 등의 조건은 계속 유지되었는데, 1937년 연방대법원은 브리드러브 대 서틀(Breedlove v. Suttles) 사건에서 주 선거에서 인두세 납부여부를 선거권의 조건으로 설정한 것을 합헌으로 판정하였다. 이후 연방법을 통해서 인두세를 금지하고자 하는 노력들이 이루어졌지만 상원에서 남부의 보수 민주당 의원들에 의한 필리버스터에 의해 성공하지 못하다가, 1964년에 도입된 제24차 수정헌법과 1966년의 연방대법원 판결에 의해서 각각 연방선거와 주 선거에서 마침내 인두세가 폐지되었던 것이다.

1964년에 비준된 제24차 수정헌법은 연방선거에서 투표권 자격으로 인두세 납부조건을 설정하는 것을 금지하였다. 1966년에 연방대법원은 하퍼 대 버지니아주 선거위원회(Harper v. Virginia State Board of Elections) 사건에 대한 판결을 통해서 주의 선거에서도 인두세 조건을 설정하는 것을 위헌으로 판결하였는데, 인두세 납부조건을 설정하는 것은 제14차 수정헌법의 동등보호조항(Equal Protection Clause)을 위배하는 것으로 판시하였던 것이다.

오늘날의 의미

오늘날 대부분의 민주국가에서 국민의 대표는 보통·평등·직접·비밀이라는 4대 원칙을 바탕으로 하는 선거에 의해 선출된다. 연령이나 거주요건, 그리고 죄수 등 일부 필요한 경우를 제외하고는 국민의 대표를 선출하는 투표권에 제약은 거의 없다고 할 수 있다. 이와 같이 사회적 지위나 종교, 재산의 많고 적음, 그리고 세금 납부여부 등에 관계없이 모든 성인들에게 투표권을 부여하는 것은 그것이 국가가 모든 사람들에게 동등하게 보호해야 하는 기본권적인 성격을 가지는 것이 때문이라고 할 수 있다.

그러나 투표권과 조세납부를 연계시키는 논의들은 아직도 빈번하게 발견된다. 물론 이 논의는 과거와 같이 일부 계층을 투표에서 배제하려는 것보다는 세금을 납부하는 사람이 그 세금을 사용하는 국가의 정책결정에 보다 합리적인 의사결정을 할 수 있다는 점에서 투표와 납세를 연계하고자 하는 것이라고 할 수 있다. 영국의 대처수상이 추진했던 인두세 개혁을 대표적인 사례로 들 수 있다.

기존의 지방세인 레이트는 주거용과 비주거용으로 구분 과세되었는데, 주거용 레이트의 경우 소위 인두세인 주민부담금 (Community Charge)으로, 그리고 비주거용의 경우 국세화하고 세수는 성인인구에 따라 다시 지방으로 배분하도록 한 것이 개편의 핵심이다. 기존의 주거용 레이트에 대해서는 다양한 비과세 감면이 반영됨으로써 많은 투표권자들이 세금을 납부하지 않았고 따라서 지방정부 정책의 선택에 왜곡을 초래하였다는 것이 인두세로 개편한 기본적인 논거였던 것이다. 산업용 또는 상업용 재산에 대한 비주거용 레이트의 경우 통상 해당 재산이 위치한 지역에 그 소유자 또는 납세자가 거주하지 않고 따라서 투표권이 없는 경우가 많기 때문에 지방세로 적합하지 않다는 것이 핵심 논거였다. 이러한 대처수상의 개혁은 기본적으로 투표권자들이 선출하는 대표는 납세자들의 부담에 대한 결정을 하기 때문에 이 대표를 선출하는 투표권자는 납세자여야 한다는 것이다.[8]

　　민주주의 사회에서 세금 납부는 국가의 주인인 국민들이 국가운영에 필요한 재원을 부담하는 의무이면서 동시에 납세자로서(as a taxpayer) 주인의 권리를 주장하는 강력한 근거가 되는 것이다. 투표권은 국민의 기본권리로서 모든 국민들에게 주어지지만 그 투표권자들이 가능한 세금을 납부하도록 함으로써 국민의 부담이 수반되는 국가정책결정의 합리성을 제고하여야 한다. 물론 직접세만이 아니라 많은 간접세가 부과 징수되고 있다는 점에서 모든 국민들이 납세자인 것이지만 국민들의 납세자로서의 의식을 높일 수 있는 방향으로의 세제개편이 필요한 것이다.

참고문헌

강정인·오향미·이화용·홍태영, 「유럽 민주화의 이념과 역사」, 서울: 후마니타스, 2010

Pintor, Rafael L., "Stages in the Electoral History of Western Europe", http://www.idea.int/publications/voter_turnout_weurope/upload/chapter%201.pdf

University of Michigan Homepage, Race, Voting Rights, and Segregation, http://www.umich.edu/alawrace/disenfranchisel.htm

Wikipedia, http://en.wikipedia.org/

미주

1 기존에는 재외국민에 대해서도 지방선거의 선거권 행사의 요건으로 주민등록을 요구함으로써 주민등록을 할 수 없는 재외국민의 참정권 행사를 실질적으로 제한하였다. 이에 대해 헌법재판소가 2007년 헌법불합치 결정을 함에 따라 2009년 공직선거법을 개정하여 재외국민도 일정한 요건하에서 선거권을 행사할 수 있도록 하였다.

2 헌법재판소는 2014년 1월 28일 집행유예자와 수형자의 선거권을 제한하는 법률조항에 대해 각각 위헌과 헌법불합치 결정을 하였다. 그 판시의 주요내용은 다음과 같다.

집행유예자와 수형자에 대하여 전면적·획일적으로 선거권을 제한하고 있는데, 입법목적에 비추어 보더라도 구체적인 범죄의 종류나 내용 및 불법성의 정도 등과 관계없이 일률적으로 선거권을 제한하여야 할 필요성이 있다고 보기는 어렵다. 범죄자가 저지른 범죄의 경중을 전혀 고려하지 않고 수형자와 집행유예자 모두의 선거권을 제한하는 것은 침해의 최소성 원칙에 어긋난다.

이와 같이 수형자에 관한 부분의 위헌성은 지나치게 전면적·획일적으로 수형자의 선거권을 제한한다는 데 있다고 보았다. 그런데 그 위헌성을 제거하고 수형자에게 헌법합치적으로 선거권을 부여하는 것은 입법자의 형성재량에 속하므로 이 부분은 헌법불합치결정을 선고하고, 2015. 12. 31.을 시한으로 입법자가 개정할 때까지 계속 적용되도록 하였다. (헌재 2014. 1. 28. 2012헌마409 등, 공보 제208호, 337)

이에 따라 2015년 8월 공직선거법 개정을 통하여 집행유예자는 선거권 제한 대상에서 제외하였고, 수형자의 경우 1년 이상의 징역 또는 금고의 형을 선고받은 자로 범위를 축소하였다.

3 이 조항은 1954년 브라운 대 교육위원회(Brown v. Board of Education) 사건을 통해서 교육에 있어 흑백분리 정책을 위헌으로 판정하는 근거가 되었다.

4 1874년의 연방의회 선거에서 민주당이 하원을 장악하였는데, 1876년의 대통령 선거가 박빙의 애매한 결과가 되자 의회가 그 최종판정을 하게 됨에 따라 공화당이 대통령 선거 당선을 인정받는 대신 군대를 남부에서 철수하도록 타협하였던 것이다. 일부 역사학자들은 이 타협을 대배신(the Great Betrayal)으로 부르기도 한다.

5 이를 민주당 중심의 남부인들은 탈환(Redemption)이라고 하였다.

6 이들을 Carpetbaggers라고 하는데, 헌 융단 천으로 만든 여행용 손가방을 들고 남북전쟁 후에 기회를 잡기 위해 북부에서 남부로 내려온 사람들을 의미한다.

7 이는 새로운 법률이나 기준들이 정해지더라도 기존의 상황에 대해서는 과거의 법률이나 기준들이 그대로 적용되고 새로운 법률 등은 새로 발생하는 상황에 대해서만 적용된다는 논리를 바탕으로 하였다. 즉 이 조항은 남북전쟁 이전부터 할아버지가 투표권을 지니고 있었던 경우 새로운 인두세나 문자해독능력 기준을 적용받지 않고 투표권을 인정하였는데, 반면 인두세와 문자해독능력 조건 등 새로운 기준들은 새롭게 투표권 부여 대상이 되는 흑인들에 적용되도록 한 것이다.

8 대처수상의 인두세 개혁에 대해서는 '영국 대처수상의 인두세(Poll Tax) 개혁'에서 자세히 논의된다.

미국 캘리포니아주의
재산세 개혁-Proposition 13
- 재산세 인상을 제한하기 위한 납세자 운동

전후 유럽재건을 위한 마샬플랜과 냉전, 그리고 베트남전쟁의 수행과 함께 60년대 이후에는 복지지출의 확충 등으로 정부의 재정지출은 지속적으로 증가하였다. 캘리포니아를 비롯한 주정부들에서도 이러한 공공지출이 지속적으로 확대되었고 그에 따라 이러한 높은 세부담과 공공지출에 대한 납세자들의 조직적인 반발도 증가하였다. Proposition 13과 같은 이러한 시민운동은 결국 80년대 이후 감세정책과 시장경제 중심의 신보수주의의 등장으로 이어졌던 것이다.

재산세 개혁운동의 배경

개 요

1978년 6월 6일 캘리포니아 주민들은 주민투표를 통해 재산세 세율을 최고 1%로 제한하고 또 과세표준이 되는 재산평가액의 상승률을 매년 2%를 초과하지 않는 범위 내에서 물가상승률로 제한하는 주 헌법 개정안인 'Proposition 13'을 약 63%라는 높은 찬성률로 확정하였다. 자비스(Howard Javis)와 갠(Paul Gann) 등이 주도했던 주민발의를 위한 청원운동의 공식 명칭은 "재산세 과세 제한을 위한 주민발의(People's Initiative to Limit Property Taxation)"로서,

지속적으로 증가하고 있던 캘리포니아 주의 재산세 부담을 억제하기 위한 조세저항운동으로서 주민발의를 통해서 주 헌법 개정을 추진하는 것이었다.

이 Proposition 13은 재산세 부담을 거의 57% 가까이 삭감하는 직접적인 효과를 나타냈는데, 이후 일련의 추가적인 주민발의 등을 통해서 공공지출 증가를 억제하는 조세 및 지출제한(Tax and Expenditure Limit: TEL)으로 확대되었다. 1979년의 Proposition 4는 주정부와 교육구는 물론 주 내의 모든 정부들의 지출수준에 소위 갠 상한(Gann limit)이라고 하는 일정한 한도를 설정하였는데, 이 기준은 매년 인구변화와 물가상승 또는 일인당 소득의 변화 등을 반영하는 것이었다.

재산세 부담 및 공공지출의 증가에 강력한 제한조치를 설정한 캘리포니아 주민들의 납세자 저항운동(taxpayer revolt)은 전국에 걸쳐 큰 반향을 불러일으켰다. Proposition 13이 통과된 1978년 이후 5년 이내에 거의 절반의 주들에서 조세확대 또는 지출증가에 제한을 가하는 시도가 이루어졌고 거의 모든 이러한 조치들이 오늘날까지도 유효하게 존재하고 있다. 또한 이는 1980년 신보수주의 물결 속에서 레이건 대통령의 등장과 함께 그가 80년대 추진했던 감세정책으로 연결되는 등 신보수주의의 출발점의 하나로 평가되고 있다.

캘리포니아 주의 주민투표 제안(Ballot Proposition)

미국 캘리포니아주 등 미국 주들은 주 헌법 또는 법률의 개정을 직접 주민투표를 통해서 결정하는 제도를 시행하고 있다. 투표제안(Ballot Proposition)은 주민투표에 회부된 개정안을 의미하는 것으로서, 주민발의(citizen's initiative) 제도를 통해서 일정 수 이상의 주민들의 청원에 의하거나 주 의회에 의해 제안이 이루어지게 된다.

구체적으로 캘리포니아 주에서는 세 가지 형태의 직접 민주주의가 시행되고 있다. 첫째, 의무적 주민투표(mandatory referendum)로서 주 의회가 주 헌법 개정안을 통과시키는 경우 이를 주민투표에 회부하여 50% 이상의 찬성으로 확정하는 제도이다. 둘째, 선택적 주민투표(optional referendum) 또는 주민거부(citizen's veto)는 이미 주 의회에 의해 확정된 주 법률을 주민투표를 통해서 무효화하는 것으로서, 이 제안이 주민투표에 회부될 수 있기 위해서는 이전 주지사 선거 투표권자의 최소 5% 이상의 청원을 받아야 한다. 셋째, 주민발의(Initiative)를 통해서 주 헌법이나 법률을 개정할 수 있다. 이러한 주민발의 과정은 우선 제안하고자 하는 내용을 청원 형태로 작성해서 주 법무장관에게 제출한 후 가장 최근 주지사 선거 투표권자의 일정 비율 이상의 서명(헌법개정안의 경우 8%, 법률개정안의 경우 5%)을 일정한 기간 내에 받아야 한다. 이러한 서명과정이 성공적으로 이루어지면 주 국무장관이 서명의 유효성을 검증하게 된다. 유효성이 검증된 청원서명이 최소 기준 이상을 넘어서면 그 청원은 제안(proposition)으로 주민투표에 회부되며, 해당 안건에 대한 유효투표 50% 이상의 찬성으로 주 헌법 또는 법률로 확정되게 되는 것이다.

제안의 번호는 과거에는 매년 1번부터 다시 시작하였으나 번호의 중복에 따른 혼란이 초래되었기 때문에, 1982년부터는 과거에 사용되었던 번호는 최소 10년간 다시 사용하지 않도록 하였다. 1998년 투표부터 제안 번호는 다시 1번부터 시작하였으며 매 10년마다 다시 시작하도록 하고 있다.

-출처: 위키피디아 (http://en.wikipedia.org/wiki/California_ballot_proposition)

흑백차별 철폐와 재산세 부담 증가

이러한 재산세 저항운동을 이해하기 위해서는 60년대 이후 마르틴 루터 킹 목사 등에 의해서 확대되어온 흑인 인권운동, 특히 교육에 있어 흑백차별 철폐운동을 살펴볼 필요가 있다. 미국의 주 및 지방정부 기능 중에서 교육은 그 지출 비중이 가장 큰 중요한 기능이며, 재산세는 이들 정부의 핵심 재원조달 수단이기 때문에 교육관련 지출의 변화는 재산세 부담에 큰 영향을 미치기 때문이다. 공립학교에서의 흑백분리는 위헌이라는 1954년 브라운 대 교육청(Brown v. Board of Education) 사건에 대한 연방대법원의 판결이 있었지만 아직 흑인들에 대한 차별은 여전히 만연하고 있었다.

흑인 인권운동은 1963년의 워싱턴 대행진 등 비폭력 평화시위와 함께 법률과 제도의 개정을 통해서 이루어졌는데 이 과정에서 사법부도 중요한 역할을 담당하였다. 1971년 연방대법원은 스완 대 샤롯데-멕클렌버그 교육청(Swann v. Charlotte-Mecklenburg Board of Education) 사건에서 인종간의 균형 있는 학생구성을 위해서 학생들을 타학군으로 버스통학(busing)[1]시킬 수 있다고 판결하였다. 또한 1973년 키에스 대 덴버 제1교육구(Keyes v. Denver School District No. 1) 사건에서는 흑백분리를 규정하는 명시적인 법률이 없다고 하더라도 실질적인 흑백분리가 이루어졌다면 이는 동등한 교육을 받을 권리를 침해하는 위헌이며, 모든 학생들에게 인종이나 피부색, 출신 등과 관계없이 동등한 교육을 받을 권리를 보장하지 않는 경우 이는 제14차 수정헌법에서 규정하고 있는 동등보호조항(equal protection clause)에 대한 주정부의 의도적인 위반행위가 있는 것으로 판결하였다. 이를 통해서 사실상의 흑백분리 문제를 법률상의 문제로 인식하게 되었던 것이다. 그러나 1974년 밀리켄 대 브래드리(Miliken v. Bradely) 사건에서 연방대법원은 개별 교육구가 학생들의 인종균형을 유지하여야 한다는 의무를 가진다는 점은 전제하면서도 그것을 실행하기 위한 버스통학계획에 인접 교외지역의 다른 교육구를 포함시키도록 하는 요청을 기각하였다. 대신 저소득 소수인종 학생들에게 균등한 교육기회를 확보할 수 있도록 버스통학을 대체하여 그들을 위한 보충교육에 더 많은 예산을 투입하도록 하였다.

캘리포니아 주의 Proposition 13에 직접적인 계기가 된 것은 1971~1977년 기간 동안 교육재정과 관련한 캘리포니아 법원의 세 차례의 세라노(Serrano) 판결[2]이라고 할 수 있다. 70년대 초반 교육구들은 저소득 소수인종 학생들에 대한 특별교육 등을 위해 연방정부의 보조금에 추가하여 많은 재원이 소요되었지만 당시의 스태그플레이션 및 경기침체에 따라 추가적인 재원확보가 어려운 상황이었다.

이에 따라 학교의 재원확보와 관련한 일련의 소송들이 진행되었는데, 1971년 캘리포니아 대법원은 세라노 대 프리스트(Serrano vs Priest) 사건(Serrano I)에서 학교에 대한 주 정부의 지원금을 배분하는 공식이 저소득 지역에 거주하는 학생들을 위헌적으로 차별하고 있다고 판결하였다. 즉, 캘리포니아 주헌법은 각 지역별로 무료 공립교육을 제공하도록 규정하고 있고 제14차 연방수정헌법에서는 모든 주들은 주민들에게 동등한 법의 보호를 받도록 할 것을 규정하고 있는데, 당시 교육재정 제도는 교육예산의 절반 이상을 해당 지역의 재산세를 통해 충당하였기 때문에 교육재정에 있어, 부유한 지역의 경우 높은 수준의 교육지출이 가능하게 되는 등의 불평등한 결과가 나타났던 것이다. 이는 이러한 교육재정의 배분에 있어 주 정부의 역할이 매우 미미했기 때문이며, 또한 학생 1인당 같은 수준의 재원을 확보하는 데 있어 부유한 지역은 가난한 지역에 비해서 낮은 세율을 적용하는 것이 가능하다는 점도 지적되었다. 이에 따라 주 대법원은 교육재정이 좀 더 형평성 있게 배분될 수 있도록 주 정부의 역할을 강화할 것을 판시하였다. 이에 따라 주 의회는 각 학교구가 징수할 수 있는 재산세 세율을 제한하고 초과 재원을 가난한 지역에 배분하는 등 그 역할을 강화하였고, 이에 따라 부유한 지역의 주민들의 불만이 제기되었다. 기본적으로 각 학교구들이 동등보호조항을 위배하지 않기 위해서는 최고 수준의 교육투자가 이루어지는 교육구와 유사한 수준의 투자가 이루어질 수 있도록 주 정부의 지원이 요구되었던 것이다.

그러나 1973년 샌안토니오 대 로드리게스(San Antonio v Rodriquez) 사건과 관련하여 연방대법원은 비록 텍사스의 교육구별로 지원수준이나 재원확보를 위한 세율에 차이가 존재하더라도 이는 연방수정헌법의 동등보호조항을 위배하지 않는 것으로 판시하였다. 즉 텍사스 주 헌법은 모든 학생들에게 기본적인 교육을 제공할 것을 보장하고 있는데, 각 지역이 학생교육에 참여하고 또 지역별 과세제도를 통해서 학교를 통제하면서도 모든 학생들에게 기본적인 교육수준을 제공하고 있다는 점에서 이는 특정 계층에 대한 의도적인 차별이 아니라고 판시하였다. 이러한 연방대법원의 판결은 이전 연방법원의 판결을 통해서 공립학교에 대한 주정부의 지원을 확대하고자 하는 시도들을 무력화시키고 그 결정이 주 법원을 통해서 이루어지도록 하는 효과를 가져왔다.

한편 캘리포니아 주의 경우 이후에도 Serrano I의 판결취지를 계속 강화하였다. 1976년의 세라노 대 프리스트(Serrano v. Priest) (Serrano II) 사건 판결은 1971년 Serrano I 판결을 유지하면서 동시에 그 판결에 따른 주 의회의 입법 내용이 미진하다는 점을 지적하고 교육구간에 재산에 기초한 재원배분의 편차를 1980년까지 학생 1인당 100달러 이내로 줄이도록 판시하였다. 또 1977년의 세라노 대 프리스트(Serrano v. Priest) (Serrano III) 판결에서는 판결의 내용을 실질적으로 실행하기 위한 6개년 실행계획 등을 요구하고 있다.

이러한 주 대법원의 판결 등에 따라 교육재원 조달을 위한 재산세 부담이 크게 증가하였다. 또한 지역간 불균형을 해소하기 위한 주 정부의 역할이 크게 강화됨에 따라 부유한 지역의 경우 자신들이 부담한 재산세액의 일부가 이전과 달리 다른 교육구에 대한 지원으로 이전되는 결과도 나타나게 되었다.

　　이러한 교육재정과 관련한 논란 이외에도 캘리포니아 재산세에 대해서는 여러 가지 다양한 이유로 납세자들의 불만이 쌓여갔다. 가장 기본적으로 캘리포니아 인구가 지속적으로 증가함에 따라 주택가격이 상승하였고 동시에 70년대의 높은 인플레이션으로 인해 주택 등의 평가액이 높아졌다. 이에 따라 재산세 부담도 증가하고, 특히 연금 등 고정소득으로 생활하는 은퇴자 등 고연령층은 오래전에 구입한 주택의 재산세 부담을 매우 부담스럽게 느끼게 된 것이다. 교육 이외에도 주 정부의 지출 또한 크게 증가하였는데, 1973~1977년 기간중 개인소득 대비 캘리포니아의 주 및 지방 정부 지출은 전국 평균에 비해 상당히 높은 수준이었고, 공공부문 고용은 민간부문과 비교할 때 증가속도가 매우 높았던 것으로 나타나고 있다.

　　재산가치의 평가문제 또한 납세자들의 불만을 야기한 원인으로 지적되어 왔다. 예를 들어, 용도가 설정되지 않은 지역에 주택이 위치한 경우 해당 토지를 상업지구와 같이 가장 높고 최상의 이용 상태에 있다는 전제하에 평가하는 경우가 빈번히 발생하였고 매우 높은 재산세 부담으로 인하여 심한 경우 세금 때문에 주택을 팔아야 하는 경우도 발생하였던 것이다. 기본적으로 평가 자체가 평가관들의 주관적인 판단에 상당히 의존하는 시스템이었기 때문에 평가에 있어 불공평은 물론 부정이 발생하였고 그에 따라 다수의 평가관들이 처벌되거나 사임하는 등 문제들이 빈번하게 발생하였다.

이러한 전반적인 상황하에서 재산세 부담이 크게 증가하고, 또 교육재정 등과 관련하여 그 배분에 대한 중산층들의 불만이 크게 증가하여 결국 'Proposition 13'이라는 조세저항운동으로 이어졌던 것이다.

Proposition 13의 핵심 내용 및 파급효과

주요 내용

Proposition 13의 핵심 내용은 다음과 같이 요약할 수 있다.

첫째, 재산세 세율의 상한을 1%로 설정하였다. 재산세는 카운티는 물론 카운티 내의 시와 교육구(school district), 그리고 소방이나 도서관, 상수도 등 특별구(special district)들이 각자 세율을 부과하면 이를 카운티가 통합하여 징수하고 배분하는 것이었다. 이들 각 부과 정부는 재정수요를 바탕으로 자율적으로 부과 세율을 결정하였는데, 특히 특별구들이 빠르게 증가함에 따라 재산세 부담도 크게 증가하였다. Proposition 13 이후 주정부가 최대 1%의 세율범위 내에서 카운티 내의 정부간 재산세 배분내용을 결정하는 책임을 지게 되었는데, 기본적으로 이전 3개연도의 세액을 기준으로 그 비율에 따라 배분하도록 하였다. 그러나 이러한 배분방식은 각 지방정부가 새로운 지역개발 등을 하고자 하는 유인을 약화시키는 결과를 초래하였다. 그에 따라 배분방식을 수정하였는데 새로운 개발에 따른 추가적인 재산세액은 해당 지방정부로 배분되도록 하였다.

둘째, 과세의 기초가 되는 재산가치 평가의 기준연도를 1975년으로 설정하고 이후 연간 평가액 증가는 2%를 초과하지 않는 범위 내에서 물가상승률에 따라 이루어지도록 하였다.[3] 또한 재산평가의 기준연도는 소유권 변동이나 주택 신축이 이루어진 경우에만 변동이 가능하도록 하였는데, 소유권이 바뀌는 경우 그 재산은 시장가치로 평가되고 이는 이후 평가의 출발점으로 인식된다. 이와같이 매년의 시장가치가 아니라 취득가액을 기준으로 하는 평가시스템(Acquisition Value Assessment System)을 채택함으로써 안정적인 재산세 부담이 이루어지도록 한 것이다. 한편, 이후의 추가적인 개편을 통해 재평가 대상에서 제외되는 경우가 확대되었는데, 1986년의 Proposition 86은 부모와 자녀간에 소유권이 이전되는 경우, 그리고 1996년의 Proposition 193은 부모가 사망한 경우 조부모에서 조손으로 이전되는 경우도 재평가 대상에서 제외하였다. 시장가치가 평가금액에 미달하는 경우 평가금액을 하향조정하도록 하였고, 또한 1980년의 Proposition 60과 1988년의 Proposition 90은 55세 이상의 사람이 주택을 판매하고 2년 이내에 그 가격 이하의 주택으로 이사하는 경우에는 새로운 평가를 하지 않고 기존 주택의 과세평가액이 적용되도록 하였다.

셋째, 이와 같이 재산세 부담의 증가를 제한하는 것과 함께 다른 세금의 인상도 크게 제한하였다. 소득세를 포함하여 어떤 주세의 세율인상이나 세수확대를 위해서는 상하 양원에서 2/3 이상의 찬성을 얻도록 하였다. 또한 지방정부가 특정한 목적을 위한 특

별세를 징수하고자 하는 경우에도 주민 2/3 이상의 찬성을 받도록 하였다.[4]

　이러한 Proposition 13은 기본적으로 높은 재산세 부담으로 인하여 한 집에서 오래 거주한 주민들에게 주거의 불안정이 초래되지는 않아야 한다는 인식을 바탕으로 큰 호응을 받았다고 할 수 있는데, 그 주요 내용들은 현재까지도 유효하게 적용되고 있으며 캘리포니아 주의 재정운용에 많은 영향을 미치고 있다.

이후 진행 및 위헌 심판

　1978년 Proposition 13이 주민투표를 통과함에 따라 주 의회는 후속 입법들을 진행하였다. 1979년에는 재산세를 카운티 내의 지방정부들간에 배분하는 공식을 마련하였는데, 기본적으로 이전 3개연도에 부과하던 재산세액에 따라 배분이 이루어지도록 하였다. 또한 57% 가까이 크게 감소한 재산세수의 상당 부분은 주 정부의 지원을 통하여 보전하였는데, 이러한 과정을 통해서 교육재정에 대한 주 정부의 실질적인 통제권이 확보되었다. 1979년에 또 다른 주민투표(Proposition 4, 1979)를 통해서 교육구를 포함한 모든 계층의 정부의 지출수준에 소위 갠 상한(Gann limit)이라는 헌법적 한도를 설정하였다. 이 한도는 매년 인구변화와 소비자물가상승 등을 고려하여 조정하도록 하였다. 이와 같이 Proposition 13은 궁극적으로 조세는 물론 정부의 지출까지를 제한하는 조세 및 지출 제한(Tax and Expenditure Limit: TEL)으로 확대되어 갔다.

　한편 Proposition 13에 따른 헌법수정 이후 바로 제기된 위헌소송인 Amador 사건(Amador Valley Joint Union High School Districs v.

State Board of Equalization, 1978)에서 캘리포니아 주 대법원은 합헌 판정을 내렸다. 소송제기의 주요 요지는 주민발의를 통해서는 헌법을 수정(amendment)할 수는 있지만 개정(revision)할 수는 없는데,[5] Proposition 13은 그 효과가 매우 강력하고 광범위한 것이기 때문에 단순한 수정이 아니라 개정이라는 것이었다.

이후 1980년대 여러 차례의 소송과정을 거쳐 Proposition 13의 취득가액 평가기준에 대한 논란은 연방대법원까지 올라가게 되었다. 1992년 연방대법원은 노드링거 대 한(Nordlinger v. Hahn) 사건에서 Proposition 13을 합헌으로 판시하였다. 사건의 핵심은 같은 시장가치를 가진 집에 대해서 구입 시기가 다르다고 다른 세금을 부담하는 것이 공평한 것인지에 대한 것이었는데, 연방대법원은 취득가액 평가시스템은 연방헌법의 동등보호조항에 위배되지 않는다고 판시한 것이다. 기본적으로 주 정부는 지역사회의 보전과 유지 및 안정에 책임이 있으며, 오래전에 집을 구입해서 보유하고 있는 사람들을 새로 집을 구입한 사람들에 비해 해당 재산에 더 많이 의존하고 있다고 본다. 따라서 과세상 더 보호를 받아야 하기 때문에 세금에 있어 다르게 취급하는 것은 정당하다는 것이다. 새로운 구입자들의 경우 만약 이러한 과세기준에 찬성하지 않는다면 집을 구입하지 않을 선택을 할 수 있는 것이라는 점을 근거로 제시하였다.

파급효과

현대 조세역사에 있어 큰 변화를 야기한 Proposition 13에 대한 평가는 매우 다양하게 이루어지고 있다. 물론 가장 직접적인 효과는 재산세 부담이 크게 하락하였다는 점이라고 할 수 있는데, 동시에 재산세 부담 변화에 대한 납세자들의 예측가능성과 함께 세수의 안정성이 높아졌으며, 이를 통해서 지역사회의 안정성이 증가하였다고 평가된다. 부동산 경기에 따라 재산가치가 크게 변동하더라도 과거의 취득가액을 기초로 과세평가액이 결정되는 새로운 제도는 기존의 제도에 비해서 세부담 및 세수 변화의 폭을 작게 하는 안정판 역할을 한 것이다. 사실 이러한 급진적인 제안이 주민들의 63%라는 상당히 큰 폭의 찬성으로 통과된 것은 빠르게 진행되었던 인플레이션에 따라 집값이 크게 상승하고 그에 따라 재산세 부담이 빠르게 증가됨으로써 일부 주민들의 경우 세금 납부를 위하여 집을 매각할 필요성까지 발생하는 소위 유동성(liquidity)의 문제까지 발생하는 상황이었던 것에 기인한 것이었다.

그러나 많은 비판론자들은 Proposition 13이 캘리포니아 주의 교육에 큰 타격을 가했으며, 1990년대의 불경기와 실업, 그리고 소득감소를 초래한 것으로 주장하고 있다. 우선 교육 측면을 살펴보면, Proposition 13은 그 출발점이 세라노(Serrano) 사건에 대한 판결에 따라 교육구간 재원불균형을 시정하기 위한 제반 노력에 대한 반발에서 찾을 수 있는데 재산세 증가에 상당한 제한을 설정함으로써 궁극적으로는 공공교육 재정에 큰 부정적 효과를 야기한 것으로 평가된다. 물론 주정부의 보조금을 통하여 감소된 재산세수의 상당 부분은 보전되었지만 전체적인 지출감축은 캘리포니아 주의 교육서비스 수준에 상당한 영향을 미쳤다. 일부 연구에 따르면 캘리포니아 공교육에 대한 평가가 과거 60년대까지는 전국 최고수준이었으나 이후 빠르게 하락한 것으로 나타나고 있다.

한편, 이러한 교육에 미치는 부정적 효과를 완화하기 위하여 일정한 수준의 교육예산을 확보하기 위한 노력들이 이루어졌다.

1984년에는 복권 제도를 도입하여 총판매액의 34% 이상을 공립학교 및 대학 등에 추가적인 재원으로 배분하도록 하고, 이 재원은 부동산 매입이나 시설투자, 연구비로는 사용하지 못하고 전적으로 학생교육을 위해서만 사용하도록 하였다. 1988년의 Proposition 98은 주와 지방정부 예산 중 일정비율 이상을 교육예산으로 확보할 것을 규정하였으며, 동시에 각 학교들은 시험성적이나 낙제율 등 교육성과지표들을 공표하도록 하였다. 1990년 Proposition 111은 1979년에 모든 정부들의 지출한도를 설정한 갠 상한(Gann limit)을 인상하는 방향으로 조정하였다.

Proposition 13이 주택시장에 미친 영향도 상당한 것으로 나타나고 있다. 주택을 매매하는 경우 해당주택에 대한 과세평가액이 매매당시 시장가액으로 조정되기 때문에 통상 부동산 가격상승이 물가상승률보다 높게 유지되었던 상황에서 상당한 세부담의 증가가 나타나게 된다. 따라서 주택을 매매하지 않고 계속 보유하려는 경향이 나타나게 되고 이는 결국 주거나 사업의 이동이 억제됨에 따라 부동산 시장의 비효율이 발생하고 가격도 상승하게 된다. 재산세 부담의 차이로 인하여 부동산의 가치는 잠재적 구매자보다는 현소유자에게 더 크게 인식되기 때문에 해당 부동산의 매각을 꺼려하게 되는 것이다.

그러나 Proposition 13이 캘리포니아 주의 세부담을 크게 낮추었는가에 대해서는 의문이 제기되고 있다. 한 자료에 따르면 1978년 당시 캘리포니아 주는 미국에서 그 세부담이 4번째로 높은 주였는데 오늘날에도 역시 4번째로 높은 주라는 점이 지적되고 있다. 주 소득세 최고한계세율이나 법인세율, 그리고 소비세율 등 여러 조세들의 세율은 가장 높은 수준으로 나타나고 있는 것이다(Tax

Foundation, 2013).

조세 및 공공지출 억제
(Tax and Expenditure Limit: TEL)를 위한 노력

1978년 Proposition 13이 통과된 이래 1980년까지 최소 25개의 주에서 주민들의 세부담을 축소하기 위한 유사한 방안이 주민투표에 회부되었다. 그러나 많은 경우 주민투표를 통과하지 못했는데, 이는 캘리포니아와 같이 재산가치가 크게 상승하거나 공공서비스 지출이 크게 증가하는 등의 현상이 나타나지 않았기 때문이다. 다만 매사추세츠 주의 경우 1980년 주민투표를 통해서 지방정부가 부과하는 재산세 세율을 2.5%를 한도로 하고, 세부담 증가도 2.5%를 한도로 설정하는 Proposition 2 $\frac{1}{2}$ 법률이 주민투표를 통해 통과되었다.

한편 전체적인 조세부담과 공공지출의 증가를 억제(Tax and Expenditure Limit: TEL)하려는 노력은 지속적으로 확대되었다. 앞에서도 설명한 바와 같이 캘리포니아 주의 경우 1979년 Proposition 4를 통해 모든 정부의 지출증가율에 인구와 물가상승률을 고려하여 매년 조정하는 한도, 소위 갠 상한(Gann limit)을 설정해 오고 있다. 2010년 현재 31개 주에서 조세부담이나 공공지출 증가에 일정한 한도나 기준을 설정하고 있다. 다음 <표 1>에 제시되어 있는 바와 같이 이러한 한도설정의 구체적인 형식이나 규모 등은 다르지만 기본적으로 조세부담이나 공공지출의 증가에 일정한 제한을 가하기 위한 것이라는 점에서는 공통적인 것이다. 그러나 Xycher(2013)는 이러한 한도설정이 그 기대하는 실질적인 효과를 달성하지는 못

표 1 미국 주정부의 조세부담 및 지출한도 설정

주	연도	수정 법령	주요 내용
알래스카	1982	헌법	인구와 인플레이션을 바탕으로 세출한도 설정
애리조나	1978	헌법	세출은 총개인소득의 7.41% 한도
캘리포니아	1979	헌법	연도별 세출증가율에 인구와 개인소득증가율에 따른 한도 설정
콜로라도	1991	법률	일반회계 세출한도를 총개인소득의 5% 또는 전년도 세출에서 6% 증가한 수준 중에서 작은 것으로 한도 설정
	1992	헌법	세입증가를 인구증가율+인플레이션율을 한도로 설정하고, 세출한도나 세금인상에 대해서는 주민투표 필요
	2005		세입한도 설정을 2011년까지 유예
	2009	법률	일반회계 세출한도 설정기준 중 전년도 세출 기준 폐지
코네티컷	1991	법률	세출한도 증가를 최근 5년간 평균개인소득증가율 또는 전년도 인플레이션율 중에서 큰 것을 한도로 설정
	1992	헌법	법률에 설정한 한도기준을 헌법에 규정하려고 하였으나 3/5 찬성획득 실패
델라웨어	1978	헌법	세출한도를 세입추정치 98%로 설정
플로리다	1994	헌법	세입한도를 이전 5개연도 평균 개인소득증가율로 설정
하와이	1978	헌법	일반회계 세출증가는 이전 3개연도 평균 개인소득증가율 한도
아이다호	1980	법률	일반회계 세출한도를 총개인소득의 5.33%로 설정
인디애나	2002	법률	세출한도를 매 2년마다 공식에 의해 설정
아이오와	1992	법률	세출한도를 조정 세입추계의 99%로 설정
루이지애나	1993	헌법	세출한도를 1992년 세출을 기준으로 매년 일인당 개인소득증가율 기준으로 설정
메인	2005	법률	지출증가율을 과거 10년간 평균 개인소득증가율이나 최대 2.75%로 설정
매사추세츠	1986	법률	세입증가를 과거 3년기간 동안의 평균 임금증가율을 한도로 설정. 2002년에는 이 기준에 정부구매의 가격상승률 +2% 기준 추가
미시간	1978	헌법	세입한도를 전년도 개인소득의 9.49%에서 1% 증가한 수준 설정
미시시피	1982	법률	세출한도는 세입추계치의 98%이며, 이 기준은 의회의 다수결 표결로 수정가능
미주리	1980	헌법	총개인소득의 5.64%를 세입한도로 설정

	1996	헌법	총세입의 1% 또는 약 $77million 중 작은 수치 이상의 세금인상은 주민투표 필요
몬태나	1981	법률	세출한도를 개인소득과 연계한 지표로 설정(2005년 무효화됨)
네바다	1979	법률	세출한도는 매 2년기간의 인구증가 및 인플레이션을 기준으로 설정
뉴저지	1990	법률	개인소득 증가율 기준으로 세출한도 설정
노스 캐롤라이나	1991	법률	개인소득의 7% 이내로 세출한도 설정
오하이오	2006	법률	세출증가는 3.5% 또는 성장률 + 인플레이션 중 큰 수치로 설정하며, 2/3의 다수결 투표나 주지사의 긴급명령으로 적용중지
오클라호마	1985	헌법	세출증가는 인플레 조정 후 연 12% 이내로 설정
	1985	헌법	세출한도는 세입의 95%
오레곤	2000	헌법	세수추계치에 비해 2% 이상 추가징수한 일반회계 세입항목의 경우 납세자에게 환불해야 함
	2001	법률	세출증가는 추정 개인소득의 8% 한도
로드 아일랜드	1992	헌법	세출은 추정세입의 98% 한도(2012년 7월부터는 97%)
사우스 캐롤라이나	1980 1984	헌법	세출증가는 개인소득증가율이나 전년도 개인소득의 9.5% 중 큰 것을 한도로 하며, 주공무원 수는 인구의 일정 비율 한도
테네시	1978	헌법	세출증가 한도는 개인소득증가율
텍사스	1978	헌법	2년단위 세출증가 한도는 개인소득증가율
유타	1989	법률	세출증가 한도를 인구, 인플레이션을 포함하는 공식으로 설정
워싱턴	1993	법률	세출증가 한도를 과거 3년간 평균 인플레이션율 + 인구증가율
위스콘신	2001	법률	세출한도(일정세출 제외)를 개인소득증가율로 설정

자료: Zycher(2013), pp. 14~15.

한 것으로 평가하고 있다. 기본적으로 이러한 한도가 설정된다고 해서 정부지출에 대한 정치적인 수요나 이익집단들의 행태, 그리고 그 수요에 영향을 미치는 상대가격이나 소득, 선호 등의 요인에 영향을 미치지 못하기 때문이라고 주장하고 있다.

Proposition 13의 함의

재산세의 세율이나 과표증가율 등에 일정한 한도를 설정한 캘리포니아 주민들의 결정은 납세자들의 부담과 공공지출 증가에 제한을 가하려는 납세자들의 강력한 의지의 표현으로서 이후 현대 조세정책과 재정운용방식 등에 큰 영향을 끼친 사건이었다. 이 사건은 당시까지만 해도 주와 지방세 부담수준이 전체 주 가운데 최고수준이었던 캘리포니아 주의 '높은 세금과 큰 정부'의 틀을 바꾸고자 하는 시도였으며, 이는 1980년대 레이건 대통령의 감세정책으로 이어졌다고 할 수 있다. 또한 이러한 시도는 비단 재산세라는 세목에 한정되지 않고 전체 조세부담과 공공지출의 수준이나 증가율 등에 일정한 제한을 설정하려는 시도로 이어졌다.

한편 오늘날 많은 정부들은 국가부채를 축소하고 재정건전성을 회복하기 위하여 많은 노력을 기울이고 있는데, 재정운영에 있어 각종 준칙을 설정하고 있는 것도 그 일환이라고 할 수 있다. 대표적으로 유럽연합 결성을 위해 1992년 체결된 마스트리히트 조약(Maastricht Treaty)은 매년의 재정수지 적자한도를 3%, 국가부채를 GDP의 60% 이내로 하는 기준을 설정하고 있으며, 우리나라의 경우에도 세출증가율을 세입증가율보다 낮게 설정하는 등 다양한 방식으로 준칙에 의한 재정운영이 이루어져 왔다. 새로운 지출증가나 조세감면을 위해서는 이에 상응하는 세입증가나 지출삭감 등 재원확보방안을 요구하는 페이고(PAYGO) 원칙도 정부재정의 증가를 억제하고 건전성을 확보하고자 하는 대표적인 방식이다.

'바그너의 법칙(Wagner's law)'[6]이 제시하고 있듯이 공공지출은 지속적으로 증가하는 경향을 보이고 있다. 전쟁과 복지지출의 증가 등은 그 직접적인 원인이지만 동시에 공공부문의 비효율성이나 각종 이익집단들의 행태도 이러한 조세 및 공공지출의 증가에 크게 기여하고 있음은 주지의 사실이다. 조세부담이나 공공지출의 증가를 억제하고 정부재정의 효율적인 운영을 기하기 위해서는 물론 조세나 공공지출 증가에 한도를 설정하는 것도 일정한 효과를 거둘 수 있는 정책방안이라고 할 수 있지만, 공공부문의 효율과 성과를 높이고 각종 낭비요인을 제거하는 등의 실질적인 노력이 더욱 중요할 것이다.

참고문헌

Doerr, David R., The Evolution of Proposition 13,
   http://www.caltax.org/Evolution OfProposition13.pdf
New York State Education Department Homepage,
   http://www.archives.nysed.gov/edpolicy/research/res_essay_contents.
   shtml
Tax Foundation, Prop 13 in California, 35 Years Later,
   http://taxfoundation.org/blog/prop−13−california−35−years−later
Wikipedia, http://en.wikipedia.org/
Zycher, Benjamin (2013), State and Local Spending: Do Tax and
   Expenditure Limits Work?, http://www.aei.org/files/2013/05/07/−state
   −and−local−spending−do−tax−and−expenditure−limits−work
   _152855963641.pdf

미주

1 학생들의 인종구성에 있어 균형을 확보하기 위하여 일정한 수의 학생들을 버스에 태워 타학군으로 통학시키는 제도이다.

2 세라노(John Serrano) 등 로스엔젤레스 공립학교 학부모들과 공익변호사 그룹이 캘리포니아 주정부의 재무관인 프리스트(Ivy B. Pries) 등을 상대로 공립학교 교육재정 배분문제와 관련하여 제기한 일련의 집단소송에 대한 판결이다.

3 Proposition 13이 통과된 1978년 이래 2009년까지 과표의 연간 상승률이 2% 이하인 경우는 5번이었으며, 2010년에는 과표증가율이 마이너스로 나타났다.

4 2000년의 Proposition 39을 통해 지방교육채권 발행의 경우 주민투표에서 기존의 2/3 찬성을 요구하던 것을 55%의 찬성으로 가능하도록 하였다.

5 주 헌법 개정의 발의는 주민발의(Initiative)로는 불가능하고 주 의회의 결정이나 헌법회의(constitutional convention)에 의해서만 가능하다.

6 산업경제가 발전함에 따라 국민총생산에서 차지하는 공공지출의 몫도 증대하게 된다는 공공부문 팽창의 법칙을 말한다. 정부성장 요인을 밝힌 이 법칙은 독일의 경제학자 바그너((Adolph H. G. Wagner, 1835~1917)에 의해 제시되었다.

영국 대처 수상의 지방세 개혁
- 투표권과 조세부담의 연계강화

1979년부터 12년간 영국을 통치한 '철의 여인' 대처 수상은 미국의 레이건 대통령과 함께 80년대 세계적인 신보수주의의 물결을 주도하였다. 시장경제의 원리에 입각하여 최소한의 정부개입과 경쟁원리 도입, 공기업 민영화, 노조활동의 제한, 사회복지 축소, 세금감면 등 소위 대처리즘이라고 불리는 여러 정책들을 강력하게 추진하였다. 지방세인 레이트(Rate) 제도를 개편하여 주거분 레이트는 인두세인 주민부담금(the Community Charge)으로, 그리고 비주거분 레이트는 국세화하되 그 세수는 성인인구 비율에 따라 다시 지방정부로 배분하도록 하였다. 이러한 지방세 개혁은 지방자치에 있어 선거권과 납세의무를 연계함으로써 합리적인 납세자들의 선택을 기대한 것이었지만, 인두세 도입은 큰 조세저항을 야기하였고 결국 대처가 사임하는 결과를 불러왔다.

영국 지방세 개혁의 배경과 내용

레이트 제도 개편의 내용과 취지

레이트(Rate)는 기본적으로 재산의 순임대가치에 부과되던 재산세로서, 1989년 스코틀랜드에서 그리고 1990년에 잉글랜드와 웨일즈에서 인두세 등으로 대체되기 전까지는 영국의 유일한 지방세로서 역할을 하였다. 레이트의 역사는 13세기까지 거슬러 올라가지만, 근대적인 형태는 1601년의 빈민구제법(Poor Relief Act)에서 연원을 찾을 수 있다. 즉 빈민구제를 위하여 각 교구(Parish)에서는 재산의 소유자 또는 거주자에게 일정한 세금을 부과하였던 것이다. 이후에도 공중보건이나 교육, 빈민구제, 도로 등 여러 가지의 특수목적을 위해 별도의 레이트가 부과되었으며, 1925년에 단일의 일반재산세로 전환되어 1990년까지 유지되었다.

레이트는 크게 주거분 재산에 대한 주거분 레이트(Domestic Rate)와 상업용이나 산업용 재산에 대한 비주거분 레이트(Non-Domestic Rate, Business Rate)로 구분되었는데, 기본적으로 주거분 레이트에 대해서는 각종 비과세나 감면규정이 적용됨으로써 비주거분에 비해서 낮은 부담이 적용되어 왔으며, 부담수준의 증가율도 상대적으로 낮게 유지되어 왔던 것이다.

이러한 레이트에 대해서는 오랜 기간 동안 특히 보수당을 중심으로 여러 비판과 함께 개혁의 필요성이 제기되어 왔다. 예를 들어, 1974년 당시 보수당 예비내각의 환경부장관이던 대처가 폐지를 제안하였고 그 방안은 당시 총선에서 보수당의 정강에 포함되었던 것이다. 1983년 총선에서는 과도한 레이트 부담을 억제하기 위하여 중앙정부가 레이트 세율에 상한을 설정(rate capping)하는 것이 공약으로 제시되었고 이는 1984년의 레이트법(Rates Act 1984)에 의해서 시행되었다. 한편 1985년 스코틀랜드에서 시행되었던 재평가로 인하여 레이트 부담이 크게 증가하게 된 것도 제도 개선에 대한 요구를 더욱 크게 하였다.

이러한 레이트에 대한 비판은 기본적으로 재산의 임대가치에 대한 과세, 즉 부담능력에 따른 과세라고 할 수 있는 레이트는 편익원칙에 따른 과세가 이루어져야 하는 지방세로서의 특성에 부합하지 않는다는 것이었다. 즉, 레이트 제도하에서는 레이트 부담자와 지방정부 서비스의 수혜자, 그리고 지방선거의 투표권자 간에 많은 괴리가 존재함으로써 세부담과 서비스 수혜 정도, 그리고 투표권 사이의 연계성이 약하였고, 그에 따라 지방정부의 지출이 과도하게 증가하는 결과가 야기되어 왔다고 비판되었던 것이다.

레이트 제도의 개편방안은 1986년 환경부[1]의 보고서[2] *Paying for Local Government*를 통해서 '금세기의 가장 급진적'인 지방재정 개혁안으로 제시되었는데, 지방재정의 문제를 경제적인 관점에서 파악하고 책임성 개념을 개편의 핵심 논거로 제시하였다.

우선 주거분 레이트의 경우 주택 소유주나 가구의 가장 등 성인 중 일부만이 세금을 부담하게 되는데, 그 결과 복지수혜자나 나머지 가구원과 같은 다른 성인들의 경우 재정에 미치는 효과에 대한 고려 없이 지방정부의 서비스 공급을 확대하는 방향으로 투표를 하게 된다는 것이었다. 당시 약 3,600만명의 성인 중에서 약 2,700만 명이 소득세를 납부하고 있는 데 비해서, 레이트는 단지 약 1,900만 명만이 납부하고 있었고, 이 중에서 약 700만명이 전액 또는 부분면제를 받음으로써, 실질적으로는 성인의 약 1/3만이 전액의 레이트를 납부하고 있던 상황이 지적되었다(Byrne, 1994). 따라서 레이트를 납부하지 않는 약 2/3의 유권자들은 자신들이 재원을 부담하지 않기 때문에 지방정부의 서비스 수준, 즉 지출수준을 가능한 확대하는 방향으로 투표를 하는 경향이 나타나게 되는데 이는 결국 부담의 의무는 지지 않으면서 권리만 인정되는 결과로 나타나게 된다는 것이었다. 또한 지방지출의 많은 부분을 사업용 재산에 대한 비주거분 레이트나 중앙정부로부터의 보조금으로 충당하기 때문에 지역주민들이 주거분 레이트를 통해 부담하는 정도는 매우 작다는 점도 지방공공서비스의 비용에 대한 주민들의 고려가 약화된다는 측면도 제기되고 있다.

또한, 비주거분 레이트에 대해서도 환경부의 보고서는 경제적 효율성과 지방정부의 책임성이라는 측면에서 좋은 지방세가 아니라는 결론을 제시하였다. 왜냐하면 세금을 납부하는 비주거분 레이트 부담자의 경우 기본적으로 해당 지역의 거주자가 아니므로 세부담 수준 등에 대한 의사결정에 영향을 줄 수 있는 투표권을 가지지 못하게 되기 때문이다. 또한 이러한 비주거분 레이트의 부담은 근로자나 소비자, 그리고 그 재산의 사용자 등에 전가되는데 이들은 해당 지역에 거주하지 않거나 연계성이 없는 경우가 많은 것이다. 결과적으로 비주거분 레이트 부담자들은 조세부담을 하면서도 자신들의 부담수준 등에 대해 투표를 통한 발언권이 인정되지 않게 된다는 것을 의미하는 것으로, 소위 '대표 없이 과세 없다(no taxation without representation)'는 현대 민주주의의 기본 원리에 부합하지 않는 것이라고 할 수 있다. 실제로 주거분에 비해서 비주거분 레이트의 부담수준이나 세부담의 증가율이 높게 나타나는 현상이 발생하였다는 점도 이러한 구조적인 문제를 반영하는 것이라고 할 수 있다. 더 나아가 경제적 효율성의 관점에서 본다면 지방세로서 비주거분 레이트는 지역에 따라 세율차이를 야기하여, 기업의 입지나 투자선택에 왜곡을 초래함으로써 전체적인 자원배분의 효율성을 저해한다는 주장도 폭넓게 제기되었던 것이다.

궁극적으로 1989년에 스코틀랜드, 그리고 1990년에 잉글랜드 및 웨일즈에서 레이트를 폐지하는 등의 개혁이 시행되었다.[3] 개편 내용은 크게 두 가지로 요약될 수 있는데, 첫째는 주거분 레이트를 폐지하고 대신 주민부담금 또는 인두세(Community Charge, Poll Tax)

를 신설한 것이다. 주민부담금은 재산의 임대가치에 부과하던 레이트와는 달리 기본적으로 18세 이상의 성인들에게 균등하게 부과되는 인두세라는 특징을 지니는데 그 세율은 각 지방정부별로 매년 결정되게 되었다.[4] 이러한 인두세 도입의 기본적인 취지는 지방세는 살고 있는 재산의 가치나 개인의 부담능력에 기초하기보다는 특정 지역에 어떤 사람이 살고 있다는 사실에 기초하여 부과하여야 한다는 것이다.

둘째, 비주거분 재산에 대한 레이트는 국세로 전환되었는데, 각 자치단체에 의하여 징수된 세수를 일단 중앙정부에 집중한 후 이를 성인인구 비율에 따라 다시 각 지방정부로 배분하는 방식을 도입하였다. 세수가 최종적으로 지방정부에 귀속된다는 점에서는 개편 이전과 같지만, 세율의 결정권이 지방정부로부터 중앙정부로 이관되었다는 점에서 국세인 것이다. 국세로서 스코틀랜드와 웨일즈, 잉글랜드 등 각 지역별로는 단일의 세율이 적용된다는 점에서 이를 단일률 사업레이트(Uniform Business Rate) 또는 국세인 비주거분 레이트(National Non-Domestic Rate: NNDR)라고 하는데, 그 세율은 물가상승률 이상으로 증가할 수 없도록 제한하였다.

인두세 폐지와 카운슬세(Council Tax) 도입

주거분 레이트의 폐지와 인두세 도입을 핵심으로 하는 레이트 제도 개편은 광범위한 항의집회와 납부거부 등 매우 큰 조세저항을 야기하였다. 재산가치라는 부담능력에 따른 과세를 성인인구 대부분에 대한 정액세로 대체한 개편은 납세자간, 그리고 지역간에 조세부담의 큰 변화를 야기하였으며 특히 과거 레이트 제도하에서 낮은 부담을 하던 사람들과 지역들의 부담이 상대적으로 크게 증가하였다. 물론 개편 초기에는 이러한 급격한 세부담 변화가 나타나지 않도록 세부담 감소단체로부터 증가단체로 재원을 이전하는 소위 지역단위 안전장치를 도입하였지만 이 또한 여러 문제를 내포하고 있었다.

교과서에서나 볼 수 있었던 인두세를 본격적으로 도입한 이러한 지방세 개혁은 광범위한 조세저항을 촉발하였고 이로 인해 결국 1990년 대처 수상이 물러나고 새로운 지방세로서 카운슬세(the Council Tax)가 도입되게 되었다. 즉 약 4,100만명의 성인에 대해 부과되었던 인두세, 즉 주민부담금이 폐지되고 대신 1993년부터 약 2,200만 가구에 대해 카운슬세가 도입되었다.

카운슬세는 과세대상을 다시 주거분 재산으로 하였는데, 주택의 가치평가액[5]에 따라 A부터 H까지 8단계로 과표구간을 구분하고 D구간의 세율을 1로 할 때 A구간의 6/9부터 H구간은 2까지 단계적으로 누진세율을 적용하였다. 한편 H구간의 경우 상한이 설정되어 있지 않기 때문에 아무리 비싼 주택이라 하더라도 그 세부담은 최하위 A구간에 주택의 3배로 한정되게 되는 것이다.[6]

각 지방정부는 총지출수요에서 중앙정부로부터의 교부되는 각종 보조금과 비주거분 레이트 배분액을 차감한 금액을 과세표준이 되는 해당 지방정부 내의 재산평가액의 가중합계액으로 나누어 세율을 설정하게 된다. 다음 <표 1>은 잉글랜드에 적용되는 과표구간 및 세율구조와 함께, 2018/19 회계연도에 적용되는 맨체스터시와 쉐필드시의 과표구간별 카운슬세 세율을 예시적으로 보여주고 있다. 한편 이러한 표준세율은 해당 주택을 주거주지로 하는 성인 2인 이상이 거주하는 경우에 적용되며, 1인 거주인 경우 25%

표 1 카운슬세의 과표구간 및 구간별 세액 예시 (잉글랜드)

Council Tax Band	세율 비례	재산가치(£) (1992. 4. 1 감정가 기준)	세액(£, 2018/19)	
			Manchester	Sheffield
A	6/9	- 40,000	1,001.41	1,170.06
B	7/9	40,0010 - 52,000	1,168.30	1,365.07
C	8/9	52,0010 - 68,000	1,335.21	1,560.08
D	1	68,0010 - 88,000	1,502.12	1,755.09
E	11/9	88,001 - 120,000	1,835.93	2,145.11
F	13/9	120,001 - 160,000	2,169.72	2,535.13
G	15/9	160,001 - 320,000	2,503.53	2,925.15
H	2	320,001 -	3,004.24	3,510.17

자료: http://www.manchester.gov.uk/, http://www.sheffield.gov.uk/

를 할인하게 된다.

카운슬세는 상위 지방정부인 카운티(county)부터 하위 지방정부인 구(district)나 교구(parish)는 물론 경찰청이나 소방청, 국립공원관리청 등 특별목적 기구 등 다양한 주체들이 별도로 부과하게 되는데, 하위 지방정부[7]가 통합징수하여 해당 부과단체(precepting authorities)들에게 배분하게 된다.

대처 레이트 개혁의 평가

대처정부가 레이트 제도를 개편하게 된 목적이나 배경에 대해서는 많은 해석이 이루어지고 있다. 많은 주민들이 지방세인 레이트를 감면받아 납부하지 않는 것이 지출을 확대하는 정책들을 추진하는 노동당의 지방선거 승리로 연결되기 때문에 이에 대응하는 보수당의 정치적인 결정이었던 것으로 해석되기도 한다.

　또한 이론적으로 본다면 민주주의의 기본원리로서 국민의 권리와 의무인 투표권과 납세의무를 연계하고 이를 통하여 궁극적으로는 지방정부의 책임성을 확보하고자 하는 취지였다고 할 수 있다. 특히 주민의 다양한 선호에 따라 공공서비스를 제공하고 그에 대한 재원을 그 주민들이 부담하도록 함으로써 효율적인 자원배분과 정부의 책임성을 확보한다는 지방자치의 이념에 비추어 본다면, 그러한 선호를 표현하는 수단으로서 투표권이 조세부담과 밀접하게 연계되어야 한다는 주장은 더욱 설득력을 가지는 것이다. 지방세는 거주하고 있는 재산의 가치나 개인의 부담능력에 기초하기보다는 특정 지역에 어떤 사람이 살고 있으면서 해당 지역의 지방정부가 제공하는 공공서비스의 혜택을 수혜한다는 사실에 기초하여 부과하여야 한다는 것이다.

　레이트 제도 개편을 추진한 현실적인 논거는 지속적으로 증가하는 지방정부의 지출을 축소하고 효율성을 높이기 위한 것이었는데, 대처정부는 출범 이래 이러한 관점에서 지속적인 개혁을 단행하여 왔던 것이다. 예를 들어, 1980년에는 교부금 제도를 개편하여 기존의 지출규모를 바탕으로 재정수요를 측정하던 방식에서 유사한 지방자치단체가 제공하는 수준의 공공서비스를 제공하기 위하여 필요한 비용을 계산하는 방식으로 변경하고, 이 금액에서 중앙정부가 설정한 레이트 기준세율에 의해서 징수할 수 있는 세입액을 차감한 금액을 교부하도록 하였다. 1982년에는 과다 지출이 이루어지는 지방정부에 대해서는 교부금 배분에서 불이익을 받도록 하였으며, 1984년에는 중앙정부가 레이트 세율을 규제할 수 있는 소위 레이트 상한제(rate capping)가 도입되었다.[8] 또한 1986년에는 런던광역시(Greater London Council)를 포함한 7개 광역정부를 폐지하고 단일의 지방정부 체계를 도입하였다. 또한 1988년에는 일정한 공공서비스 공급에 강제입찰(compulsory tendering)을 도입함으로써 공공부문의 효율성을 제고할 수 있도록 하였던 것이다.

그러나 이러한 레이트 제도 개편은 실패로 끝나고 말았는데, Smith(1991) 등은 그 원인을 다음과 같이 분석하고 있다. 첫째, 레이트 개혁은 지방공공서비스를 소비하는 주민들로 하여금 그에 대한 부담으로 지방세를 납부하도록 함으로써 지방정부의 지출을 억제하고 책임성을 강화할 수 있다는 편익원칙을 강하게 추구한 것이었다. 그러나 이러한 과정에서 부담능력에 따른 과세라는 원칙이 무시되었으며, 이로 인하여 저소득층과 가구원 수가 많은 가계의 부담이 많이 증가하게 됨으로써 이들의 큰 반발을 초래하였던 것이다.

둘째, 편익원칙을 따른다 하더라도 과연 그 편익의 정도가 모든 사람에게 동일하다는 가정이 적절한 것인가에 대한 의문도 제기되었다. 공공서비스의 경우 정상재로서 통상 소득이 증가함에 따라 그에 따른 편익도 증가하는 경향이 강하다고 한다면 오히려 재산의 가치에 따라 부담이 이루어지는 레이트의 부담구조가 편익원칙에 더 부합할 수 있다는 것이다.

셋째, 새로 도입된 주민부담금의 집행에 필요한 세무행정 측면에 대한 대비가 크게 부족한 것으로 나타났다. 인두세인 주민부담금을 징수하기 위해서는 해당 지역에 거주하는 성인들의 등록이 필수라고 할 수 있는데, 과세에 필요한 등록을 납세자들이 회피하였지만 이에 대한 마땅한 대처방안을 찾기가 어려웠던 것이다. 결국 세무행정에 필요한 인력이나 비용이 크게 증가하였음에도 불구하고 징수율은 매우 낮았던 것이다. 한편 거주인명부를 작성하는 데 있어서 과세나 면세의 목적상 거주방식이나 정신장애유무, 투옥유무 등 개인적인 프라이버시에 관한 내용을 파악하는 것이 필요했으며 이러한 내용들의 비밀보장에 대한 우려가 심각하게 대두되었다.

한편 국세로 전환된 비주거분 재산에 대한 레이트에 대해서도 여러 문제점들이 지속적으로 제기되어 오고 있다. 첫째, 세수가 중앙으로 집중되고 인구비례에 따라 배분되기 때문에 적극적인 기업 유치 등을 통해 세원을 확대하고자 하는 유인이 약화되었으며, 지방정부와 민간기업간의 협력관계를 약화시킨다고 주장되고 있다. 지방자치단체가 기업들을 유치하여 지역고용의 증진 등을 꾀하는 노력을 지속적으로 하고 있지만 기업과 지방정부간의 재정관계가 소원해질 가능성이 존재한다는 것이다. 이에 대해서는 신개발사업 등을 통해 세수가 추가적으로 증가하는 경우 그 상당 부분을 지방자치단체의 자체세수로 이용할 수 있도록 하는 방안 등이 제시되어 왔다.[9]

둘째, 비주거분 레이트의 국세화에 따라 지방자치단체가 자율적으로 세부담을 결정할 수 있는 재정자주권이 현격히 위축되었다는 것이다. 지방정부의 재원구성을 살펴보면, 1980년대에 걸쳐 약 50% 수준의 재원이 지방정부의 통제하에 있었던 반면에 레이트 개편이 이루어진 이후 1990년대에는 15~25% 수준으로 감소하였다. 이에 따라 지방정부의 추가적인 지출단위당 인상되어야 하는 지방세 부담의 증가가 매우 높게 나타나게 되는데, 이는 지방정부의 자주적인 재원결정에 아주 강한 제약요건으로 작용하게 되는 것이다. 이와 같이 지방의 세출 변화에 따라 지방세 부담이 급속하게 증가하는 현상을 '연동효과(gearing effect)'라고 하는데, 1994년의 경우 1%의 지출증가에 따른 지방세부담 증가율은 평균 약 6%수준으로 추정되었다.

대처 개혁의 함의

투표권과 납세의무의 연계

영국의 레이트 제도 개편은 비록 인두세 도입이라는 다소 과격한 방식을 도입함으로써 실패에 이르렀으나 그 개혁을 통해서 추구했던 취지는 오늘날에도 상당한 의미를 갖는다고 할 수 있다. 현대 민주주의 국가에서 국민들의 선호는 기본적으로 투표를 통해서 표현된다고 할 수 있는데, 특히 지방자치의 영역에서 투표를 통한 선호표현과 그에 대응한 조세부담의 연계는 매우 중요한 의미를 가지는 것이다. 이는 지역별로 다양한 주민들의 선호를 공공서비스의 공급과 그에 따른 재원조달에 반영함으로써 보다 효율적인 자원배분과 책임성을 확보한다는 것이 지방자치의 기본원리이기 때문이다. 또한 비주거분 재산에 대한 레이트의 경우 그 부담자가 해당 지역에 투표권을 가지는 거주자가 아니라는 측면에서 지방세로 적합하지 않다는 논거하에 국세로 전환하는 것도 같은 취지를 반영하는 것이다.

결국 영국에서의 레이트 제도 개편은 괴리되어 있던 납세자와 투표권자의 연계를 회복하고자 하는 것을 기본취지로 하여, 이를 통하여 민주주의의 기본원리를 확인함과 동시에 효율적이고 책임 있는 지방자치를 실현하고자 하는 시도였던 것으로, 우리나라에서의 지방세 개편논의에도 일정부분 시사점을 주었다고 할 수 있다.

비주거분 레이트 개편과 서울시 재산세 공동과세

우리나라에서 재산세는 기본적으로 기초자치단체 세목인 시·군세와 자치구세로 설정되어 있다. 이는 기본적으로 부동산의 가치가 해당 자치단체가 제공하는 공공서비스의 정도를 반영한다고 할 수 있으며, 부동산의 경우 다른 세원에 비해서 그 이동성이 제약되어 있기 때문에 기초자치단체의 세원으로 적합하다는 이유에서이다. 영국에서 비주거분 레이트를 국세로 전환한 개편의 취지는 서울시에서 재산세를 특별시와 자치구가 공동과세하도록 한 개편에 일정한 영향을 미쳤다고 할 수 있다.

서울시의 경우 2008년부터 재산세를 특별시분 재산세와 자치구분 재산세로 이원화하여 공동과세가 이루어지고 있으며, 특별시분 재산세 세수는 전액 자치구로 교부되고 있다. 그 배분기준은 구의 지방세수 등을 고려하여 조례로 정하도록 하고 있는데, 현재는 균등배분이 이루어지고 있다. 이와 같이 서울시에서 재산세를 특별시세분과 자치구분으로 구분하게 된 기본적인 논거는 상업용 재산과 같은 비주거분 재산의 경우 그 가치에 영향을 주는 도시계획이나 교통계획 등 각종 공공서비스는 자치구보다는 광역자치단체인 서울시로부터 주로 제공되고 있다는 점에서 그 세수는 자치구에 귀속되기보다는 서울시 전체의 세원으로 활용되어야 한다는 점에서 찾을 수 있다. 또한 자치구간의 심한 세수불균형을 해소하기

위한 정책적인 목적도 큰 영향을 미쳤다고 할 수 있다. 다른 광역
시들에 비해서 서울시 자치구간의 재정불균형은 특히 컸다고 할
수 있는데, 여러 요인 중 비주거분 재산과세가 가장 큰 요인으로
분석되었던 것이다. 이에 따라 선박이나 항공기를 제외한 부동산
에 대한 재산세 세수의 50%는 특별시분 재산세로 과세하도록 한
것이다.

참고문헌

원윤희 (1998), "영국의 레이트 제도 개편의 의의와 우리나라 지방세의
   개편방향," 한국지방재정학회, 「지방재정연구」, 제2호, pp. 65~82,

Byrne, Tony (1994), *Local Government in Britain*, 6th. ed. London:
   Penguin Books.

Denny, Kevin, J. Hall, and S. Smith (1995), *Options for Business Rate
   Reform*, The Institute for Fiscal Studies.

Department of the Environment, UK (1986), *Paying for Local
   Government*, HMSO, London.

Department of Communities and Local Government, UK (2012), The
   Local Government Finance Settlement in England: A Guide to the
   Basics, http://www.local.odpm.gov.uk/finance/1213/basicguid.pdf

Smith, Peter (1991), Lessons from the British Poll Tax Disaster,
   National Tax Journal, Vol. 44, no. 4, pp. 421~436.

wikipedia, http://en.wikipedia.org/

Wilson, David and C. Game (1994), *Local Government in the United
   Kingdom*, London: The Macmilan Press LTD.

미주

1 당시 영국의 지방재정을 관장하는 중앙부처이며, 현재는 Department for
   Communities and Local Government가 관장하고 있다.

2 Department of the Environment, Green Paper, 1986.

3 북아일랜드(Northern Ireland)에서는 아직도 레이트가 지방세로 유지되고 있다.

4 이것은 인별부담금(personal community charge)이라고 하는 것으로서 비록 전국
   의 목표치가 설정되었지만 실제 결정된 그 세율은 각 지방정부에 따라 많은 차이가
   존재하였다. 한편 입원환자나 죄수, 재가요양자 등 약 50만명에 대해서는 인별부담
   금을 완전히 면제하였고, 학생 등에 대해서는 80%까지 감면이 인정되었다.

5 주택의 가치평가는 잉글랜드와 스코틀랜드의 경우 1992년 4월 1일, 그리고 웨일

즈는 2003년 4월 1일을 기준으로 이루어진다. 신규주택의 경우에도 해당일자 기준으로 추정되는 가치로 과세표준 구간이 결정된다.

6 웨일즈의 경우 2005년에 H구간 위에 I구간을 추가함으로써 9단계 과세구간으로 이루어져 있으며, I구간 세율은 D구간의 21/9이다. 따라서 I구간 세율은 A구간 세율의 3.5배이다.

7 잉글랜드의 district, 웨일즈의 principal area, 그리고 스코틀랜드의 경우 council 이다.

8 레이트 상한제는 이후 카운슬세에도 적용되어 왔는데, 잉글랜드에서는 2011의 지방법(Localism Act 2011)에 의해서 폐지되고 대신 주민투표제가 도입되었다. 즉 중앙정부가 설정하는 일정한 기준 이상으로 카운슬세를 인상하고자 하는 경우에는 그에 대해 주민투표를 실시하도록 하였다. 예를 들어, 2012/13 회계연도에 적용되는 기준은 2011/12 회계연도에 비해서 카운슬세가 런던광역시의 경우 4%, 런던시의 경우 3.75%, 그리고 다른 지방정부의 경우 3.5% 이상 인상되는 경우이다.

9 2013년 4월부터 비주거분 레이트 또는 사업분 레이트의 증가분의 일정한 부분을 지방정부가 확보할 수 있도록 하는 사업분 레이트 유보(Business Rate Retention) 제도가 도입되었다. 기업유치 등으로 증가한 사업분 레이트의 일정부분을 해당 지방정부가 확보하여 직접 사용할 수 있도록 함으로써 지방의 재정자립을 높이고 또 지방의 기업유치활동 등을 촉진할 수 있도록 한 것이다.

미국 레이건 대통령의 조세개혁
-'넓은 세원, 낮은 세율'

1980년 레이건 대통령의 당선은 정부의 개입을 축소하고 시장의 자율성을 추구하는 신보수주의 출범을 의미하였다. 레이건이 단행한 조세개혁 중에서 특히 1986년의 조세개혁법(Tax Reform Act of 1986)은 보수와 진보의 대타협을 통해서 미국의 연방소득세 역사상 가장 근본적인 조세개혁을 이루었다는 점에 큰 의의가 있다. 이 개혁은 세수를 중립적으로 유지한다는 전제하에 각종 비과세 감면을 축소하여 세원을 확대하면서 동시에 세율을 크게 낮춤으로써, 조세부담의 공평성을 확대하고 조세차별에 따른 경제적 왜곡을 줄이면서 저축과 투자, 근로 등 제반 경제활동을 촉진하기 위한 것이었다. '넓은 세원, 낮은 세율'을 통하여 세부담의 공평성과 경제적 효율성을 확보한다는 이러한 세제개혁의 기본방향은 이후 전 세계적으로 확대되었다.

레이건 등장의 배경

루스벨트 컨센서스와 적극적 정부

1932년 대공황의 와중에서 취임한 루스벨트 대통령은 뉴딜정책을 통하여 경제위기를 극복하고 모든 사람들에게 기본적인 경제활동의 기회와 사회안전망을 제공하기 위하여 정부가 적극적으로 시장에 개입하는 강한 정부를 표방하였다. 테네시강 유역 개발사업 등 총수요를 확대하기 위한 각종 공공개발사업들이 광범위하게 추진되었고, 1935년에는 사회보장법이 제정되어 사회안전망이 본격적으로 제공되기 시작하였다. '루스벨트 컨센서스'라고 일컬어지는 이러한 진보주의(liberalism) 정신은 이후 1980년 레이건이 등장하기 이전까지 미국의 기본적인 정책방향으로서 설정되어 왔다. 국민들의 기본적인 인권과 삶의 질을 확보하기 위하여 사회보장지출이 확대되고, 보다 공평한 소득재분배와 경제질서를 유지하기 위해 누진세율이 강화되고 각종 규제가 확대되었다. 이러한 제반 과정 속에서 정부의 역할은 강화되고 재정지출은 지속적으로 확대되어 왔던 것이다.

대공황 이후에도 제2차 세계대전을 수행하는 데 막대한 전비지출이 이루어졌고 또 전쟁 이후에도 유럽의 재건을 위한 마샬플랜 등 전후 복구 과정에서 정부지출은 여전히 크게 지속 되었다. 또한 냉전시대의 진행과 함께 한국 전쟁과 베트남 전쟁 등의 수행은 막대한 규모의 국방비 지출을 필요로 하였고 이는 연방정부의 재정지출 규모를 지속적으로 크게 하는 결과를 만들었던 것이다.

1960년대는 사회복지지출이 큰 폭으로 증가하였다. 마르틴 루터 킹 목사는 1963년 '일자리와 자유를 위한 워싱턴으로의 행진(March on Washington for Jobs and Freedom)'을 주도하는 등 사회의 제반 분야에서 흑백차별 철폐운동을 확산시켜 나갔는데 이는 다양한 사회통합프로그램의 확대로 이어지게 되었다. 1965년에는 존슨 대통령의 위대한 사회(Great Society) 프로그램의 일환으로 사회보장법이 개정되어 메디케어(Medicare)[1]와 메디케이드(Medicaid)[2] 제도가 추가되었다. 70년대에 사회보장은 크게 확대되었는데, 보장 수준이 인상되었을 뿐만 아니라 1975년에는 물가상승에 따라 급부액이 자동으로 조정되는 생계비 조정(COLA: Cost of Living Adjustment) 제도가 도입됨으로써 사회보장 지출은 더욱 증가하게 되었다.

신보수주의의 등장

1980년 레이건의 승리는 70년대 이후 꾸준히 그 힘을 얻어온 신보수주의의 물결을 반영하는 것이었다. 이러한 신보수주의의 등장에는 여러 가지 원인을 찾을 수 있다. 지속적으로 증가하는 각종 범죄와 흑백갈등, 그리고 높은 인플레이션과 경제불황이 지속되면서 정부의 문제 해결능력에 대한 의구심이 증가하였고, 시장을 중시하고 규제완화의 필요성을 주장하는 의견들이 힘을 얻기 시작하였다. 낙태를 합법화한 1973년의 대법원 판결은 종교계를 포함하여 보수주의자들이 결집하는 계기가 되었으며, 특히 기독교 원리주의자인 폴웰(J. Falwell) 목사 등은 TV를 활용하여 범죄와 성적 부도덕을 비판하고 미국적 가치와 도덕성을 회복하기 위한 운동을 적극적으로 전개하였다.

경제적인 측면에서는 지속적으로 커져온 정부의 지출규모와 그에 따른 재정적자, 그리고 높은 누진세율 구조에 대한 비판이 강하게 제기되었다. 1962년 3,000억 달러이던 국가부채 수준은 1976년에 6,000억 달러를 넘어섰고, 1981년에 1조 달러에 육박하게 될 정도로 빠르게 증가하였던 것이다.

한편 개인소득세 최고세율은 70%에 달하였는데, 이러한 높은 한계세율은 근로나 저축, 투자 등 개인들의 제반 경제활동으로부터 얻는 소득의 세후가치를 작게 하고 이는 궁극적으로 이러한 경제활동들을 위축시키는 효과가 있는 것으로 비판되었다. 특히 70년대 이후 컴퓨터 시뮬레이션기법을 활용하여 소득세율의 변화 등 조세정책의 효과를 측정하는 소위 연산가능 일반균형 모형(Conputable General Equilibrium Model)들이 활발하게 개발되었는데, 이들 모형을 이용한 분석 결과는 이전의 연구들과 달리 높은 세율이 야기하는 경제적 비효율이 매우 크다는 점을 지속적으로 제기하였던 것이다. 이러한 주장은 소위 래퍼곡선(Laffer Curve)이라는 개념으로 요약될 수 있는데, 이는 당시 미국의 세율이 너무 높기 때문에 세율을 낮추는 경우 제반 경제활동이 촉진되고 그에 따라 세수가 오히려 증가할 수 있다는 주장이었다.

흑백차별을 철폐하기 위한 노력은 특히 교육부분에서 사법부의 판결을 통해서 많은 진척을 이루었다. 예를 들어, 미국의 교육재정은 기본적으로 지방정부가 재산세를 통해 그 재원을 조달하게 되는데 재산세수의 지역간 차이는 교육여건에 많은 차이를 유발하였고 법원은 이를 기본권을 침해하는 위헌으로 판결하였던 것이다. 교육여건의 차별을 해소하기 위한 제반 노력은 주 정부의 조정역할 강화와 함께 재산세 부담 증가를 야기하였고 이에 대한 중산층의 반발은 1978년 캘리포니아 주의 '주민발의 13(Proposition 13)'이라는 주 헌법 개정청원 등을 통해 재산세 부담증가를 제한하려는 조세저항으로 이어졌던 것이다.

1980년 레이건의 등장은 이러한 시대변화의 추세를 반영하는 것으로서 루스벨트 대통령 시절 이후 지속되어온 적극적인 정부라는 기본방향을 근본적으로 전환하는 계기가 되었다. 선거운동 과정에서 레이건은 높은 세부담과 과도한 규제, 그리고 방만한 사회보장 프로그램 등 정부의 역할이 과도하게 커진 것을 미국 경제를 해치는 주요 원인으로 규정하고 당선되면 초기 3년 동안 세율을 30% 인하할 것 등 정부의 크기를 줄일 것을 공약하였다. 레이건 시대(Reagon Era)는 대공황 이후 지속되어왔던 적극적인 정부의 역할과 재정지출의 확대 추세를 감세와 규제개혁, 복지지출의 정비 등을 통해 획기적으로 전환한 신보수주의 개혁이다.

레이거노믹스(Reaganomics)와 조세개혁

레이건의 경제정책 – 레이거노믹스(Reaganomics)

레이건 취임당시 인플레이션은 12.5%를 기록하였고 실업률도 7.5%에 이르는 소위 스태그플레이션이 지속되고 있었다. 70년대 두 차례에 걸친 석유파동과 달러의 금태환 정지에 따른 브레튼우즈 체제의 붕괴 등은 세계경제에 큰 충격으로 작용하였던 것이다. 이러한 상황에서 폴 볼커(Volker)의 연방준비제도이사회는 1980년 후반 선거 시기의 확장적 통화정책을 1981년 후반 이후 긴축적으로 전환함으로써 이자율이 상승하고 신용경색과 함께 실업률이 전후 가장 높은 수준인 10.7%로 상승하는 등 1930년대 이래 가장 심한 불경기에 진입하였던 것이다.

또한 실질소득은 증가하지 않는 상황에서 물가상승에 따라 명목소득이 증가하고 더 높은 한계세율이 적용되는 소위 과세구간 상승효과(bracket creeping effect)로 인하여 소득세 부담은 크게 증가하였던 것이다.

선거 유세기간 중 레이건은 스태그플레이션 등 미국경제의 문제는 과도한 정부규제와 함께 높은 수준의 조세부담과 과도한 사회보장지출 등 소위 진보주의적 경제정책으로 인해 초래된 것이라고 주장하였다. 취임 연설에서 레이건은 정부가 해결책이 아니라 정부자체가 문제라고 지적하고, 이를 개혁하기 위해 정부규제를 완화하고 세금을 대폭 인하함으로써 저축과 투자, 근로의욕 등 제반 경제활동을 촉진하는 소위 공급중시 경제학(supply-side economics)에 바탕을 둔 레이거노믹스(Reagonomics)를 제창하였다.

대공황 이후 미국 경제정책의 기본적인 틀 역할을 담당하던 케인즈 경제학은 정부재정 등을 활용하여 총수요를 적정하게 관리하는 것을 중시하여 왔는데, 이는 기본적으로 인플레이션 등의 부작용을 야기하지 않고 경제의 총공급은 얼마든지 확대될 수 있다는 것을 전제하는 것이다. 그러나 공급중시 경제학에서는 공급능력이 제한되어 있는 상황에서 총수요가 증가하는 것은 단지 인플레이션을 야기할 뿐이라는 점을 강조한다. 중요한 것은 생산요소인 노동과 자본의 확충과 함께 기술진보를 통한 생산성 제고 등을 통해 총공급을 확대하는 것이라는 주장이다.

레이건은 1981년 취임하면서 이러한 공급중시 경제학의 개념에 입각하여 인플레이션을 완화하고 성장률을 회복하기 위한 새로운 경제정책을 과감하게 추진하였다. 소위 레이거노믹스라고 일컬어지는 레이건의 경제정책은 ① 인플레이션 완화 및 달러가치 안정을 위한 긴축적 통화정책; ② 소득세 세율인하를 핵심으로 하는 조세개혁; ③ 정부지출 축소를 통한 재정수지 균형 달성; 그리고 ④ 정부규제 완화 등 4가지를 핵심으로 하였다.

레이건의 조세개혁은 1981년과 1986년 두 차례에 걸쳐 이루어졌다. 대통령 취임 첫 해 단행된 첫 번째 개혁은 소득세율을 크게 인하함으로써 투자와 근로의욕 등 각종 경제활동을 촉진하고 이를 통해 오히려 세수를 더 확보할 수 있다고 하는 소위 '공급중시 경제학(supply-side economics)'을 실현하고자 하는 것이었다. 1986년에 이루어진 두 번째 조세개혁은 큰 폭의 세율인하와 함께 각종 조세특례를 대폭 축소하여 과세기반을 확대함으로써 세수의 중립성을 유지하고 조세제도를 단순화하였다. 이러한 1986년 조세개혁은 미국의 소득세 역사에서 가장 근본적인 조세개혁으로 평가되는 것이며, 소위 '넓은 세원, 낮은 세율'로 요약되는 이 조세개혁의 기본방향은 이후 전 세계적으로 이루어진 조세개혁을 선도하는 것이었다.

1981년의 조세개혁과 평가

취임 첫 해인 1981년 8월 의회를 통과한 "경제회복 조세법 (Economic Recovery Tax Act(ERTA) of 1981)"은 개인과 기업의 경제활력을 제고하는 것을 기본적인 목적으로 하였다. 이 개편의 가장 핵심적인 내용은 개인소득세율을 일률적으로 크게 인하하고 기업투자에 대한 제반 조세감면을 크게 확대한 것이었다. 개인소득세 측면에서는 1984년까지 3년간에 걸쳐 소득세 최고세율 70%를 50%로, 그리고 최저세율은 14%에서 11%로 인하하였다. 또한 인플레이션에 따라 명목소득이 증가하여 과세구간이 상승하는 효과를 완화하기 위하여 과세구간 물가연동제(indexation)를 도입하여 1985년부터 시행되도록 하였다.

그리고 기업이 투자액을 감가상각을 통하여 빠르게 비용으로 반영할 수 있도록 가속상각제도(Accelerated Cost Recovery System)를 도입하였으며 기업합병과 중소기업에 대한 세제지원을 강화하는 등 기업에 대한 조세감면도 큰 폭으로 이루어졌다. 또한 조세감면의 혜택을 활용할 수 없는 기업의 경우 그 혜택을 다른 기업에 이전할 수 있도록 하는 제도까지 도입되었다. 이러한 감면들은 기본적으로 자본소득은 다른 근로소득 등에 비해서 인플레이션의 영향을 더욱 크게 받게 되고 따라서 상대적으로 과중한 세부담이 이루어졌다는 인식에 바탕을 둔 것이었다.

이러한 레이건의 세법개정은 소위 래퍼곡선으로 대표되는 공급중시 경제학에 바탕을 둔 것이다. 세율이 높아지면 근로나 투자 등 각종 경제활동을 통해 얻게 되는 세후수익이 하락하게 되고 이는 이들 경제활동을 위축시키는 왜곡효과가 발생하게 되는데, 특히 세율이 일정한 정도를 넘어서는 높은 수준인 경우 세율인상이 이러한 위축효과를 크게 해서 세수는 오히려 감소하게 된다는 것이다. 레이건은 당시 미국의 세율은 이러한 수준을 넘어서는 매우 높은 수준이라고 주장하였는데, 따라서 세율을 낮춤으로써 제반 경제활동이 촉진되고 총공급의 증가를 통해 인플레이션 완화와 함께 궁극적으로 세수증가로도 이어진다는 것이다.

그러나 ERTA의 시행에 따른 세율인하는 궁극적으로 세수결손과 재정적자 초래한 것으로 비판되고 있다. 비록 재량적 재정정책을 축소하는 등 재정적자 축소를 위한 노력을 기울였지만 세율인하 등 조세감면 조치들과 함께 군사비 지출이 크게 증가함으로써 재정적자는 크게 확대되었던 것이다. 세율인하 등에 따른 세수감소 규모는 1982년부터 1986년 5년 동안 GNP의 5.6%인 약 2,700억 달러로 예상되었으며, 실제 미국의 재정적자는 1983년 역사상 처음으로 2,000억 달러를 넘어서는 등 크게 확대되었던 것이다. 또한 통화긴축 등의 영향으로 이자율도 크게 증가하여 경제는 다시 침체에 빠져들었다. 1000을 넘어서던 다우존스 평균지수는 1982년 9월 770까지 하락하였다.

이러한 재정적자 확대에 따라 추가적인 세수를 확보하고 적자를 축소하기 위한 조치들이 이루어졌다. 1982년에는 조세공평 및 재정책임법(Tax Equity and Fiscal Responsibility Act of 1982(TEFRA))이 시행되었는데, 이는 ERTA의 감세효과를 상당부분 상쇄한 것으로서, 조세특례를 축소하고 ERTA에 의해 도입했던 가속상각을 폐지하였으며, 법인세율을 인상하는 등의 조치가 시행되는 등 전후 가장 큰 규모의 증세가 추진되었다.

또한 1985년에는 재정적자를 축소하기 위하여 '균형예산 및 적자통제를 위한 비상조치법(Balanced Budget and Emergency Deficit Control Act of 1985)'[3]이 제정되었다. 이 법은 1991년까지 균형예산을 달성하기 위하여 1986년부터 매년 360억 달러씩 재정적자를 축소하고, 만약 이 목표가 달성되지 못하면 자동적으로 국방 및 국내 프로그램을 비례적으로 감축하도록 하고 있다.

새로운 세제개혁을 위한 논의

레이건 대통령의 1기 재임기간은 상반되는 세법개정이 이루어지는 등 다소 혼란스러운 기간이었다. 1981년 세제개혁을 통해서는 큰 폭의 세율인하와 기업 조세감면의 확대 등이 이루어졌지만, 세율을 인하하면 경제활성화 효과로 오히려 세수가 증가할 수 있다는 공급중시 경제학의 주장이 단기적으로 효과를 보이지 않고 재정적자가 증가하는 현실에서 곧바로 세수확보와 재정적자 축소를 위해 기업에 대한 각종 조세감면 축소 및 법인세율 인상이 이루어졌던 것이다.

그러나 영화배우 시절에 90%에 육박하는 높은 세율을 경험한 레이건 대통령의 일관된 목표는 세율을 인하하는 것이었다. 그렇지만 빠르게 증가하는 재정적자가 핵심 제약조건으로 작용하는 상황에서 최소한 재정적자가 확대되지 않도록 세수중립을 유지할 수 있는 방안을 모색하지 않고는 세율인하를 더 이상 추진하기는 어려운 상황이었다.

한편 민주당은 기본적으로 특정한 대상에만 부여되는 각종 조세지원을 축소 또는 폐지하고 세율의 누진성을 강화함으로써 보다 공평한 세제를 확립해야 한다는 주장을 일관되게 유지하여 왔다. 그런데 이러한 전통적인 민주당의 견해와는 다소 차이가 있는 제안이 이루어졌는데, 1982년 브래들리(Bill Bradley) 상원의원과 게파르트(Richard Gephardt) 하원의원이 공동으로 발의한 공평조세법(Fair Tax Act of 1982)이 그것이다. 이들은 조세지원의 축소와 함께 이를 통해 확보된 세수여력을 바탕으로 세율을 인하함으로써 경제활력을 제고하고 전체 납세자들에게 세부담 완화의 혜택이 돌아갈 수 있도록 해야 한다고 제안하였다.

이들의 주장은 현실적인 실현가능성이 크지 않았기 때문에 당내는 물론 1984년 대통령 선거에서 민주당 맥거번 후보의 공식 정강으로 채택되지 못하는 등 큰 주목을 받지 못하였다. 특히 재정적자가 누적되어 있고 선거를 목전에 두고 있는 상황에서 세법개정에 대한 논의가 국민부담의 증가로 비추어지는 것을 부담스러워한 것이다. 이러한 상황은 공화당도 마찬가지 였는데, 1984년 1월 레이건 대통령은 상하양원 합동회의에서의 시정연설을 통해 공평하고 단순하며 성장친화적인 근본적 세법개정안을 마련할 것을 천명하였다. 그러나 그 시기를 선거 이후인 연말까지로 제시하였다는 점에서 실제 얼마나 강한 추진의지가 있는지에 대한 의구심이 제기되었던 것이다.

그러나 공평조세법의 발의를 계기로 비과세 감면을 축소하여 과세기반을 확충하고 동시에 세율을 인하하는 개혁방향에 대한 인식이 확대되었으며, 특히 공화당의 공급중시 경제학자들이 관심을 가지게 됨에 따라 각각 하원과 상원의 다수당인 민주당과 공화당의 합의에 의한 세제개혁의 가능성이 커지게 되었던 것이다.

1986년 조세개혁법(Tax Reform Act of 1986)

입법과정

1984년 1월 시정연설을 통하여 공평하고 단순하며 성장친화적인 근본적 조세개혁 방안을 마련하겠다는 대통령의 발표 이후 도날드 리건(Donald T. Regan) 재무장관은 재무부에 특별 준비반을 구성하고 세법개정안의 초안 마련에 착수하였다. 조세개혁과 관련한 대통령의 가장 큰 관심은 역시 세율을 인하하는 것이었는데 재정적자가 확대된 상황에서 이를 시행하는 것은 많은 정책적 선택을 요구하는 것이었다. 작업반은 재무부의 조세정책 전문가를 중심으로 구성되었는데, 오랜 작업 끝에 각종 조세특례를 거의 모두 폐지하는 대신 소득세 최고세율을 35%로 크게 인하하는 초안을 마련하고 이를 큰 표 차이로 재선이 확정된 대통령에게 11월말 보고하였다.

재무부 보고서[4]의 "공평, 간편, 그리고 경제성장(Fairness, Simplicity, and Economic Growth)"이라는 제목은 개정초안이 담고 있는 조세개혁의 기본방향을 보여주고 있다. 조세감면을 대폭 축소함으로써 세원을 넓히고 세율은 크게 인하하는 소위 "넓은 세원, 낮은 세율"을 통하여 조세부담의 형평성을 제고하는 동시에 세제의 단순화를 통한 납세비용을 최소화하고 자원배분의 왜곡과 비효율을 최소화함으로써 경제성장을 촉진한다는 기본 방향을 천명한 것이다.

조세개혁의 가장 중요한 핵심은 역시 세율을 인하하는 것이었는데, 소득세율은 35%로 그리고 법인세율은 40%로 인하하는 방안이 제시되었다. 그러나 1981년의 ERTA 이후 재정적자가 확대되는 상황에서 이러한 세율인하를 반영하면서도 세수의 중립을 유지하는 것이 매우 중요하였는데, 이를 위해 제반 조세특례를 폐지 또는 축소함으로써 과세기반을 넓히는 방안이 필요하였다. 재무부의 조세전문가들은 특정활동에 부여되는 조세특례와 그에 따른 과세대상간 과세차별은 조세부담의 불공평을 초래할 뿐만 아니라 경제선택의 왜곡을 초래함으로써 경제적 비효율을 야기한다는 점을 강조하였다. 재무부 개정초안에서 폐지가 제안된 대표적인 과세특례로는 투자세액공제, 가속상각제도, 주세와 지방세 납부액에 대한 공제, 그리고 건강보험에 대한 사용자 기여분에 대한 비과세 등을 들수 있다. 한편 개정안은 전체적인 세수의 중립성을 유지할 뿐 아니라 세부담의 소득계층별 분배구조에도 중립적인 방안으로 제시되었다. 세목별로 본다면 개인소득세 부담을 크게 인하하는 대신 각종 조세특례의 폐지 등을 통해 법인세가 크게 인상된다는 점에서 기업들을 위한 조세특례를 확대한 1981년 세법개정의 주요 내용들을 뒤집은 것이었다.

전통적으로 공화당은 세율인하를 통해 기업들의 경제활력을 제고할 수 있도록 하는 것을 주장해온 반면 민주당은 과세의 공평성 제고를 위해 각종 조세특례를 폐지하는 것을 주장해왔기 때문에 이 개정안은 이러한 양당의 의견들을 일정하게 절충하는 방안이었다고 할 수 있다. 또한 앞에서 언급한 바와 같이 민주당의 브래들리 상원의원과 게파르트 하원의원이 각종 조세특례를 폐지하고 세율을 크게 인하하는 등의 내용을 핵심으로 하는 공평조세법을 이미 공동발의한 바 있다는 점도 개정안의 범정파적인 특징을 상징적으로 보여주는 것이었다.

그러나 재무부가 발표한 개정초안(이하 Treasury I)은 각종 조세특례를 대폭 축소하고 기업의 세부담을 크게 확대한다는 점에서 많은 이익단체들과 그 이해관계를 무시할 수 없는 의원들의 반대를 내포한 것이기 때문에 의회를 통과하는 데 큰 어려움이 예상되었다. 초안이 발표되었을 때 이 개정안이 의회를 통과할 수 있을 것이라고 믿은 사람은 사실상 그리 많지 않았던 것이다.

재선에 성공하여 1985년 두 번째 임기를 시작한 레이건 대통령은 개정초안을 마련한 리건 재무장관을 백악관 비서실장으로, 그리고 비서실장이던 제임스 베이커(James A. Baker)를 재무장관으로 교차 임명하였다. 이는 세법개정안의 의회 통과 등 이후 절차를 위해서 정무적인 감각을 가진 정치가를 재무장관으로 임명한 것이라고 할 수 있다.

베이커 장관은 재무부 초안 그 자체로는 도저히 의회를 통과하기 어렵다고 생각하고 이를 살려갈 수 있는 방안들을 모색하기 시작하였다. 상하 양원의 관련 위원장 등 유력인사들을 설득하는 작업과 함께 각종 이익단체들의 의견을 지속적으로 수렴하였다. 이러한 과정을 통해 초안에서 많은 조항들이 수정되었는데, 예를 들어, 재향군인에 대한 장애급여가 면세로 유지되었으며. 근로자에 대한 사용자의 의료보험료 부담분에 대한 과세방안에도 수정이 이루어졌다. 부가급여 생명보험의 적립금 증가분을 이자소득으로 과세하려던 방안도 보험업계의 강력한 저항에 직면하였으며, 기부금 공제를 제한하려는 방안은 범위가 축소되었다.

1985년 5월 28일 레이건 대통령은 이러한 과정을 거쳐 마련된 새로운 세법 개정안(이하 Treasury II)[5]을 전국으로 생중계된 TV방송을 통해 발표하였다. 레이건 대통령은 대표 없는 과세에 대한 저항으로 시작된 미국의 독립전쟁이 제1차 미국혁명이라면, 새로운 세법개정안은 불공정(unjust) 세제를 개혁하려는 제2차 미국혁명이라고 강조하였다. 이러한 대통령의 발표에 대하여 민주당도 적극 화답하였다. 의회의 세법심의 과정에서 가장 중요한 역할을 담당하는 하원 세입위원회(Ways and Means Committee)의 위원장인 민주당의 로스텐코우스키(Dan Rostenkowski) 의원은 역시 전국으로 중계된 TV 연설을 통해 개정안은 민주당이 전통적으로 강조해온 공평한 세제를 지향하고 있다는 점을 지적하면서, 각종 조세특례를 폐지하고자 하는 대통령의 개정안에 적극 협력할 것을 천명하였던 것이다.

이 세법개정안이 의회를 통과하여 최종적으로 레이건 대통령이 서명식을 가진 1986년 10월 22일까지 약 1년 5개월의 기간 동안은 각종 이익단체들의 치열한 로비활동과 의회에서의 많은 협상과 조정이 이루어지는 정치과정이었다. 사실 대부분의 로비스트들은 이 법안이 최종적으로 의회를 통과하지 못할 것으로 여겼는데, 각종 이익단체들의 영향을 받는 의원들이 조세특례들을 그렇게 대규모로 축소하고 폐지하는 것을 받아들일 수 없을 것으로 생각했던 것이다. 전통적으로 친기업 성향의 공화당 의원들은 기업에 대한 각종 조세특례들을 폐지하는 세법개정안을 찬성하기 어려운 것이었고, 또한 민주당 의원들의 경우에도 고소득자들에 대한 큰 폭의 세율인하는 찬성하기 어려운 대안이었던 것이다.

1년여에 걸친 관련 이익단체들의 압력과 로비, 그리고 많은 토론과 조정 등을 거쳐 세법개정안은 2016년 6월까지 각각 상하 양원을 통과하였는데, 민주당이 다수당인 하원의 경우 소득세 최고세율을 38%로 하고 개인에 대한 조세감면은 많이 유지한 반면, 기업에 대한 조세감면은 대폭 폐지하였다. 이에 비해 공화당이 다수당인 상원에서는 최고세율을 27%로 낮추면서 개인에 대한 조세감면은 대폭 정리한 대신 기업에 대한 조세감면을 상대적으로 많이 유지하도록 하였다. 이후 상하 양원의 조정위원회(conference committee)[6]는 상원의 저세율과 하원의 기업에 대한 조세감면 대폭 축소를 조정의 기본 방향으로 설정하고 세부적인 협의를 진행하였으며, 이를 통해 합의된 조정안이 9월말에 양원을 통과하여 대통령에 이송되었다.

레이건 대통령이 1984년 1월 대대적인 세제개편의 의지를 천명한지 거의 3년, 그리고 재무성의 개편초안이 발표된지 거의 2년 만에 입법이 완료된 TRA86은 미국 소득세제 역사상 가장 근본적인 세제개편이었다. <표 1>은 이상의 개편과정에서 주요 항목의 변화과정을 보여주고 있다.

표 1 TRA 86 입법과정에서 주요항목의 변화

	기존 세법	재무부 초안 (Treasury I)	대통령 제안	하원	상원	최종입법 (TRA86)
소득세율 (세율 수)	11~50% (14)	15, 25, 35% (3)	15, 25, 35% (3)	15,25,35,38 % (4)	15, 27% (32% 버블) (2)	15, 28% (33% 버블) (2)
인적공제 ($)	1,080	2,000	2,000	2,000 (개별공제자 1,500)	2,000 (최고소득자 없음)	2,000 (최고소득자 없음)
표준공제 ($)	3,670	3,800	4,000	4,800	5,000	5,000
주택저당 대출공제	전액공제	주된 주택 공제	주된 주택 공제	제2 주택까지 공제	제2 주택까지 공제	2차 주택까지 공제
기부금 공제	공제	개별공제자 AGI 2% 초과분 공제	개별공제자 공제	개별공제자 공제, 표준공제자 $100 초과시 공제	개별공제자 공제	개별공제자 공제
지방세 공제	공제	공제 제외	공제 제외	공제	소득세와 재산세 공제, 판매세 공제제외	소득세와 재산세 공제, 판매세 공제제외
장기자본 이득 최고세율	20%	35%, 물가연동	17.5%	22%	27% (32%)	28% (33%)
소득 평균화 (Income averaging)	적용	축소	폐지	폐지	폐지	폐지
부가급여	과세대상 제외	건강보험 한도설정, 생명보험 과세	건강보험 일부과세	과세대상 제외	과세대상 제외	과세대상 제외
법인세율 (세율 수)	최고 48%, (5)	33% (1)	최고 33% (4)	최고 36% (3)	최고 33% (3)	최고 34% (3)

| 투자세액
공제 | 6~10% | 폐지 | 폐지 | 폐지 | 폐지 | 폐지 |
| 감가상각 | 가속상각 | 가속 없음 | 가속상각 | 약간
가속상각 | 가속상각 | 가속상각 |

출처: Birnbaum and Murray(1988), pp.294－296에서 발췌

개혁의 주요 내용

미국 소득세 역사상 가장 근본적인 조세개혁으로 평가되는 TRA86는 1986년 10월 레이건 대통령의 서명을 거쳐 입법화되었는데, 그 주요 내용은 다음과 같이 요약된다. 첫째, 50%이던 소득세 최고세율을 거의 절반에 가까운 28%로 인하함으로써 1981년의 개정에 이어 큰 폭의 세율인하를 추진하였다. 또한 법인세 최고세율도 48%에서 34%로 인하하였다. 이는 공급측면을 강조하는 레이건의 핵심 경제정책을 지속적으로 추진하는 것으로서, 높은 세율이 야기하는 경제적 비효율을 완화하고 경제활동을 활성화하기 위한 것이다. 한편 소득세 최저세율은 11%에서 15%로 인상되었으나, 인적공제와 표준공제, 그리고 근로장려세액공제(EITC) 등의 인상을 통해 그 부담을 상쇄하였다. 이에 따라 6백만명 이상이 소득세 과세대상에서 제외되었고 모든 계층의 세부담이 감소하는 결과가 도출되었다.

둘째, 각종 조세특례 제도를 대폭 폐지하여 과세대상 간의 조세차별을 없애도록 함으로써 경쟁이 이루어지는 운동장이 평평(level the playing field)하도록 하고, 이를 통해 조세가 경제활동에 미치는 왜곡현상을 축소하고 동시에 세부담의 공평성을 제고하도록 하였다. 유사한 소득을 얻고 있는 납세자들은 그 소득원천이 무엇

인지 또는 그 소득을 어떻게 사용하는지에 관계없이 유사한 조세부담을 하는 것이 공평하다는 소득세의 기본원칙을 반영하는 것이다.

가장 대표적인 조세특례의 사례로는 부동산투자 파트너십을 들 수 있다. 세법상의 특례규정들을 활용하기 위하여 투자자들은 의도적으로 많은 차입을 해서 부동산에 투자하는데, 그 차입금 이자비용과 부동산 자산에 대한 가속상각 등을 통해 큰 규모의 서류상 손실을 야기함으로써 사실상 소득세를 감면받게 된다. 또 이후 해당 주택을 매각할 때는 일반소득세율에 비해 낮은 자본이득세율로 과세가 이루어졌던 것이다. 이에 대한 개혁으로 TRA86에서는 부동산 투자 등으로부터 발생하는 수동적 손실(passive loss)[7]에 대한 비용공제를 제한하였다. 또한 장기 자본이득(capital gains)에 대해서는 그동안 60%를 공제하여 실효세율을 20%로 하던 것을 공제를 제외함으로써 근로소득이나 사업소득 등에 비해서 저율과세되던 자본소득과세를 정상화하여 소득간의 과세형평을 기하고 과세 차이에 따른 왜곡을 해소하도록 하였다. 이 밖에도 소비자금융의 이자부담에 대한 비용공제도 폐지하고, 소득이 전에 비해 크게 증가할 때 누진세율 체계로 인하여 세부담이 많이 증가하는 것을 완화하였던 소득평준화 제도도 폐지되었다. 또한 투자세액공제(investment tax credit)를 폐지하고, 최저한세(alternative minimum tax)의 강화, 그리고 확정기여형(Defined Contribution) 연금기여금에 대한 공제 축소 등도 이루어졌다.

셋째, 세제의 간소화가 추진되었다. 11~50%의 세율로 이루어진 기존의 14개의 과세구간을 1988년까지 15%와 28%의 두 가지로 대폭 축소하도록 하였다.[8] 이는 소득의 변화에 따라 달라지는 한계세율에 따라 납세자들의 경제활동에 발생하는 왜곡현상을 완화하고 조세구조를 단순화하기 위한 것이다. 또한 각종 소득공제 제도를 축소하는 등 조세특례를 대폭 정비한 것도 세제의 단순화에 크게 기여하였다.

레이건 조세개혁의 평가와 의미

평가

공급중시 경제학의 틀 속에서 이루어진 레이건 정부의 경제정책은 규제완화와 세율인하를 통해 시장경제의 활력 제고와 경제활성화를 이루려고 하는 것이었다. 또한 60년대 후반 이후 지속되었던 스태그플레이션을 해소하기 위한 긴축적인 통화정책도 병행하여 시행되었다.

이러한 레이건 정부의 경제 및 조세정책이 어떠한 효과를 만들어냈는가에 대해서는 다양한 평가가 가능하지만, 80년대 초반 이후 경기불황이 진정되는 결과를 만들어냈다고 할 수 있다. 1980년 13.5%에 이르던 소비자물가상승률은 1983년에 3.2%로 진정되었으며 이후에도 안정적으로 유지되었다. 1980년 7.2%에 이르던 실업률은 1983년 9.6%까지 상승하였지만, 레이건 임기의 마지막 연도인 1988년에는 5.5%로 하락하였다. 또한 1980년에 −0.2%를 보이던 GDP 성장률은 1984년 7.3%로 크게 증가하였고 레이건 대통령의 임기 마지막 해인 1988년에는 4.2%에 이르는 등 호전된 수치를 보여주고 있는 것이다.

미국의회 경제공동위원회(Joint Economic Committee)의 1996년 보고서는 공급중시의 경제학에서 제시하였던 경제활성화 효과가 나타났으며, 세수측면에서도 특히 부유층의 세부담이 증가한 것으로 평가하고 있다. 예를 들어, 국세청 자료에 따르면 1981년에는 상위 1%가 전체 소득세수의 17.6%를 부담하였지만 1988년에는 27.5%로 거의 10%포인트 증가하였으며, 상위 10%의 경우 같은 기간 48.0%에서 57.2%로 증가한 결과를 보여주고 있는 것이다. 이러한 결과는 부유층의 경우 낮아진 한계세율에 따라 조세특례를 받으려고 하는 유인이 줄어들었고 또 제반 경제활동이 촉진된 결과로 해석하고 있다.

그러나 이와 같이 스태그플레이션을 완화하고 물가안정과 고용확대가 이루어진 반면 정부의 재정적자는 큰 폭으로 증가하였다. 래퍼곡선에 따른 세율인하의 세수증가 효과가 명확하게 나타나지 않았고 또 국방예산이 크게 증가함에 따라 정부의 재정적자도 증가하였던 것이다. 정부지출의 경우 카터 정부시기에 비해서 그 증가율이 다소 하락하였지만 국방예산이 GNP의 5% 수준에서 6.5% 수준으로 크게 증가하는 등 정부지출의 증가 추세가 크게 달라지지는 않은 것으로 평가된다. 사회보장이나 메디케어와 같은 이전지출도 크게 감소하지 않았으며, 결과적으로 1981년 GDP의 2.5%이던 연방정부 재정적자는 1983년 5.9%까지 크게 증가하였으며, 이후 다소 감소하여 임기 마지막 해인 1988년 3.0%를 보였던 것이다.

레이건 정부의 경제정책에 대한 평가는 다소 엇갈리지만 전체적으로 긍정적인 평가를 내릴 수 있다고 할 것이다. 경기침체와 지출증가, 그리고 세율인하 등으로 인하여 80년대 초반 재정적자가 크게 증가하였지만 이후 비교적 안정화되었으며 스태그플레이션이 극복되고 견실한 경제성장 추세도 유지되었던 것이다. 특히 세율 인하와 시장경제 활성화의 중장기적인 효과가 클린턴 대통령 시대의 경제성장으로 이어졌다는 평가도 이루어지고 있는 것이다.

1986 조세개혁법의 의미

조세개혁에 대한 보수와 진보의 타협 | TRA86은 기본적으로 세율인하에 대한 레이건 대통령의 신념을 토대로 공급중시 경제학의 이론적 틀에서 만들어진 재무부의 초안, 현실의 정치적 여건을 고려한 대통령의 수정안, 공화와 민주 양당 간의 협상과 이에 영향을 미치고자 하는 수많은 이익집단들 간의 로비 등 2년여에 걸친 복잡하고 어려운 협상과정을 통해서 입법화가 이루어진 것이지만, 그 밑바탕에는 조세에 대한 진보와 보수의 두 시각이 절묘하게 절충을 이룬 것으로 평가되고 있다(Birnbaum and Murray).

우선 TRA86은 각종 조세특례를 폐지함으로써 조세부담의 공평성을 확대하고자 하는 진보진영의 사상을 반영하는 것이었다. 1913년 헌법개정을 통해서 소득세가 도입된 이래 부담능력에 따른 공평과세라는 소득세의 취지에 부합하지 않는 각종 조세특혜들이 지속적으로 도입되어 왔다. 예를 들어, 1913년에는 모기지 대출이자와 지방세의 소득공제, 1917년에는 자선기부금에 대한 소득공제, 1921년에는 자산매각에 따른 자본이득에 대해 특별과세, 그리고 1926년에는 사용자의 연금기여분에 대한 비과세 등이 도입되었다. 또한 레이건 대통령의 1981년 세제개혁에서도 세율인하와 함께 감가상각의 가속화 등 역사상 가장 큰 조세감면이 기업에 부여되었다. 이러한 조세특례의 도입을 통해 법인세 부담은 더욱 크게 하락하였는데, 1950년대 전체 세입의 25%에 이르던 법인세수는 1983년에는 약 6%에 불과하였던 것이다. 또한 조세공동위원회 (Joint Committee on Taxation)는 1981년과 1986년의 조세지출은 각각 2,286억 달러와 4,650억 달러로서 징수된 전체 연방세액의 27.6%와 37.7%에 이르는 것으로 보고하고 있다.

60~70년대 미국은 마르틴 킹 목사의 흑인인권운동과 존슨 대통령의 위대한 사회로 대표되는 진보주의 정책이 주도되는 시기로서, 흑인들에 대한 인권보호와 사회보장 확대, 그리고 국가의 적극적인 개입에 의한 소득재분배 등이 강하게 추진되었다. 조세측면에서는 누진세율의 강화와 함께 소득세율도 인상되었고 특히 방만하게 확대되는 각종 조세특혜를 축소함으로써 조세를 보다 공평하고 효율적으로 만들고자 하는 노력이 이루어졌다. 그러나 이러한 각종 조세특례를 축소하여야 한다는 진보 진영의 주장은 각 특례들과 연계된 이익집단들의 강력한 반대는 물론 조세부담의 확대로 이어지는 것으로서 정치적으로도 대통령은 물론 공화당이 우위를 점하고 있는 의회에서 받아들여지기 어려운 것이었다.

시장의 효율성과 작은 정부를 지향하는 보수의 관점에서 조세개혁에 대한 기본적인 시각은 공급중시 경제학을 통해 이해될 수 있다. 래퍼곡선으로 대표되는 이 주장은 높은 한계세율이 근로나 투자 등 각종 경제활동을 위축시키고 있기 때문에 세율을 인하함으로써 경제활동을 촉진하고 생산성을 제고할 수 있으며 이를 통해 궁극적으로 세수도 오히려 증가할 수 있다고 주장하였다. 그러나 각종 조세특례를 축소하는 것이 동시에 이루어지지 않는 경우 세율인하는 당장 세수결손을 의미한다는 점에서 막대한 재정적자가 나타나고 있는 시기에는 역시 정치적으로 받아들여지기 어려운 주장이었던 것이다.

TRA86은 조세개혁에 대한 이러한 진보와 보수의 두 시각이 적절하게 타협을 이룬 것이었다. 레이건과 보수진영의 주장처럼 세율을 대폭 인하하여 민간의 경제활동을 촉진하고 시장의 효율성을 제고함과 동시에 비과세 감면을 대폭 축소함으로써 세부담의 형평성을 제고하고 세수측면에서도 중립을 유지할 수 있도록 한 것이었다.

'넓은 세원, 낮은 세율'이라는 세계적인 조세개혁 선도 | TRA86가 추구했던 "넓은 세원, 낮은 세율"이라는 세제개혁의 기본방향은 이후 전 세계적인 추세가 되었다. 우리나라를 비롯해서 대부분의 국가들은 80년대 이후 소득세와 법인세의 세율을 지속적으로 인하하면서 동시에 비과세 감면의 축소를 통해서 세원을 확대하고자 하는 노력을 기울여 왔던 것이다.

<그림 1>은 '80년대 이후 OECD 주요국가들의 소득세 최고세율의 변화를 보여주고 있다. 지방세를 포함하여 1981년 66%이던 OECD 국가들의 소득세 최고세율의 평균은 1990년 51%, 2000년 47%, 그리고 세계적인 금융위기가 발생했던 2008년의 41%까지 지속적으로 인하되어 왔던 것이다. 우리나라의 경우에도 거의 유사한 추세를 보여주고 있는데, 1981년 67%이던 것이 1990년 54%, 2000년 44%, 그리고 2008년에는 39%로 인하되어 왔던 것이다.

그러나 이와 같이 거의 모든 국가들에서 세율인하는 지속적으로 이루어진 반면 과연 비과세 감면이라는 조세지출의 축소를 통한 세원 확대가 얼마나 성공적이었는지에 대해서는 의문이 제기된

그림 1 OECD 국가 소득세 최고세율의 평균 및 국가간 차이의 변화추세

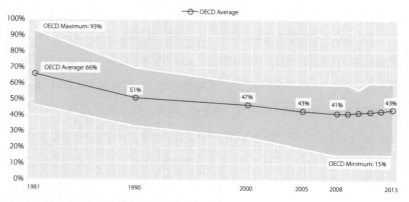

주: 국세와 지방세를 합한 수치로 반올림한 것임.
자료: OECD (2012), Taxing Wages, and OECD CTPA tax statistics.

다. 비과세 감면은 각 개별 조항마다 관련되는 이해관계자들이 존재하기 때문에 그것은 축소하거나 폐지하는 것은 현실적으로 매우 어려운 일이기 때문이다. TRA86이 입법화된 초기에는 조세지출이 큰 폭으로 축소되었지만 시간이 흐름에 따라 점차 다시 증가하는 모습을 보였던 것이다. 결과적으로 본다면 '넓은 세원'은 '낮은 세율'을 현실적으로 가능하게 하는 수사적인 표현으로 활용되어 왔던 것으로 평가된다.

　　미국의 경우에도 TRA86이 시행된 1987년 이후 조세감면이 큰 폭으로 축소되었으나 2000년대 초반 이후에는 다시 크게 증가한 것으로 나타나고 있다. <그림 2>는 1974년부터 2014년까지 40여 년간 조세지출의 변화추이를 보여주고 있다. 입법이 이루어진 80년대 중반 당시 GDP의 9%에 이르던 조세지출의 수준은 TRA86가 본격적으로 효력을 발휘한 90년대 초반 5% 수준까지 하락하였지만, 이후 바로 상승하기 시작하여 2003년에는 7% 수준을 넘어서

그림 2 조세지출의 변화 추이(1974-2014)

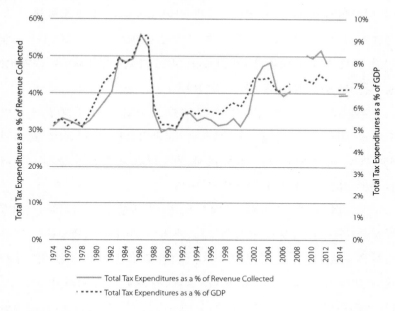

출처: Marples (2015), p.7

게 되었던 것이다.

　한편 80년대 이후 지속되었던 세율인하의 추세는 2008년 금융위기 이후 일부 반전되는 경향을 보이고 있다. 신자유주의의 질서 속에서 시장의 자율성이 크게 확대되었지만 정부의 적절한 규제가 뒷받침되지 못하여 과도하게 사익추구가 이루어졌고 그 영향으로 세계적인 금융위기가 발생하였다는 평가들이 강하게 제기되었다. 또한 이러한 과정 속에서 분배상태는 악화되고 경제위기의 피해와 그 대응에 필요한 재정부담은 고스란히 경제적 약자와 사회 전체에게 돌아가고 있다는 인식도 크게 확산되었다. 이러한 평가에 따라 시장에 대한 적절한 규제를 강화하기 위한 각종 제도개선과 함께 소득세율 인상 등을 통해 재분배를 강화하기 위한 노력이 이루어지고 있는 것이다. 이에 따라 2008년 이후 소득세 최고세율이 점차 인상되는 경향을 보이고 있는데 그 결과 2008년 41%이던 소득세 최고세율의 OECD 평균은 2016년 43.1%까지 점차 상향되는 모습을 보이고 있는 것이다.

우리나라의 경우에도 같은 추세를 보이고 있는데 80년대 중반 55%에 이르던 소득세 최고세율은 지속적으로 하락하여 2011년 35%까지 하락하였으나 이후 다시 인상되기 시작하여 2016년부터는 40%의 최고세율이 적용되고 있다.

세율을 인하함으로써 조세가 각종 경제활동에 야기하는 왜곡현상을 줄이고 경제적 효율성 제고한다는 레이건 조세정책의 기본방향은 80년대 이후 거의 한 세대 동안 조세정책의 세계적인 추세로 자리매김 했다고 할 수 있다. 그러나 2008년 경제위기 이후 보다 누진적인 세율구조를 통해 분배상태를 개선하고 보다 공평한 세부담을 실현하고자 하는 노력이 점차 그 힘을 얻어가고 있는 것이다.

참고문헌

Jeffrey H. Birnbaum and A.S. Murray, Showdown at Gucci Gulch, New York, NY, Random House Inc., 1987

American History, http://www.let.rug.nl/usa/

Auerbach, Alan J. and Joel Slemrod, The Economic Effects of the Tax Reform Act of 1986, Journal of Economic Literature, Vol. 35, No. 2 (Jun., 1997), pp. 589－632

Marples, Donald J., Tax Expenditures: Overview and Analysis, Congressional Research Service 7－5700, April 2015

The Joint Committee on Taxation, Congress of the United States, Estimates Of Federal Tax Expenditures For Fiscal Years 1982－1987, https://www.jct.gov/publications.html?func＝startdown&id＝4453

미주

1 연방정부가 65세 이상의 노인과 장애인에게 의료서비스를 지원하는 사회보험제도임.

2 아동이나 임신부, 장애인 등 일정한 범주에 해당하는 저소득층에 대해 연방과 주정부가 공동으로 의료서비스를 지원하는 공공의료보호제도임.

3 주요 발의자를 따라 Gramm－Ludman－Hollings 법 이라고도 한다. 1987년에는 이 법의 위헌성 문제를 해결한 '균형예산 및 적자통제를 위한 비상조치 재확인법 Balanced Budget and Emergency Deficit Control Reaffirmation Act of 1987'이 입법되었다.

4 U.S. Treasury, Tax reform for fairness, simplicity, and economic growth, 1984.11.

5 U.S. President, President's tax proposals to the Congress for fairness, growth, and simplicity, 1985.5.

6 개별입법안에 대해 상·하원이 다르게 의결한 경우 조정위원회를 거쳐 조정안이 만들어지고 이는 다시 상·하 양원에서 의결된다. 법안의 중요한 내용들이 이 조

정위원회를 거쳐 조정되는 등 상당한 역할을 수행하기 때문에 제3원(the third house)으로 불리기도 한다.

7 근로나 사업 활동과 같이 납세자 본인의 적극적인 활동(active activity)에 따른 소득이나 손실과 대비하여 이자나 배당, 부동산 투자소득과 같은 수동적 활동 (passive activity)에 따른 소득이나 손실을 의미한다.

8 한편 과세구간 수는 실제로 15%, 28%, 33%, 28% 등 4개로 운영하였다. 중간의 33% 세율은 소위 확장세율(bubble rate, phantom rate)이라고 하는데, 일정 수준 이상의 고소득자에 대해서 15%의 저세율에서 발생하는 감면효과를 회수하여 전체 소득에 대한 평균세율이 28%가 되도록 하기 위한 것이다. 예를 들어, 1988년 독신자의 경우 과세소득 U$17,850까지 15%의 저세율이 적용되었는데 28%를 적용했을 때와 비교할 때 U$2,320의 세금이 줄어든다. 이를 회수하기 위하여 과세소득 U$43,150~89,560 구간에 대해서는 추가적인 5%p의 세율을 더한 33%의 세율을 적용하는데, 이에 따라 과세소득 U$89,560 이상의 고소득자의 경우 15%의 저세율 효과가 없어지고 전체 과세소득에 대해 평균 28%의 세부담이 이루어지게 되는 것이다.

한편 이러한 확장세율은 "Bush tax increase"라고 하는 Omnibus Budget Reconciliation Act of 1990에 의해서 폐지되고 31%의 세율이 추가되어 1991년부터 15%, 28%, 31%의 세율체계로 전환되었다.

찾아보기

저자 약력

서울시립대학교 세무전문대학원 교수 (현)
서울시립대학교 총장
한국조세연구원 원장
한국재정학회 회장
국세청 국세행정개혁위원회 위원장
조세심판원 비상임심판관
국민경제자문회의 위원
기획재정부 세제발전심의위원회 위원
행정안전부 지방세과세표준심의위원회 위원장

제2판
역사 속의 세금이야기

초판발행	2014년 4월 25일
제2판발행	2019년 3월 15일

지은이	원윤희
펴낸이	안종만·안상준

편 집	전채린
기획/마케팅	손준호
표지디자인	조아라
제 작	우인도·고철민

펴낸곳	(주) **박영사**
	서울특별시 종로구 새문안로3길 36, 1601
	등록 1959. 3. 11. 제300-1959-1호(倫)
전 화	02)733-6771
f a x	02)736-4818
e-mail	pys@pybook.co.kr
homepage	www.pybook.co.kr
ISBN	979-11-303-0739-8 03350

copyright©원윤희, 2019, Printed in Korea

* 잘못된 책은 바꿔드립니다. 본서의 무단복제행위를 금합니다.
* 저자와 협의하여 인지첩부를 생략합니다.

정 가   15,000원